中共北京市委党校（北京行政学院）
学术文库系列丛书

北宋礼治思想研究

张凯 ◎ 著

人民出版社

目　　录

自 序

一

北宋是中国历史上一个文明璀璨、思想繁荣的朝代,在本土文化的长期积淀以及异域文化的深刻冲击下,产生了许多对中国文化有着深刻影响的政治家、思想家、教育家。他们共同建构起形态各异、极具特色的学术体系,使北宋的学术呈现出百花齐放、百家争鸣的局面,并将中国思想推向一个新的高峰。

北宋上承汉唐,下启明清,是中国历史由中古走向近古的转折点。北宋学术虽然是接续汉唐之学而来,但是在学术形态上却是以反汉唐之学为导向的。正因北宋学术不遗余力地开拓创新,后世的明清学术才有了质的变化,中国的思想文化才显得更加异彩纷呈。

从整个学术史来看,北宋学术有以下几个显著特点:

第一,儒学的复兴。儒学在汉代曾被定于一尊,从汉武帝"罢黜百家、表章六经"开始,儒学便从诸子百家当中脱颖而出,成为官方统治思想。然而,随着汉代的灭亡,儒学也跌落神坛,逐渐在魏晋玄学、佛教的冲击下相形见绌。隋唐虽然将儒学纳入科举考试的范围,但隋唐的基本政策一直是儒释道三教并奖使其共同发展,而随着释道两教的不断成熟、完善,它们在社会上大有超过儒学并取而代之之势。特别是佛教,在隋唐之际获得极大发展,《旧唐书》记载当时"十分天下之财而佛有七八"[1],可见当时佛教之炽盛。

---

[1] 刘昫等撰:《旧唐书》卷101《辛替否传》,第3158页。

— 1 —

　　针对佛老二教特别是佛教的大行其道,一些儒家人士开始有意识地抵制佛老,试图恢复儒家的正统地位。具有代表性的是中唐文学家韩愈,他主张用强硬的政治手段摧毁佛教,即"人其人,火其书,庐其居"①;他还曾上书《论佛骨表》劝阻唐宪宗迎接佛舍利子入宫供奉,因此被贬至潮州;此外,他提出"道统说",指出儒家的核心思想"仁义道德"是沿着"尧—舜—禹—汤—文—武—周公—孔—孟"这个谱系传下来的;并且,他推崇《大学》以及孟子,试图借助《大学》的积极入世思想来抵制佛教的出世主义,以孟子与杨墨的斗争来比喻自己与佛老的对抗。韩愈的学生李翱则推崇《中庸》,倡导性命之学,他认为儒家之所以敌不过佛老是因为儒家"不足以穷性命之道"②,即性命之学比较薄弱,而《中庸》恰好在性命之学方面有所发挥,因此予以提倡。

　　韩、李的这种反佛老思想在一定程度上影响了北宋儒学的复兴。北宋学者大多有意识地站在儒家立场上批判佛老,如宋初三先生之一石介曾作《怪说》,其中把文章、佛、老并称三怪,同时他承认"道统",认为"尧舜禹汤文武周孔之道,万世常行,不可易之道也"③。孙复批评佛老"以死生祸福虚无报应为事,千万其端,惑我生民。绝灭仁义,以塞天下之耳;屏弃礼乐,以涂天下之目"④。欧阳修批评佛教徒不事生产、坐享其成:"今坐华屋享美食而无事者,曰浮图之民。"⑤李觏从农业、风俗、经济等十个方面论述了佛老的危害。⑥ 理学的代表人物张载和二程则是从"理"的角度批评佛老不知理、悖理,如张载说:"万物皆有理,若不知穷理,如梦过一生。释氏便不穷理,皆以为见病所致。庄生尽能明理,反至穷极,亦以为梦。故称孔子与颜渊语曰:'吾与尔皆梦也。'盖不知易之穷理也。"⑦程颢说:"圣人致公心,尽天地万物之理,各当其分。佛氏总为一己之私,是安得同乎?圣人循理,故平直而易行。异端造

---

① 韩愈:《原道》,韩愈著,马其昶校注:《韩昌黎文集校注》卷一,第19页。
② 李翱:《复性书上》,《李翱集》,第8页。
③ 石介:《徂徕石先生文集》,第5页。
④ 黄宗羲:《宋元学案》卷二《泰山学案》,第100页。
⑤ 欧阳修:《原弊》,《欧阳修全集》,第871页。
⑥ 参见李觏:《富国策第五》,《李觏集》卷十六,第146—147页。
⑦ 张载:《张子语录中》,《张载集》,第321页。

作,大小大费力,非自然也,故失之远。"①

第二,宋学的兴起。汉宋之争是清代学术界的一个热门话题,其主旨是尊崇汉学还是宋学的问题,根据时人的理解,汉学主要指以东汉古文经学为代表的训诂考据之学,宋学主要指以宋明理学为代表的义理之学。清人对于汉宋之学的这种理解,无疑是指出了汉学与宋学的核心差异。

然而,虽然理学是宋学当中最耀眼夺目的一派,并且在后世的学术史中成为宋学的主要代表,但是若将历史上的宋学仅归结为理学一派,则未免过于狭义。事实上,理学是宋学整体趋势的结晶,是宋学发展浪潮的高峰,理学产生之前的各家各派,虽然不属于严格意义上的宋明理学,但是在学术形态上,却已开启理学之端倪。特别是,对于汉学,他们和理学一样持批判继承的态度,在学术进路、思维导向上和理学有着相同的趋势,二者的差别仅在于后者更为体系化、哲学化。换句话说,理学家多为纯粹的学者,因此其学术更为纯粹,而之前的学者大多身兼文学家、政治家、教育家数职,学术只是其生平活动的一部分,因此学术体系并不突出,如钱穆先生说:"文章、政治、教育,三大项目之活动,中期都较前期为逊色。即论学术著作,初期诸儒,都有等身卷帙。尤其如欧阳修、王安石、司马光,对于经史文学,都有大著作,堪与古今大儒,颉颃相比。中期诸儒,在此方面亦不如。只邵雍、程颐、张载可算有正式的著作,但分量上少了,其性质亦单纯,不如初期诸家,阔大浩博。其他则更差了。然中期诸儒,实在也有他们的大贡献。后世所谓道学家、理学先生,是专指中期诸儒的学术与风格而言的。我们甚至可以说,初期诸儒多方面的大活动,要到中期才有结晶,有归宿。"②

从整体上看,宋学区别于汉学的最基本特征是注释经典不再因循传统,而是根据己意发挥义理。也就是说,汉学注重传承,而宋学注重创新,汉学是我注六经,而宋学是六经注我。汉宋之学的这种转向其实从中唐就已经初露端倪,以啖助、赵匡、陆淳为代表的春秋学派在注释《春秋》时舍传求经,认为《春秋》无误而三传有误,遂抛弃传统章句训诂而走上义理思辨之路。《新唐书》

---

① 程颢、程颐:《程氏遗书》卷十四,《二程集》,第142页。
② 钱穆:《宋明理学概述》,第30页。

记载:"啖助在唐,名治《春秋》,摭讪三家(即《左传》、《公羊传》、《穀梁传》),不本所承,自用名学,凭私臆决,尊之曰:'孔子意也。'赵(匡)、陆(淳)从而唱之,遂显于时。"①时至北宋,王安石新学尤为注重凭己意解经,他所主持编撰的《三经新义》直接从经典原文出发,打破"疏不破注"的传统,旨在根据己意阐释经文的义理。理学代表人物张载、二程更是将凭己意阐释义理的治学精神发挥到极致。可以说,这是宋学当中大多数流派的共同趋势。"刘静春谓:'介甫不凭注疏,欲修圣人之经,不凭今之法令,欲新天下之法,可谓知务。'又曰:'后之君子,必不安于注疏之学,必不局于法令之文,此二者既正,人才自出,治道自举。'以此评介甫,良为谛当。……关、洛之学,亦不过曰不凭注疏而新圣人之经,不凭今之法令而新天下之法,之二者而已②。"

第三,理学的创立。汉宋之变促使义理之学逐渐发展壮大。汉学侧重章句训诂,宋学则试图摆脱章句训诂,从经典本身出发进行诠释,这就导致义理之学逐渐成为宋学的发展方向。王安石之婿蔡卞曾经这样评价安石的学术:"自先王泽竭,国异家殊,由汉讫唐,源流浸深。宋兴,文物盛矣,然不知道德性命之理。安石奋乎百世之下,追尧舜三代,通乎昼夜阴阳所不能测而入于神。初著《杂说》数万言,世谓其言与孟轲相上下,于是天下之士始原道德之意,窥性命之端云。"③在他看来,王安石的杰出之处在于他阐释了道德性命之理,而这是汉唐之学所忽视的,因此,他认为安石之学可以说是直接承自三代,因为三代之学也是注重阴阳神化的。此外,他还指出,王安石《杂说》一出,时人都认为他与孟子很像,他的学风引领了当时道德性命之学的流行。

从广义上说,王安石的新学、三苏的蜀学都属于义理之学。但是,当南宋理学集大成者朱熹整理北宋理学传统时,王安石和三苏却没有被纳入理学家的范围,这主要是因为王安石升任宰相以后,其事功之学掩盖了其年轻时所重视的心性之学,而三苏的文学成就及其对佛老的宽容接纳又掩盖了其儒学造诣。相比之下,周敦颐、邵雍、张载、二程之所以被朱熹纳入理学家的范围,是因为他们的学术比较纯粹,理气心性之学相对凸显。因此我们可以说,北宋时

① 欧阳修、宋祁撰:《儒学下》,《新唐书》卷二百,第5708页。
② 钱穆:《中国近三百年学术史》(一),第4页。
③ 晁公武著,孙猛校证:《郡斋读书志校证》,第525—526页。

期的义理之学与理学并不能完全等同,义理之学是一个更为广泛的概念,而理学则是义理之学发展到极致的体现。

理学建构起了更庞大、更精细的哲学体系,在本体论、心性论、境界论、工夫论等层面都发展出有高度、有深度、有广度的理论,形成一套足以解释宇宙和人生的思想架构。正因理学对于宇宙和人生的解释如此完善,所以在与佛老争锋的过程中,理学在众多儒家流派中脱颖而出,成为最能与佛老相抗衡的一员。在理学成为官方思想之后,佛老为其光芒所掩盖,逐渐式微凋零,明清之际未曾出现像隋唐那么多影响深远的高僧大德,这与理学的独尊是不无关系的。

二

礼是中华传统文化的重要组成部分,也是中华文化区别于世界上其他文化的主要特征。长期以来,中国有着"礼义之邦"的美誉。自西周的礼乐文明开始,礼学便成为中国历史上的显学之一,不仅"三礼"获得了经的地位,而且礼作为政治朝纲、典章制度、仪节规范、精神特质更是渗透到人们生活的各个方面,对国家运作、社会治理和日常生活都起到指导作用。对中国文化当中任何一个领域的研究,若是绕开礼这一层面,便难以把握中国文化的精髓,以及中国式思维的主体特征。

礼的内涵丰富、外延广泛,在儒家体系中,礼包含礼制、礼教、礼仪、礼俗、礼器、礼义等诸多方面,不同年代对礼的侧重点也有所不同。北宋处于中国历史的转捩点,其礼学思想也呈现出纷繁多样、错综复杂的形态。概括来讲,北宋礼学思想具有如下特点:

第一,重建礼教的努力。五代十国,天下大乱,政权分裂,纲常泯灭,学绝道丧,据欧阳修统计,"五十三年之间,易五姓十三君,而亡国被弑者八,长者不过十余岁,甚者三四岁而亡"[1],期间杀父弑君、残忍乱伦之事屡见不鲜,可

---

[1]　欧阳修:《本论》,《欧阳修全集》卷五十九,第413页。

谓"君不君,臣不臣,父不父,子不子,至于兄弟、夫妻人伦之际,无不大坏"①。北宋承继五代十国而来,在中华大地长达半个多世纪的战乱割据之后重新建立起了相对统一的政权。此时,如何有效地治理国家,使国家长治久安,百姓安居乐业,避免再次回到五代十国的局面,成为朝野上下关注的首要问题。

正是在这种情形下,传统礼教再一次映入士大夫和学者的视野。许多人认为,稳定政权,整饬风俗,除了诉诸礼治以外别无他途。诸如胡瑗、欧阳修、李觏、王安石、司马光、张载、二程、吕大临等著名思想家都从不同的角度提出了自己的礼治思想,其立足点和侧重点有所不同,但是皆旨在从传统礼文化中攫取资源、建构体系。胡瑗致力于用:仁义、礼、乐教化民众,欧阳修主张用:仁义、礼、乐移风易俗,李觏将仁、义、智、信、乐、刑、政统归于礼,王安石认为礼乐可以保养、节制人性,司马光认为礼的社会控制功能是治国之本,张载主张践礼可以成就人性、变化气质,二程及其门人吕大临认为礼即是天理。这些思想家对于礼的多角度诠释和深入发掘体现出北宋时期礼学的繁荣兴盛。

第二,以礼反佛的趋向。隋唐之际,佛教大盛,虽然佛教自传入中国以来已经在很大程度上与中国文化相适应、调和,实现了本土化的转变,但是佛教的出世主义精神和四大皆空思想毕竟与本土儒学有着本质的差异,对于儒学所重视的纲常伦理构成严峻挑战,因此,不断有儒家卫道士站出来对佛教提出抗议。时至北宋,这一思潮已经蔚然成风,成为这段历史时期的主要特征之一。

欧阳修、李觏认为佛教之所以能够在中国大行其道,是因为自秦汉以后,三代的礼乐之教荡然无存,因此才给了佛教可乘之机,如果想削弱佛教对于中国社会的影响,只能通过恢复礼乐之教的方式,使人们重新沉浸在礼乐文化当中,才能逐渐将佛教从中国社会驱逐殆尽。王安石则认为佛教之所以盛行是因为汉唐之学只关注礼乐之文,而忽略了礼乐之意,因此人们以为礼乐只是外在的繁文缛节,却不知礼乐对于自身形性的作用。相比于欧阳修、李觏,王安石更侧重于发掘礼乐之理,而不仅仅是将礼乐理解为外在的制度和仪节;更侧重于阐释礼乐对于个体心性的作用,而不仅仅是强调礼乐的社会功能。自

---

① 欧阳修:《一行传第二十二》,《新五代史》卷三十四,第370页。

此,可以看出汉宋之变的痕迹。后来的理学家如张载、二程、吕大临等更是将礼置于理学的框架之内,主张礼即是理,认为礼是人类社会固有的规律和准则,以此反驳佛教将宇宙社会的本质看作是"空"的缘起性空理论。

第三,以理释礼的精神。礼学发展至北宋,最大的变化莫过于与理学水乳交融,在成为理学体系必不可少的组成元素的同时,自身也获得了更为广阔的诠释空间。

礼学虽然是北宋各家各派普遍比较关注的话题,但是在对礼的理解上,以理释礼则是一个较为后起的潮流。胡瑗、欧阳修、李觏在倡导礼乐教化时仍然是强调礼乐对于社会生产、民间风俗的作用,司马光更是将礼主要理解为区别社会身份等级的外在名器:"夫礼,辨贵贱,序亲疏,裁群物,制庶事。非名不著,非器不形。名以命之,器以别之,然后上下粲然有伦,此礼之大经也。名器既亡,则礼安得独在哉?"①这些对于礼的理解,主要仍是延续着传统将礼视为外在的礼制、礼俗、礼仪、礼器的思路,而尚未深入到礼的抽象本质。

自王安石将礼乐与心性结合起来考量,从心性论出发阐释礼乐的学风便蔚然兴起。理学诞生之后,礼更是深入到理学体系的各个层面,成为理学不可或缺的理论基石之一。礼首先是理学本体论的内容,理学主张礼即是理,而在理学体系中理具有本体论的地位,这就标志着礼被纳入理学本体论的建构,获得了本体论的高度;其次,礼还是理学心性论的内容,理学主张性即理,人性固有的内容是仁义礼智信,礼具有了根植于人性的内在依据;再次,礼还是工夫论的内容,对礼的实践可以使人回归天然本性,从而上达天理。理学对于礼的义理化解读,深入发掘了礼的抽象本质,使礼获得了更为丰富的精神内涵。

三

以往专门研究北宋礼治思想的专著并不多,大多数研究是集中于宋代礼学、礼制方面,如吴万居《宋代三礼学研究》("国立"编译馆1999年版)、惠吉

---

① 司马光:《资治通鉴》卷一《周纪一》,第1—2页。

兴《宋代礼学研究》（河北大学出版社 2011 年版）、刘丰《北宋礼学研究》（中国社会科学出版社 2016 年版）、潘斌《宋代"三礼"诠释研究》（人民出版社 2019 年版）、陈戍国《中国礼制史（宋辽金夏卷）》（湖南教育出版社 2001 年版）、王志跃《宋代礼制研究》（人民出版社 2018 年版）等，这些研究固然充实了北宋礼学研究这一领域，然而其聚焦的对象仍然是学术史上已经成型的学术流派和礼学问题，而非对北宋礼治思想的整体梳理。

本书试图打破以往礼学研究的范式，关注但不局限于特定学派及礼学问题，而是着重探讨北宋著名思想家的礼治思想。从这个角度出发，礼治思想不再仅仅是一个学术问题，而是与治国理政、移风易俗相结合，具有切合实际、经世致用的性质。同时，由于学派特征不显著而被以往学界所忽视的礼学大家如胡瑗、欧阳修、李觏、司马光等，其思想也会在本书中得到深入的诠释。

本书所采用的研究方法主要是经学与哲学相结合的方法。经学指的是研究儒家经典的学问。经学在汉代最为兴盛，汉代经学的特点是重视名物制度、训诂考据，对于"三礼"中所言之器物、服饰、称谓、制度、仪节的考证非常详细而又不失精确。哲学则通常指以发挥微言大义为主的义理之学。以往对于北宋礼治思想的研究，往往呈现出经学与哲学相分离的倾向，或侧重于制度、仪节、服饰器物、文本的研究，而较疏于分析其哲学体系和脉络；或侧重于思想、义理的研究，而较缺乏训诂考证作依托。本书尽可能将经学与哲学两种不同的研究方式结合起来：一方面以经学为出发点，注重把握不同思想家对于经典的诠释特色；另一方面以义理之学为中心，分析各思想家在礼治问题上的不同主张，以期更深入准确地理解各思想家的思想内涵。

本书还试图对北宋时期主要思想家的礼治思想进行横向比较。比如，胡瑗将礼与乐、刑、政并列来看，而李觏则认为仁、义、智、乐、刑、政皆可以归于礼的名下。又如，同样是以礼反佛，欧阳修侧重通过加强冠、婚、丧、祭等礼仪活动来规范人们的生活，而李觏则侧重通过恢复井田制来使人们皆从事生产，这与新学、理学也有所不同。又如，王安石和司马光同朝为官，同样主张礼治，但路径却截然不同，司马光注重制度名分的设立，而王安石则重视礼乐对个人心性的涵养，二者分别代表了传统儒学与新儒学的特点。又如，张载和二程皆是理学的代表人物，同样主张礼即是理，但张载注重由礼而理的自诚明路线，而二程则主张由理至礼的自明诚路线,吕大临因为先后从师于张载和程颐,因此其思想对二者皆有所继承。

最后,本书还试图从纵向上把握北宋礼治思想的演进历程。胡瑗、欧阳修、李觏皆是承继了古典的路径,将礼看作维系家族、社会和国家稳定的等级制度、仪节规范。司马光尤其强调礼作为外在名器的作用,反对过于关注抽象概念的性命之学。相比之下,王安石、张载、二程和吕大临则是以理释礼,将礼与理、气、心、性结合起来,深入挖掘礼的抽象本质,为礼的外在形态找到了形而上的依据。从这个变化轨迹可以看出,随着义理之学、理学的兴起,北宋礼治思想逐渐从关注礼的外在形态转向关注礼的内在精神,实现了形而下向形而上的提升。而这期间,王安石、司马光两位思想家集中体现了这一转变的过渡环节,两人虽同时在朝为官,但是司马光的思想代表着古典礼学的终结,而王安石的思想代表着新礼学的开始。

导　　论

一、北宋政治状况

公元 960 年北宋的建立,结束了中原地区历时较长的分裂局面,使中国重新出现了相对统一的政权。在此之前,从 907 年到 960 年是五代十国时期,在这大约半个世纪中,以中原为中心的北方地区共有五个王朝前后交替,南方地区则前后存在十余个割据政权。而五代十国的分裂局面又是唐代安史之乱以后藩镇割据的延续。因此可以说,在北宋建立之前,中原地区的动荡局面已经持续了约两个世纪之久。承接这种局面而来,北宋建国首先考虑的即是如何避免再次出现割据现象,并且维护政权的稳定。

宋代统治者认为,唐末之所以出现割据动乱的局面,原因在于君弱臣强,权力不集中,因此导致中央的统治岌岌可危。所以,宋代统治者从宋太祖开始便加强了中央集权,通过设官分职、分割各级长官事权的办法,削弱了各级政府的权力,而相对扩大了君主的权力,以这种方式消除了可能威胁皇权和出现封建割据的因素,维护了政权的稳固。

而在宋代知识分子阶层中,一些人对于唐代以来的动乱根源进行了更彻底的分析。他们当中很多人都认为这种动乱的根源是人伦纲常的丧失,而人伦纲常的丧失则归结为礼教的荡然。如欧阳修在《新五代史》里面说:"夫礼者,所以别嫌而明微也。甚矣,五代之际,君君、臣臣、父父、子子之道乖,而宗庙、朝廷、人鬼皆失其序,斯可谓乱世者欤!自古未之有也。"①程颐也认为唐末五代之乱始于儒家的纲常伦理失序、夷狄之风盛行。他说:"唐有天下,如

---

① 欧阳修:《唐废帝家人传第四》,《新五代史》卷十六,第 173 页。

贞观、开元间,虽号治平,然亦有夷狄之风。三纲不正,无父子、君臣、夫妇,其原始于太宗也。故其后世子弟,皆不可使。玄宗才使肃宗,便篡。肃宗才使永王璘,便反。君不君,臣不臣,故藩镇不宾,权臣跋扈,陵夷有五代之乱。"①

著名历史学家司马光则追溯到了更遥远的三家分晋的史实,来说明礼崩乐坏对于国家安危的影响。《资治通鉴》开篇便从三家分晋写起:"今晋大夫暴蔑其君,剖分晋国,天子既不能讨,又宠秩之,使列于诸侯,是区区之名分复不能守而并弃之也。先王之礼于斯尽矣。"②三家分晋是指春秋末年,晋国被韩、赵、魏三家瓜分的事件。韩、赵、魏三家本来是晋国的正卿,但是晋哀公四年(前453),三家联合瓜分了智氏领地,晋国政权从此便由三卿所掌握。这种逾礼悖道的行为,本来应该受到周天子的讨伐,但是周天子不但没有讨伐,反而于晋烈公十七年(前403)册封韩、赵、魏为独立的诸侯国,此事加剧了周王室的动荡,从此以后诸侯国之间的争战、吞并屡屡发生。在司马光看来,这并不是韩、赵、魏三家逾礼,而是周天子自身坏礼所导致的。他认为三家分晋是礼教荡然的开始,在此之前先王之礼尚存,自此之后风俗日坏,终于到五代时,"天下荡然,莫知礼义为何物矣。是以世祚不永,远者十余年,近者四五年,败亡相属,生民涂炭"③。

汲取以往的教训,宋代的知识分子十分强调用礼乐教化来整顿社会。胡瑗将《周易》中的元、亨、利、贞解释为乐、礼、刑、政,认为四者是治天下之大本:"然此四德以天下事业言之,则元为乐、亨为礼、利为刑、贞为政,……夫四者达而不悖,则天下之能事毕矣。"④欧阳修提出将"礼义廉耻"作为治国之道:"《传》曰:'礼义廉耻,国之四维;四维不张,国乃灭亡。'善乎,管生之能言也!礼义,治人之大法;廉耻,立人之大节。"⑤李觏认为礼涵盖了修身与治国的一切准则:"夫礼,人道之准,世教之主也,圣人之所以治天下国家。修身正心,无他。一于礼而已矣。"⑥司马光认为"治天下而不用礼乐,犹无笔而书,无

---

① 程颢、程颐:《程氏遗书》卷十八,《二程集》,第236页。
② 司马光:《资治通鉴》卷一《周纪一》,第2页。
③ 司马光:《谨习疏》,《司马光集》卷二二,第605页。
④ 胡瑗撰,倪天隐述:《周易口义》卷一,第174页。
⑤ 欧阳修:《杂传第四十二》,《新五代史》卷五十四,第611页。
⑥ 李觏:《礼论第一》,《李觏集》卷二,第5页。

舌而言也"①。二程则认为礼是区别华夷的最重要的标志："礼一失则为夷狄，再失则为禽兽。"②这些思想家分别从不同的角度提出了自己的礼治主张，对当时的政治有着很大的影响。

二、北宋社会结构

自唐至宋，中国的社会结构还发生着深刻的变化。南宋郑樵在《通志·氏族略》中说："自隋唐而上，官有簿状，家有谱系。官之选举，必由于簿状；家之婚姻，必由于谱系……此近古之制，以绳天下。使贵有常尊，贱有等威者也。所以人尚谱系之学，家藏谱系之书。自五季以来，取士不问家世，婚姻不问阀阅，故其书散佚，而其学不传。"③从这段论述中可以看出，自五代以后，社会阶层所发生的最大变化是世袭制度的淡化，取士不再决定于簿状、谱系、家世，这说明自五代以后贵族阶层在社会上的影响力有所减弱。钱穆先生则认为宋以前是贵族社会，宋以后则是平民社会："秦前，乃封建贵族社会。东汉以下，士族门第兴起。魏晋南北朝迄于隋唐，皆属门第社会，是古代变相的贵族社会。宋以下，始是纯粹的平民社会。"④"其由白衣秀才平地拔起，更无古代封建贵族社会及门第传统之遗存。"⑤

社会阶层的变化，使得原先以贵族为主体而设计的礼仪规范在宋代显得不合实用，因为北宋占社会主流的士庶阶层无论是在财力上还是在精力上都难以达到古礼所要求的精细程度。北宋时期的官修礼典是《开宝通礼》，而《开宝通礼》基本上是沿用了唐代的《开元礼》，虽然有所增损，但是《开元礼》毕竟是适用于唐代贵族社会的礼书，因此《开宝通礼》在很多方面无法为北宋社会所用。嘉祐中，仁宗命欧阳修、苏洵等撰修《太常因革礼》，其中以《开宝通礼》为本，《开宝通礼》主要是记载常礼，而《太常因革礼》则负责记载变礼、新礼，在常礼的方面仍是沿用《开宝通礼》。但是，《太常因革礼》仍然是一部

---

① 扬雄撰，司马光集注：《太玄集注》卷三，第28页。
② 程颢、程颐：《程氏遗书》卷二上，《二程集》，第43页。
③ 郑樵：《通志》卷二十五《氏族略》第一，第768页。
④ 钱穆：《理学与艺术》，宋史座谈会编：《宋史研究集》第七辑，第2页。
⑤ 钱穆：《理学与艺术》，宋史座谈会编：《宋史研究集》第七辑，第2页。

以《开宝通礼》为底本的官修礼典,因此并未在社会上广泛应用。

　　基于以上原因,北宋知识分子阶层内部有些人开始撰修私家礼书,以期能够为当时的社会提供一套切于日用的礼仪规范。整体上看,宋代礼制的最大特色是其民间家礼的建设,"唐代家礼的建设虽然已经开始起步,但当时的主要方向仍然放在官方礼制的建设上……与唐代相比,宋代统治者明显提高了对民间家礼的重视程度,一些著名的政治家、思想家都积极投身于民间家礼的建设之中"①。根据南宋陈振孙《直斋书录解题》记载,北宋时期私家创作的礼书有韩琦《古今家祭式》,张载《祭礼》,程颐《祭礼》,吕大防《祭礼》,范祖禹《家祭礼》,司马光《书仪》、《居家杂礼》,吕大钧《吕氏乡约》,高闶《送终礼》等②,其中有些不可考。

　　南宋朱熹对于北宋各家礼书有所评论。如:"大抵高氏考古虽详而制仪实疎,不若温公之愨实耳。"③"二程与横渠多是古礼,温公则大概本《仪礼》而参以今之可行者。要之,温公较稳。其中与古不甚远,是七八分好。……大抵古礼不可全用,如古服古器,今皆难用。"④可见,在各家所作的礼书中,朱熹对司马光的《书仪》尤为褒扬。实际上,朱熹在创作《家礼》的时候,即博采了各家之所长,其中尤以司马光《书仪》为蓝本而加以损益,"冠礼则多取司马氏;婚礼则参诸司马氏、程氏;丧礼本之司马氏;……及论祔迁,则取横渠;……祭礼兼用司马氏、程氏;……节祠则以韩魏公所行者为法"⑤。

　　司马光《书仪》无疑是北宋各家礼书中对后世影响最大的一部。之所以具有如此影响力,是因为一方面《书仪》是本于《仪礼》而作,因此有着扎实的经典根基;另一方面,《书仪》在很大程度上根据当时社会的现实状况而对礼文进行了调整,使之尽可能切于当时社会所用。《书仪》在各个礼仪的主要流程上大致遵循了《仪礼》的安排,但在此基础上进行了大幅简化。此外,《书仪》还吸收了《礼记》《开元礼》《颜氏家训》《刘岳书仪》等礼书的内容,以及当

---

①　王立军:《宋代的民间家礼建设》,《河南社会科学》2002 年第 2 期。
②　陈振孙:《直斋书录解题》卷六,第 180—181 页。
③　朱熹:《答程正思》,《晦庵先生朱文公文集》卷五十,《朱子全书》第二十二册,第2322 页。
④　黎靖德编:《朱子语类》卷八十四,《朱子全书》第十七册,第 2883 页。
⑤　马端临:《文献通考》卷一百八十八《经籍考》第十五,第 3250 页。

时所颁布的令文如《天圣令》《元丰令》等；更可贵的是，《书仪》还吸收了当时社会上的一些俗礼，体现出显著的从俗、从简的特点。朱熹在创作《家礼》时正是遵循了《书仪》的这一从俗、从简的特点，因此使《仪礼》这一经典能够不失其本、因时损益地广泛流传于后世。

三、北宋经济政策

在历代的社会经济政策中，土地政策是最重要的政策之一。北宋建国之后，土地政策相对于前朝也有所改革。隋唐时期的土地政策是沿袭了北魏孝文帝以来的均田制，由国家控制土地的分配，土地的买卖受到限制。唐玄宗开元末年，均田制宣告崩溃。时至北宋，土地私有制盛行，土地买卖、兼并频繁，这导致了大量土地越来越集中于少数富商大贾手中。"宋朝人认为本朝'田制不立'，这正反映宋代所实行的土地制度不同于前代的各种封建国家授田制，而是实行一种私有程度比较高的地主和自耕农的土地所有制。"①

土地制度所引发的不均，引发了民间一些力量的不满。公元993年，王小波在青城县（今四川都江堰西）发动起义，提出"均贫富"的主张，从者万余。这次起义虽然最终失败了，但它沉重地打击了当时四川的地主阶级，使地主阶级在许多城市里的住宅与收藏财产的"地窖"悉被荡平。起义之后，原先的主力军大都获得了人身自由，对于地主的依附关系相对松弛，有较多的时间和自由来独立经营自己的小农经济，自耕农的数量相应地增加了。这些对促进川峡地区生产关系的变化，推动生产力的发展，是有积极作用的。

在知识分子阶层当中，一些人提出恢复《周礼》中的"井田制"来改善当时的土地所有状况。李觏极力主张恢复井田制，他认为井田制是立国之根、生民之本："呜呼！吾乃今知井地之法，生民之权衡乎！井地立则田均，田均则耕者得食，食足则蚕者得衣，不耕不蚕，不饥寒者希矣。"②为了说明均田制，李觏还专门写作了《平土书》，平土即是均田。《平土书》的根本原则是"损上益下"，将贵族的一部分田地分给农民，使民众各自从事生产，维系社会的稳定

---

① 朱瑞熙：《宋代社会研究》，第55页。
② 李觏：《潜书十五篇》，《李觏集》卷二十，第223页。

发展。张载也认为"治天下不由井地,终无由得平。周道止是均平"①,并且他认为井田制并不难实行,"但朝廷出一令,可以不笞一人而定","治天下之术,必自此始"。② 程颢认为井田制保证了贫富的相对均匀,符合大多数百姓的理想:"井田今取民田使贫富均,则愿者众,不愿者寡。"③程颐则从可行性的角度论述了即使是在北宋社会,井田制也是可行的。《程氏遗书》载:"用休问:'井田今可行否?'曰:'岂有古可行而今不可行者? 或谓今人多地少,不然。譬诸草木,山上著得许多,便生许多。天地生物常相称,岂有人多地少之理?'"④这些对于井田制的主张反映出北宋时期的礼学复兴不仅是学术上的更新,更是思想家们具体思考重建社会秩序时所做的努力的结果。

四、北宋文化局面

汉代以下,玄学、佛教发展迅速,唐代奉行多元文化的政策,更加促进了佛老二家的兴盛。北宋建国以来,许多知识分子对于佛老进行了激烈的抨击,他们用各种不同的方式建构起自己的思想体系,试图以此削弱佛老在社会上的影响力,恢复儒家思想的统治地位。在这个过程中,传统儒学的礼乐教化成为这些思想家在抨击佛老、建构自身思想体系时所诉诸的力量。

欧阳修认为正是礼教的废坏使得佛教乘虚而入,他说:"尧、舜、三代之际,王政修明,礼义之教充于天下,于此之时,虽有佛无由而入。及三代衰,王政阙,礼义废,后二百余年而佛至乎中国。"⑤因此若想除去佛教的影响,势必要从恢复礼教开始。在这一点上,李觏的思想与欧阳修十分接近,他说:"礼职于儒,儒微而礼不宗,故释老夺之。"⑥同样是把佛老盛行的原因归结为儒失其守,并且认为解决的办法是恢复儒家礼教,"儒之强则礼可复,虽释老其若我何⑦。"欧阳修与李觏在反佛老方面的共同点是他们都不主张唐代韩愈那种

---

①　张载:《经学理窟·周礼》,《张载集》,第 248 页。
②　张载:《经学理窟·周礼》,《张载集》,第 249 页。
③　程颢、程颐:《程氏遗书》卷十,第 111 页。
④　程颢、程颐:《程氏遗书》卷二十二上,第 291 页。
⑤　欧阳修:《本论中》,《欧阳修全集》卷十七,第 288—289 页。
⑥　李觏:《孝原》,《李觏集》卷二十二,第 256 页。
⑦　李觏:《孝原》,《李觏集》卷二十二,第 256 页。

"人其人,火其书,庐其居"的强制方式,而是主张通过恢复礼教,使百姓有田可耕,有礼仪可循,通过潜移默化的方式削减佛老的影响力。

　　与欧阳修、李觏相似,王安石也认为儒家礼乐文化的丧失是导致佛老盛行的根本原因,他说:"呜呼,礼乐之意不传久矣! 天下之言养生修性者,归于浮屠、老子而已。"①但是,欧阳修、李觏在谈及礼教时主要是从礼的仪节规范、制度法则等方面来讨论礼对于民众的教化作用,而没有把礼与个体养生修性联系起来。而王安石则认为,正是因为世人只将礼看作外在的仪节规范,而不明晓礼对于养生修性的作用,所以人们在养生修性方面往往诉诸佛老,这是佛老大行其道的原因。所以,王安石极力从性命的角度讨论礼乐的作用,就是为了从儒学内部找到一种可以与佛老之学相抗衡的理论线索,以此抵制"异端"之学的盛行。可见,虽然王安石与欧阳修、李觏一样都是主张用儒家礼教来抵制佛老之学,但他们的具体路径是不一样的。

　　张载同样说到浮屠的盛行源于礼乐废坏:"自周衰礼坏,秦暴学灭,天下不知鬼神之诚,继孝之厚,致丧祭失节,报享失虔,狃尚浮屠可耻之为,杂信流俗无稽之论。"②正是由于三代礼乐之教的丧失,后世对于天地鬼神缺乏正确的认识,所以才使佛老有了可乘之机。但是,张载并没有直接主张回到先王之礼中去,他认为先王之礼已经残缺,因此需先制礼,而制礼则须穷理。他把礼与理联系起来,认为礼即是理,知理才能制礼:"盖礼者理也,须是学穷理,礼则所以行其义,知理则能制礼,然则礼出于理之后。"③将礼乐文化赋予理学的诠释,是张载同前人的不同之处。

　　二程也是将礼纳入理学的框架。他们同样强调了礼是区分圣学与异端的标志,如说:"禅学只到止处,无用处,无礼义。"④"庄子有大底意思,无礼无本。"⑤但二程所说的礼在很多情况下并不是指礼仪规范,而是指理。二程曰:"视听言动,非理不为,即是礼,礼即是理也。不是天理,便是私欲。人虽有意

---

①　王安石:《礼乐论》,《王文公文集》卷二十九,第335页。
②　张载:《始定时荐告庙文》,《文集佚存》,《张载集》,第365页。
③　张载:《张子语录下》,《张载集》,第326—327页。
④　程颢、程颐:《程氏遗书》卷七,《二程集》,第96页。
⑤　程颢、程颐:《程氏遗书》卷七,《二程集》,第97页。

于为善,亦是非礼。无人欲即皆天理。"①这里的理是指与私欲相对的天理,即客观的道理,视听言动都能够顺应客观的道理而不是顺应自己的欲望,这就是礼,如果有自己的欲望在其中,那么即使这种欲望是要行善,也是非礼的表现。可见,同样是以理释礼,但是张载所说的礼仍然是指客观的仪节规范、条文制度,而二程所说的礼已经几乎完全理学化了。

---

① 程颢、程颐:《程氏遗书》卷十五,《二程集》,第 144 页。

第一章　胡瑗的仁义礼乐思想

　　胡瑗(993—1059)，字翼之，泰州如皋(今江苏如皋)人，一作泰州海陵(今江苏泰州)人，因世居陕西路安定堡，学者称其为安定先生；北宋时期的学者、经学家、教育家；与孙复、石介一起被后人合称为"三先生"，他们在思想上开风气之先，是宋代理学的先驱。胡瑗曾为理学创始人程颐的老师。皇祐年间，程颐在太学从师胡瑗，胡瑗以"颜子所好何学"试题考学生，程颐的"学以至圣人之道"答卷，深得胡瑗赏识；程颐所撰的《伊川易传》亦明显受到胡瑗易学的影响。胡瑗的著作有《周易口义》《洪范口义》，均收入清初《四库全书》，另有《春秋口义》《论语说》《尚书全解》《资圣集》《中庸义》《景祐乐府奏议》《皇祐乐府奏议》等，但大多散佚。胡瑗一生十分重视礼乐教化，不仅在理论上以礼解经，而且在实践中躬行礼仪，以礼教学，在议定雅乐方面也有突出的贡献。

第一节　以礼解《易》

一、乐礼刑政

　　胡瑗最重要的著作是《周易口义》，其解《易》重视阐发精义，联系人事，而不同于汉代的象数之学，因此受到了程颐的褒扬和肯定。宋代陈振孙《直斋书录解题》卷一记载："新安王炎晦叔尝问南轩曰：'伊川令学者先看王辅嗣、胡翼之、王介甫三家，何也？'南轩曰：'三家不论互体，故云尔。然杂物撰德，具于中爻，互体未可废也。'南轩之说虽如此，要之，程氏专治文义，不论象数。

三家者文义皆坦明,象数殆于扫除略尽,非特互体也。"①程颐之所以认为王弼、胡瑗和王安石三家的易学高于其他各家,是因为这三家解《易》重点在于发明文义,不论互体,而这正是宋学区别于汉唐之学的主要特点,从这个意义上来说,胡瑗实开风气之先,并在很大程度上影响了《伊川易传》的撰成。

胡瑗倡导"明体达用之学",他认为,人伦纲常、仁义礼乐是万世不变的"体",承载这些道理的经史子集是垂法后世的"文",而把这些道理和准则应用到实践中、在现实中影响民众则是"用"。熙宁二年(胡瑗去世后10年,即1069年),胡瑗的高足刘彝时任都水丞,被神宗皇帝召入京都。《宋元学案》记载了神宗和刘彝的对话:

> 神宗问曰:"胡瑗与王安石孰优?"对曰:"臣师胡瑗以道德仁义教东南诸生时,王安石方在场屋中修进士业。臣闻圣人之道,有体、有用、有文。君臣父子,仁义礼乐,历世不可变者,其体也。《诗》《书》史传子集,垂法后世者,其文也。举而措之天下,能润泽斯民归于皇极者,其用也。国家累朝取士,不以体用为本,而尚声律浮华之词,是以风俗偷薄。臣师当宝元、明道之间,尤病其失,遂以明体达用之学授诸生。夙夜勤瘁,二十余年,专切学校。始于苏、湖,终于太学,出其门者无虑数千余人。故今学者明夫圣人体用,以为政教之本,皆臣师之功,非安石比也。"②

在这里,刘彝阐明了胡瑗之学的宗旨,即体、文、用之学,并指出这种明体达用之学的根本出发点在于批判当时追求浮华偷薄的辞章之学,这是接续唐代中后期以韩愈为代表的古文运动的改革意识而来。值得注意的是,胡瑗这种以君臣父子、仁义礼乐为体,以润泽斯民归于皇极为用的理论主张,是充分贯彻在他对经典的解释当中的,他也是以此来教授学生,以致"其教学之法最备,行之数年,东南之士,莫不以仁义礼乐为学"③。在《周易口义》中,胡瑗也是遵循了这种以仁义礼乐为体、结合人事以为用的诠释路径。

---

① 陈振孙:《直斋书录解题》卷一,第9—10页。
② 黄宗羲:《宋元学案》卷一《安定学案》,第25页。
③ 欧阳修:《胡先生墓表》,《欧阳修全集》卷二十五,第389页。

他首先将《乾》卦的元亨利贞解释为礼乐刑政。在他看来,元亨利贞四德与四时、五常相配,在天道而言对应的是春夏秋冬,在五常而言则对应仁义礼智信。他说:

> 文王既重伏羲所画之卦,又为此卦下之《彖辞》,以明《乾》之四德,又配之四时、五常而言也。元者,始也,言天以一元之气始生万物,圣人法之以仁,而生成天下之民物,故于四时为春,于五常为仁。亨者,通也,夫物春始生之,夏则极生而至于大通,故高者、下者、洪者、纤者各遂其分,而得其性也。圣人观夏之万物有高下洪纤,乃作为礼以法之,使尊者、卑者、贵者、贱者各定其分,而不越于礼,故于四时为夏,于五常为礼。利者,和也,在《文言》曰"利者义之和",言物之既生既育,故必成之有渐,自立秋凉风,至八月白露降,九月寒露降,以至为霜为雪,以成万物,莫不有渐而成也。圣人法之以为义,义者,宜也,天下之民虽有礼以定其分,然必得其义以裁制之,则各得其宜也,故于四时为秋,于五常为义。贞者,正也,固也,言物之既成必归于正,以阴阳之气干了于万物,圣人法之为智,事非智不能,干固而成立,故于四时为冬,于五常为智。然则此五常不言信者,何也? 盖信属于土,土者分王四季,凡人之有仁义礼智必有信,然后能行,故于四者无所配也。①

这一段从天道与五常相联系的角度诠释了《乾》卦元亨利贞四德,认为元亨利贞分别对应于天道之春夏秋冬、五常之仁礼义智信,这是继承了《文言》中本来的讲法。《文言》曰:"元者善之长也,亨者嘉之会也,利者义之和也,贞者事之干也。君子体仁足以长人,嘉会足以合礼,利物足以和义,贞固足以干事。君子行此四德者,故曰'乾,元亨利贞'。"从这一点来看,胡瑗比较忠实于《周易》本身的思想。

但是胡瑗在此基础上又进一步进行发挥,将元亨利贞与人事联系起来,认为从天下事业的角度而言,元亨利贞对应的是乐礼刑政四者。他说:

---

① 胡瑗撰,倪天隐述:《周易口义》卷一,第173—174页。

　　然此四德以天下事业言之，则元为乐、亨为礼、利为刑、贞为政，何则？盖元者，始生万物，万物得其生，然后鼓舞而和乐。圣人法之，制乐以治天下，则天下之民亦熙然而和乐，故以元为乐也。天下既已和乐，然而不节则乱，故圣人制礼以定之，使上下有分、尊卑有序，故以亨为礼也。夫礼乐既行，然其间不无不率教者，圣人虽有爱民之心，亦不得已乃为刑以治之，于是大则有征伐之具，小则有鞭朴之法，使民皆畏罪而迁善，故以利为刑也。夫天下既有乐以和之、礼以节之、刑以治之，不以正道终之，则不可也，故政者，正也，使民物各得其正，故贞为政也。夫四者达而不悖，则天下之能事毕矣，故四者在《易》则为元亨利贞，在天则为春夏秋冬，在五常则为仁义礼智，圣人备于《乾》之下，以极天地之道，而尽人事之理也。①

　　在治理天下的层面，元亨利贞体现为乐礼刑政，并且乐礼刑政四者有着次第的关系：乐是指万物始生之时鼓舞和乐的景象，表明此时圣人制乐来协和天下之民；天下既已和乐，就需要制礼来节制之，使其上下有分、尊卑有序；礼乐既行，则对于不遵行礼乐教化之人，就有相应的刑罚惩戒之，使之改过迁善；乐、礼、刑已定，则应以正道教育民众，使民众各得其正，这即是政。乐礼刑政是治天下之大本，这四者与《易》之元亨利贞、天之春夏秋冬、五常之仁义礼智是相对应的，统治者如果能够施行乐礼刑政的教化，则治理天下就能易如反掌。因此，圣人在《周易》开篇《乾》卦就备言元亨利贞的道理，就是为了阐明治国之大要。

　　胡瑗对于元亨利贞的这种解释贯穿于整部《周易口义》中，用它来解释不同的卦象。如在解释《屯》卦"屯，元亨利贞，勿用，有攸往，利建侯"一句时，他也是以乐礼刑政来说明的。他首先反驳了唐代孔颖达在解释这句时以《屯》劣于《乾》的观点，他说："元亨利贞者，此《屯》之四德，亦天地之四德也，注疏以为劣于《乾》，非也。盖阴阳之始交，必有屯难。万物由屯难而后生，如春之时则勾萌毕达，元之德也；夏之时则物生而大通，亨之德也；秋之时渐而成之，利之德也；既生既通既成而又于冬干了之，贞之德也。是《屯》之四德，亦

――――――――――――

　　① 胡瑗撰，倪天隐述：《周易口义》卷一，第174页。

《乾》《坤》之四德也。"①他强调,《屯》卦中的元亨利贞四德亦是《乾》《坤》二卦的四德,都代表了生长成终的过程,并没有什么高低优劣之分。接下来,胡瑗联系人事,对《屯》卦进行了解释,他说:"以人事言之,则君臣始交而定难,难定而后仁德著。故扬子曰'乱不极则德不形',是其拯天下之大危,解天下之倒悬,出民于涂炭,由于难而后仁著也,此元之德也。天下既定,必得礼以总制之,使君臣父子兄弟夫妇尊卑上下之分不相错乱,此亨之德也。天下既定,人伦既序,然后保合太和,而各得其宜,一归于贞,此利贞之德也。"②他认为《屯》卦代表了君臣始交的阶段,这一阶段天下危乱未定,因此有《屯》之难。在这一阶段,治理国家的重点应在于安定百姓、制礼作乐,而不应过多地使用刑罚、甲兵、徭役、税敛等。他说:"'勿用,有攸往'者,此以下专以人事言之。屯难之世,天下未定,万民未安,不可重为烦扰之事往而挠之,若复往而挠之,是益屯也,必在省其刑罚、措其甲兵、轻其徭役、薄其税敛,以安息之可也。"③可以看出,胡瑗主张的是治国应以礼乐教化为先,只有在礼乐大备的情况下,严刑厉法才能运用,否则应当以休养生息为主。

胡瑗还从礼的角度解释《泰》《否》二卦。在他看来,人伦之大者莫非君臣,君臣之间的关系直接决定了社会的安危,因此君臣之间能否以礼相接是至关重要的。他解释《泰》卦时说:"凡人既能行其礼典,则必获其安泰,泰者,安也。……以人事言之,君以礼下于臣,臣以忠事于君,君臣道交而相和同,则天下皆获其安泰也,故曰'泰,小往大来'。"④礼是决定泰或者否的主要因素,如果君能够以礼待于臣,臣能够以忠事于君,则君臣之间就可以融洽和谐地相处,天下因此就会获得安泰,这其实是对于《论语·八佾》中所说的"君使臣以礼,臣事君以忠"的重新诠释。相反,如果君不能以礼待于臣,臣不能以忠事于君,则君臣之道闭塞不通,天下因此就会陷入危乱。胡瑗解释《否》卦曰:"《否》之所以'非人常道,而不利君子贞'者,由天地各复其所,二气不相交而万物不得其亨通也。'上下不交,而天下无邦也'者,上,君也,下,臣也,君不

① 胡瑗撰,倪天隐述:《周易口义》卷二,第203页。
② 胡瑗撰,倪天隐述:《周易口义》卷二,第203页。
③ 胡瑗撰,倪天隐述:《周易口义》卷二,第203页。
④ 胡瑗撰,倪天隐述:《周易口义》卷三,第239页。

以礼敬接于臣,臣不以忠节事其君,礼敬忠义之情不交,则君臣之道塞,君臣之道塞,则天下之诸侯从而乱,所以邦国将至于倾覆矣。"①可以看出,胡瑗重点是从人事的角度来解释卦象,在他看来,《泰》与《否》主要是指国家与社会的安危,而这取决于君臣之道是否和谐,因此礼就成了决定这一问题的关键。

胡瑗还特别说明了礼与乐、礼与刑之间的关系。在礼和乐的关系上,他认为礼乐是相辅相成的,礼需要有乐来使之和,乐需要有礼来使之节,否则礼胜则离,乐胜则流。他在解释《豫》卦时阐释了礼乐的这种关系:

> 大凡礼乐之道,必相须而成,然后制节和平皆得其所也。若礼胜而乐不至,则民散而不和也;乐胜而礼不至,则民荡而不反也。是乐必有礼以为节,礼必得乐而后和,二者兼备则不至悔咎也。今上六悦乐过甚,是不知所节,以至冥暗也。古之太康内作色荒,外作禽荒,而贻邦国之患;商纣作长夜之乐,以至倾圮社稷,是皆智性昏迷、恃乐过极,以至亡也。非独人君则然,至于公卿大夫而下,莫不若是。故《伊训》曰:"惟兹三风十愆,卿士有一于身,家必丧;邦君有一于身,国必亡。"故知自天子至于士庶人,凡酖乐过甚,必有凶咎也。"有渝无咎"者,渝,变也,言苟能因其逸乐之过而反思悔咎,自省于己,变前之为而节之以礼,则庶几免于悔咎也。"《象》曰:冥豫在上,何可长也"者,此圣人深戒之意也,言其悦豫过甚,至于情荡性冥而不知所止,是何可长如此乎?言能渝变,则可以无咎也。②

《豫》卦"上六"曰:"冥豫,成,有渝,无咎。"《象》曰:"冥豫在上,何可长也。"胡瑗认为豫是乐也、悦也的意思,上六代表悦乐过甚,而没有礼以节制之,因此至于冥暗。胡瑗此来说明礼对于乐的制约作用。他引用了太康、商纣的例子来说明宴乐过甚而无礼以节的后果。太康是夏后帝启之子,在位期间只顾饮酒游猎、不理政事,为后羿所放逐,并导致夏朝在很长一段时间内元气重伤;商纣是商朝的末代君主,他在位期间纵享宴乐、酒池肉林,因此导致了商

---

① 胡瑗撰,倪天隐述:《周易口义》卷三,第244页。
② 胡瑗撰,倪天隐述:《周易口义》卷四,第261—262页。

王朝的灭亡。胡瑗用这两个例子说明，乐没有礼的节制，则会荡而不返，最终走向骄奢淫逸。而"有渝，无咎"当中，渝是改变的意思，即是说如果能够反省逸乐之过而改正之，使自己节之以礼，则可以达到无咎的结果。这说明了礼乐之间的相辅相成的关系。

胡瑗认为礼与刑之间也是这种相互补充的关系，圣贤治民应当以礼教为先，有不能遵循礼教者，则以刑罚惩戒之。他在解释《蒙》卦时说："圣贤之人在上，则道之以教化，渐之以礼义，有或不能以自通，以至反善趋恶、渎上之化，故古之时有明于五刑、以弼五教以正之，是言再三渎乱，则不复告之，而有惩戒之刑也。"①刑罚的存在是以礼教为前提的，只有在以礼教之的前提下，对于违背礼仪之人才可以用刑罚来惩戒。礼与刑并不是偏于一端的，而是并用不悖的，礼主柔，刑主刚，刚柔并济才能使治理达到完善。他解释《贲》卦时说："《贲》卦自泰而得《坤》之上六来居《乾》之九二，此以柔道文饰刚健之德也。夫治国之道不可专于刚，刚则暴；不可专于柔，柔则懦。刚柔相济，然后治道可成。何则？兵革所以御侮，而不可久玩；刑罚所以止奸，而不可独用。必有仁义礼乐文章教化以文饰之，则天下大通矣。……若夫君圣臣贤，上行下化，仁义礼乐，著于天下，是国之文也；父义母慈，兄友弟恭，男正位乎外，女正位乎内，闺门之内，和谐肃穆，是家之文也。圣人举此文明之道，发于天下国家，以文成其治，使刑罚措而不用，兵革寝而不作也。"②治国不可以只凭借严刑厉法，而应当刚柔并用，以仁义礼乐来文饰之，这样才能使人伦关系和谐有序。并且，严刑厉法的使用本身不是目的，其目的是使人改过迁善，不逾规矩，因此使用刑罚的终极理想是使天下之人都能主动合于礼法，而使刑罚措置不用，如《尚书·大禹谟》所说的"刑期于无刑"，这正是使用刑罚的关键所在。

值得注意的是，在胡瑗的思想中，礼往往是一种上对下、尊对卑的行为特征，反之则不尽然，也就是说，尊者应当以礼对待卑者，而卑者却不一定是以礼为主来对待尊者，而是有着其他的应对之道。例如，他认为在夫妇之道当中，夫应当以礼待妇，而对妇来说主要是以守正静为主；在君臣之道当中，君应当

---

① 胡瑗撰，倪天隐述：《周易口义》卷二，第208页。
② 胡瑗撰，倪天隐述：《周易口义》卷四，第280—281页。

以礼待臣,而臣则主要是以道自处。他在解释《咸》卦时说:"夫柔者,子也,臣也,妇也,女也,至贱也;刚者,父也,君也,夫也,男也,至贵也。贵上贱下,人之常道也,人之交感之义也。夫女守正静,男以礼下之,则夫妇道成,而父子之亲可见也。如贤者怀道义,君以礼下之,则君臣之义行,而上下之礼兴也;或贤者以道自处,君不能以礼下之,则君臣之分废矣。是女守而男不以礼下之,则夫妇之道亦罔克成也。"①礼主要是上对下、贵对贱的相处模式,如男对女、君对臣,反过来下对上、贱对贵则不一定是以礼为主。《咸》卦九五是阳爻居阳位,胡瑗认为这是以尊自恃,违背了礼下于臣民的原则,他说:"夫居至尊之位,必须谦冲礼下于臣民,扩仁义之道,使教化行于天下,德教深被于四海,则天下之人自然感悦于上。今九五以阳居阳,不能礼下于臣民,以尊而自恃,以贵而自骄,不能尽感悦于天下者也。"②九五以阳居阳,这是以尊自恃、以贵自骄,没有礼下臣民,因此就不能感悦天下。同样,胡瑗在解释《大畜》卦的时候,同样突出强调了礼下贤人的原则,他说:"夫乾为至刚,本居于上,今反居下,是犹人君有至尊之势、至严之威,而能崇尚有德及礼下贤人,使之畜己之邪欲,成己之治道,所以师尚而贵宠之也。故《孟子》曰:'汤之于伊尹,学焉而后臣之,故不劳而王;桓公之于管仲,学焉而后臣之,故不劳而霸。'然观孟子之意,言人君之于臣,有大正大贤之道,必当尊宠而礼下之,不以为臣而师事之,然后可以辅于己而归正道也。"③《大畜》卦是乾下艮上,胡瑗认为,乾为至刚,象征着人君,本来应当居上,但却居下,这表明人君尊崇有德、礼下贤人,是谦虚的体现,因此也是圣王的体现。这就如同商汤、桓公勇于向臣下学习,因此能够成王霸之业,这说明礼下贤人对于一个君王的重要性。

此外,对于君王来说,行为举止合乎礼仪,这样才能得到民众的尊重和敬畏。胡瑗在《洪范口义》卷上中说:"此一节言王者必须持谨五事。夫君之貌为人所观仰,则必端严恭庄,而后民望而畏之。故行步有佩玉之声,登车有和鸾之节,错衡养目,兰茝养鼻,在田猎而有三驱之制,在饮食而有飨献之礼。出入有节,动静有时,凡举一事,未有不由礼而行之,如是则'貌曰恭'矣。若其

① 胡瑗撰,倪天隐述:《周易口义》卷六,第315页。
② 胡瑗撰,倪天隐述:《周易口义》卷六,第317页。
③ 胡瑗撰,倪天隐述:《周易口义》卷五,第296—297页。

起居无时,行步无节,驰骋田猎丧弃礼仪,如是则貌不恭矣。故王者之貌必须恭敬者也。"①君王是万众所瞩目的对象,因此在起居、行步、驰骋田猎、饮食等方面都要做到合乎礼仪,这样才能引起民众的景仰之情,否则便容易受到民众的亵慢;另一方面,君王的威仪还会影响天时。在《洪范口义》卷下中说:"夫貌之不恭是谓不肃,则反而为狂。狂者,君行妄之甚也。威仪不严,举措无节,于是恒雨顺之,则百榖不免乎水潦之苦,所谓秋有苦雨是也。必知狂而恒雨顺者,以雨属木,今貌既不恭,谓之不肃,金之气沴木,故罚有恒雨之灾。"②如果君王的容貌举止不恭不肃,狂妄之甚,则会导致恒雨降至,使人民陷入水潦之苦,这是胡瑗从四时五行的角度进行分析所得出的结论。可见,在胡瑗的思想中,君王能否以礼而行,关系国家的长治久安和民生疾苦,是应当特别加以重视的。

二、仁义礼智

胡瑗对心性问题的讨论不多,他的哲学主要是秉承了传统儒学重视礼、乐、刑、政的特点,而对宋明理学后来视为核心问题的心性论着墨较少。陈来先生说:"胡瑗的明体达用之学虽然还不就是道学,但他以'仁义礼乐'为道之'体',明体实即明道,这与后来道学家以'明道'为主要使命有一脉相承的联系。……胡瑗主太学时曾以'颜子所好何学'为题试诸生,旧时代命题者所命之题往往代表其思想特点,胡瑗这个题目虽然还没有达到周敦颐'寻孔颜乐处'的高度,但他明显的是把颜子之学作为辞章之学的对立面而加以倡导的,程颐的答卷所以得到胡瑗的赏识,正是因为程颐指明了'学做圣人'这一新的精神方向。"③这说明胡瑗对宋明理学的影响主要体现在他以孔颜之学代替辞章之学,在辞章之学恣意盛行的年代里主张要以学习圣人精神为主要的为学方向,至于宋明理学后来十分重视的理气心性等问题,胡瑗实未具体涉及。

不过,胡瑗在《周易口义》中也涉及了一些关于性情的讨论。首先,他认为人之性是天所赋予,每个人天生就具有仁、义、礼、智、信五常,称为"正性",

① 胡瑗:《洪范口义》卷上,第9页。
② 胡瑗:《洪范口义》卷下,第23页。
③ 陈来:《宋明理学》,第30页。

情是指喜、怒、哀、乐、爱、恶、欲七者,七情是由外物的引诱而发出来。情之发能否完全顺应正性,这是圣人与小人的区别之所在。圣人亦具有七情,但是圣人之情完全受制于仁、义、礼、智、信等正性,而没有一己之私;小人则是以情乱性,最终导致丧失正性。他在《周易口义》卷一中说:

> 盖性者,天生之质,仁义礼智信五常之道无不备具,故禀之为正性。喜怒哀乐爱恶欲七者之来,皆由物诱于外,则情见于内,故流之为邪情。唯圣人则能使万物得其利而不失其正者,是能性其情,不使外物迁之也。然则圣人之情固有也,所以不为之邪者,但能以正性制之耳,不私于己而与天下同也。圣人莫不有喜之情,若夫举贤赏善,兴利于天下,是与天下同其喜也;圣人莫不有怒之情,若夫大奸大恶反道败德者,从而诛之,是与天下同其怒也;圣人莫不有哀之情,若夫鳏寡孤独,则拯恤之,凶荒札厉,则赒贷之,是与天下同其哀也;圣人莫不有乐之情,若夫人情欲寿,则生而不伤,人情欲安,则扶而不危,若此之类,是与天下同其乐也。是皆圣人有其情则制之以正性,故发于外则为中和之教,而天下得其利也。小人则反是,故以情而乱其性,以至流恶之深,则一身不保,况欲天下之利正乎?①

圣人之情能够与天下同,圣人之情的发出是基于天下民众的共同愿望,而不是出于自己的私欲,因此是中和的,也是完全合于仁、义、礼、智、信五者的。而小人则与圣人正相反,其情之发是出于私欲,而不是出于天下为公的思想,因而是违背正性的。这说明,虽然胡瑗认为人与生俱来即具有仁、义、礼、智、信五常,但是只有圣人才能完全顺应五常而行,其他人并不能实践自己的正性。

在解释《周易·系辞上》的时候,胡瑗进一步说明了圣人和贤人的区别。他说:"夫圣人得天性之全,故五常之道,无所不备;贤人得天性之偏,故五常之道,多所不备,或厚于仁而薄于义,或厚于礼而薄于信,是五常之性故不能如圣人之兼也。夫大易之道,卦于伏羲,重于文王,爻辞于周公,是三圣人垂万世

---

① 胡瑗撰,倪天隐述:《周易口义》卷一,第189页。

法,则之书,其间写天地水火风雷山泽之象,本准拟于天地,统鬼神之妙用,惟变所适,量时制宜,故不可一义而求之也。若仁者见之,则知圣人之仁,知者见之,则知圣人之知,是各资其分而已矣。"①圣人五常之道无所不备,但是贤人往往只是偏于一端,只能实践仁义礼智信中的某一德或几德,而无法像圣人那样实践全部的仁义礼智信。这种观点也是后来宋明理学所普遍接受的观点,即认为人生来就具有仁、义、礼、智、信五常,只是由于气质的蒙蔽,很多人的仁义礼智信之性不能完全显露,因此为学的宗旨就是变化气质,回归至善的本性。只是相对于胡瑗的思想,后来的宋明理学家突出了气质说,强调了天地之性和气质之性的区别,这是胡瑗所未涉及的。正因常人很容易失去自己的至善本性,因此胡瑗强调"复性",认为复归自己的至善本性是成德的根本,他在解释《周易·系辞下》中"复,德之本也"一句时说:"言君子之人,若能复其性,明其心,至于思虑之间有不善之事,必先改之,如此是复其性,为德之根本也。"②可见,为学与修身正是要回归自己的先天本性,只要完全按照自己至善的本性去行,自然就能做到趋善避恶,这是成德的根本。

大多数情况下,胡瑗所说的情是指常人之情而非圣人之情,这种情是违背正性的、非中和的邪情。他在解释《节》卦时说:"夫人之情莫不欲安逸,而恶节制之为禁。此节者,节人之邪情,约人之私欲,遏人之非,绝人之伪。然而节情、约欲、遏非、绝伪,人莫不恶之。"③这里所说的情显然是指大多数人所具有的不正之情,这种情体现为好逸恶劳、放任自流,因此需要有规矩加以节制,而这种用来节制人们的规矩又是人们所厌恶的。胡瑗强调,礼即是这样一种用来节制人们的规矩,是违背常人之情的,因此是勉而为之,而不是顺而治之。他在《原礼篇》中强调:"民之于礼也,如兽之于圈也,禽之于绁,鱼之于沼也。岂其所乐哉? 勉强而制尔。民之于侈纵奔放也,如兽之于山薮也,禽之于飞翔也,鱼之于江湖也。岂有所使哉? 情之自然尔。"④与胡瑗同时期的李觏曾得此《原礼篇》,并对胡瑗的这种观点提出了反驳,他认为礼是顺应人情的:"惟

---

① 胡瑗撰,倪天隐述:《周易口义·系辞上》,第467页。
② 胡瑗撰,倪天隐述:《周易口义·系辞下》,第534页。
③ 胡瑗撰,倪天隐述:《周易口义》卷十,第430页。
④ 李觏:《与胡先生书》,《李觏集》卷二十八,第333页。

礼为能顺人情,岂尝勉强之哉?人之生也,莫不爱其亲,然后为父子之礼。莫不畏其长,然后为兄弟之礼。少则欲色,长则谋嗣,然后为夫妇之礼。争则思决,患则待救,然后为君臣之礼。童子人所慢也,求所以成人,然后为之冠礼。愚者人所贱也,求所以多知,然后为之学礼。死者必哀之,然后为之丧礼。哀而不可得见也,然后为之祭礼。推事父之恩,而为养老之礼。广事兄之义,而为乡饮酒之礼。凡此之类,难以遽数,皆因人之情而把持之,使有所成就耳。"①李觏强调,礼仪规范皆是根据人之常情而来,父子之礼、兄弟之礼、夫妇之礼、君臣之礼、冠礼、学礼、丧礼、祭礼、养老之礼、乡饮酒之礼等,皆是源于人情当中本有的内容,礼是缘情而制的。可以看出,李觏所强调的是理想状态下的人情,也就是完全由正性而发的情。而事实上,胡瑗亦承认人先天即具有仁义礼智信等正性,只是他认为只有圣人之情才能完全顺应正性,常人之情则大多是违背正性,称之为邪情。李觏与胡瑗的分歧点其实并不在于他们对情或礼的本质理解有所不同,而是在于一个是强调中和之情,一个是强调邪情,而这两者对于大多数人来说是兼而有之的。

需要注意的是,胡瑗思想中的性不仅指仁、义、礼、智、信五常,还指刚柔缓急这些物理属性,他在《周易口义》卷一中说:"性者,天生之质,有刚柔迟速之别也。"②这与张载、程颐等人所说的气质之性有相似之处。张载将性分为天地之性和气质之性,天地之性是至善的,气质之性是有了形质之后所具有的性,体现为刚柔缓急等属性,他说:"刚柔缓速,人之气也,亦可谓性。"③张载认为刚柔缓急之性是气之偏,为学和修养应当尽量不受到气之偏的影响,而回归至善的天地之性:"人之刚柔、缓急、有才与不才,气之偏也。天本参和不偏,养其气,反之本而不偏,则尽性而天矣。"④与张载相似,程颐也认为性分为两种,一种是"天命之谓性",一种是"生之谓性"。他说:"性字不可一概论。'生之谓性',止训所禀受也。'天命之谓性',此言性之理也。今人言天性柔缓,天性刚急,俗言天成,皆生来如此,此训所禀受也。若性之理也则无不善,

---

① 李觏:《与胡先生书》,《李觏集》卷二十八,第333页。
② 胡瑗撰,倪天隐述:《周易口义》卷一,第180页。
③ 张载:《张子语录中》,《张载集》,第324页。
④ 张载:《正蒙·诚明》,《张载集》,第23页。

曰天者自然之理也。"①其中，"天命之谓性"是至善之性，指的是仁义礼智信；而"生之谓性"即是"气质之性"。《程氏遗书》卷十八记载学生请教程颐"'性相近也，习相远也'，性一也，何以言近"时，程颐回答说："此只是言性(一作气)。质之性，如俗言性急性缓之类。性安有缓急？此言性者，生之谓性也。"②需要注意的是，在张载和程颐思想中，至善之性与气质之性是相互独立的，甚至在一定程度上是相互矛盾的，比如张载认为气质之性会导致天地之性无法完全显露。但是，在胡瑗的思想中，至善之性与刚柔缓急、润炎曲直等物理属性是交织在一起的，如他在《洪范口义》卷上中说："所谓性者，润下、炎上、曲直、从革、稼穑，为仁、为义、为礼、为智、为信是也。"③在《尚书·洪范》当中，润下、炎上、曲直、从革、稼穑是水、火、木、金、土五行的性质，胡瑗认为，这同时也是仁、义、礼、智、信五常的性质，可见他是把五行与五常结合起来考虑的，并认为五常具备了五行的属性。他的这种思想与南宋时期朱熹关于性的说法比较接近。朱熹虽然也区分了本然之性和气质之性的说法，但是他认为这两者实质上是一个性，本然之性与气质之性是凝合在一起的，刚柔缓急强弱也是仁义礼智所具有的特征，如他说"仁是个发出来了，便硬而刚；义便是收敛向里底，外面见之便是柔"，"仁与义是柔软底，礼智是坚实底"④，张、程所说的至善之性与刚柔缓急之性在朱子哲学中是凝合在一起的，而不是互不相关，甚至相互对立的两种性。

三、履者礼也

在《周易口义》中，胡瑗还以礼释《履》卦。他说：

> 按《序卦》云："物畜然后有礼，故受之以履。"言物既有所畜聚，须礼以节制之，故《履》所以次于《小畜》也。然则履者，礼也，夫人之情，目之于色、耳之于声、口之于味、鼻之于臭、四体之于安逸，必得礼以节制之，然

---

① 程颢、程颐：《程氏遗书》卷二十四，《二程集》，第 313 页。
② 程颢、程颐：《程氏遗书》卷十八，《二程集》，第 207 页。
③ 胡瑗：《洪范口义》卷上，第 2 页。
④ 黎靖德编：《朱子语类》卷六，《朱子全书》第十四册，第 245 页。

后所为适中、动作合度,而放僻之心无自入矣。苟不以礼节制之,则必骄情肆欲、无所不至,是其礼不可一失之也。①

他将《履》卦和《小畜》卦结合起来进行阐释,认为《履》卦之所以在《小畜》之后,是因为万物聚集在一起,需要有礼来使之节制,而履即是礼,所以《履》卦紧接《小畜》卦之后,这即是《序卦》中所说的"物畜然后有礼,故受之以履"。胡瑗仍是从常人之邪情的角度出发,认为常人之情是骄情肆欲、无所不至,只有用礼来规范和节制,才能使其言语动作适中合度,放辟邪侈之心无从而入,因此履之以礼是非常重要的。

《履》卦的卦辞是"履虎尾,不咥人,亨",胡瑗也是以礼来解释这句话的含义的,他说:

> "履虎尾,不咥人,亨"者,此圣人之溪意也。虎者,至威至猛之物也,咥啮也,然今履蹈其尾而不见咥啮、终获其亨者,盖言暴猛之物不可以犯,若君子能尽礼以履之,终亦不见其伤也。何则?夫以天下之尊,莫尊于君,生杀之权系之也,若为臣者能内尽其忠,外尽其礼,柔庄肃慎以事于上,则君虽有雷霆之威严,亦将温颜柔色而接之矣。一家之尊,莫尊于父,一家之喜怒系焉,若为子者,内尽其孝,外尽其礼,温柔恭顺以事其父,则父虽至严,亦将柔顺而接之矣。况于下者,有文以相接,有情以相亲,其间纵有离间之心,亦不可得而离间也。是故君父之至严,铁钺在前,鞭朴在后,为臣子者果尽其心、竭其力,厚其礼以事之,则终不见其伤害也。故曰"履虎尾,不咥人,亨"。②

虎是至威至猛之物,从人事的角度而言,虎象征着君与父。君与父皆是至尊之所在,一国之尊莫尊于君,因为君掌握着生杀予夺的大权;一家之尊莫尊于父,因为父决定了一家的喜怒哀乐。因此,事君与事父的风险实际上相当于

---

① 胡瑗撰,倪天隐述:《周易口义》卷三,第235页。
② 胡瑗撰,倪天隐述:《周易口义》卷三,第236页。

"履虎尾",是需要十分小心谨慎的。然而,为臣、为子者如果能够履之以礼、以礼事君父,则君父虽然至威至严,亦会温颜柔色而接之,而不致使为臣、为子者受到任何伤害,这就是"履虎尾,不咥人,亨"的含义。这说明履之以礼、以礼为自己行动处事之准则的重要性。

《履卦·象传》中说:"上天下泽,履。君子以辨上下,定民志。"胡瑗对这句话的解释是:

> 乾,天也;兑,泽也。夫天本在上,今居于上,泽本在下,今居于下,是尊卑分定而各得其所也。故君子于此时,以人之饱食暖衣逸居而无教,则近于禽兽也,是以作为礼制以节之教之,辨别其民之上下,安定民之心志,使为君为父为夫为长,凡在人之上者,皆以恩威接于下,使其为臣为子为妇为幼凡在人之下者,皆以柔顺事于上。如此则上下之分定,而人民之志固定矣。①

《履》卦上为乾、下为兑,象征着万物各得其所。此时是仓廪实的阶段,人们饱食暖衣逸居,接下来就应当以礼教民,使之有节制。可见,胡瑗是以礼作为"辨上下,定民志"的途径的,他认为以礼制之就是使上下尊卑之间都能够以礼相待,这样的话不同身份的人就能够各安其位,从而达到社会的和谐与稳定。由此可以看出,胡瑗对于礼治的看法是秉承了传统儒学的路子,即强调礼仪规范对于家庭社会伦理的维系作用,而没有像后来新学、理学那样从个人心性的角度来对礼进行诠释。

又如,胡瑗在解释《大壮》卦时,也是突出强调了履之以礼的观念。《大壮·象传》曰:"雷在天上,大壮。君子以非礼弗履。"胡瑗的解释是:"雷者,威动之物,而又行于天上,则其势愈盛,是大壮之象也。君子之人有此大壮之德,则必恭慎和顺,外执以谦,而内秉其直,非礼之事不敢履,非礼之言不敢言,动作出处周旋之间皆合于礼,然后可见君子之壮也。若小人则不然,已有刚壮之德,必不能慎密于内,以至发之于外,而终为骄恣纵肆,恃强作威,表里皆见,故

---

① 胡瑗撰,倪天隐述:《周易口义》卷三,第236—237页。

终不能保其全德也,是有壮而不能终其壮者也。惟君子则能外执以谦,内秉以直,故人莫得而窥测其道,久而愈光也。"①他认为大壮象征着君子之德,而君子之德则是非礼勿视听言动,谦和恭顺,行为举止皆合于礼,这也是君子和小人的区别,小人骄恣纵肆,处处悖礼,因此不具备大壮之德。可见,胡瑗是以是否合礼为君子与小人之别的。

又如,《周易·系辞下》当中对九卦进行了阐释:"履,德之基也;谦,德之柄也;复,德之本也;恒,德之固也;损,德之修也;益,德之裕也;困,德之辨也;井,德这地也,巽,德之制也。"针对这里的第一卦《履》卦,胡瑗仍是以礼释之,他说:"此已下九卦,是修身防患之术也。然则六十四卦皆是防患之术,何以特取此九卦者?盖此九卦最是修德之基,为人事之先,故特陈此九卦也。履者,礼也,言人践行其礼,敬事于上,不失其尊卑之分,如此是'履,德之基也'。"②胡瑗指出,此九卦是修德之基、人事之先,是君子修身成德所要首先考虑的;而履卦又是九卦之基,这即是说,以礼修身、以礼处世是修身成德的根本,人只有行为举止皆合于礼,对待尊者长者要以礼事之,这样才能避免祸患,为以后的发展做准备。关于《周易·系辞下》中的九卦论,很多学者都进行过解释,如果对比北宋中期王安石的九卦论,就会发现胡瑗整体上仍是秉承了传统礼学的思想,即把礼看作维系社会伦理的主要手段,更多的是强调礼别尊卑这种外部功能,而王安石则侧重于从个人心性的角度探讨礼的实质和作用。如王安石在解释九卦的时候,重点关注礼之本和礼之文的区别,他说:"且君子之行大矣,而待礼以和,仁义为之内,而和之以礼,则行之成也。……夫礼,虽发乎其心而其文著乎外者也。君子知礼而已,则溺乎其文而失乎其实,忘性命之本而莫能自复矣。故礼之弊,必复乎本,而后可以无患,故君子不可以不知复。"③王安石首先是以内在之仁义为外在之礼仪的基础,其次他将《复》卦解释为复归到礼之本,因为很多人在践行礼仪的时候往往是溺于礼之文,而忽略了礼之实,即内在的仁义,因此他强调要回到礼之本上去。而胡瑗在解释《复》卦的时候说:"言君子之人若能复其性,明其心,至于思虑

① 胡瑗撰,倪天隐述:《周易口义》卷六,第326页。
② 胡瑗撰,倪天隐述:《周易口义·系辞下》,第533页。
③ 王安石:《九卦论》,《王文公文集》卷三十,第346—347页。

之间有不善之事,必先改之,如此是'复其性为德之根本也'。"①在这里,胡瑗并没有将《复》卦与《履》卦联系起来进行讨论,也就是他没有以礼来解释《复》卦,而是从复归正性的角度来解释《复》卦,这里虽然提到了性,但是却不是从性与礼相联系的角度来讨论的,这说明在胡瑗的思想中,礼仍是指外在的礼仪规范,礼所起到的作用也主要是约束人的行为,与性是没有直接关联的。而王安石却是尽可能地将礼纳入个人心性的范围来解释,他在《易象论解》这篇文章中说:"德以礼为体,故于《履》也,'君子以辨上下,定民志'。"②根据上下文,这里所说的体,指的是德借以表现出来的途径,德本无形,只有通过具体的礼仪规范才能彰显,因此《象传》里面说"君子以辨上下,定民志",这即是说内在之德需要通过行之于尊卑上下的具体礼节度数来体现的。胡瑗和王安石对于《履》卦的解释角度的不同体现了传统儒学与新学之间的差异。

在诠释《履》卦的时候,胡瑗还指出礼贵在合于中道。他前面十分强调要履之以礼,但是什么是礼呢? 在他看来,礼就是本于中而行。《履》卦九二曰:"履道坦坦,幽人贞吉。"《象传》曰:"幽人贞吉,中不自乱也。"胡瑗对此的解释是:

> 九二居下卦之中,其体是兑。兑者,和说之谓也。今既履得其中,又能和说,则是乐其道而忘其忧,践其道坦坦然,安于循理也。"幽人贞吉"者,幽人,则乐道慎独之人也。凡人之为礼,贵本于中而行,则得其为礼之中道。故《周礼·大司徒》以六礼教万民之中,是所行之礼,贵得其中也。且凡人之为礼,有恭肃矜庄而过其中者,有简易惰慢而不及其中者,有外能恭庄而内实不敬者,有内能恭敬而外不整肃者,有显然能行中道而欺于闇室者,有不欺于闇室而傲于等夷者,是皆为礼失其本而不得其中。故唯此乐道慎独之人能行之,是于正道而得其吉者也。③

---

① 胡瑗撰,倪天隐述:《周易口义·系辞下》,第534页。
② 王安石:《易象论解》,《临川先生文集》卷六十五,第698—699页。
③ 胡瑗撰,倪天隐述:《周易口义》卷三,第237页。

胡瑗认为,九二之所以"履道坦坦",就是因为履得其中,而履得其中就是履之以礼。《周礼·地官司徒》中有"以五礼防万民之伪而教之中"的说法,胡瑗因此将中与礼联系起来,把中看作礼之所行的准则。在他看来,过于恭肃矜庄或者过于简易惰慢,都不是中的体现;中还体现在内外必须相一致,外表恭敬、内心不敬或者内心恭敬、外表不整,这也不是中的体现;中还要体现在不论何种场合都能一以贯之,既要不欺于暗室,又要不傲欲等夷,否则也不是中。可见,胡瑗所理解的中其实是中规中矩、无过无不及,在任何情境下都能合于准则的状态。他认为履之以礼、合于中道是趋吉避凶的要素,"盖凡能履其礼之中正而行者,则获其福庆也;不能由履之中正而行者,则至于祸患也"①。因此九二爻辞称"贞吉"。

第二节　以礼解《洪范》

胡瑗的另一部重要的著作是《洪范口义》,其对《洪范》的诠释也体现出浓厚的礼学色彩,这主要体现在他多用三《礼》来解释《洪范》。如他在解释"火曰炎上"一句时,就是引用了《周礼》当中的话来做佐证,他说:"圣人能顺五行之性而修火德,鼓铸有时,焚莱有节,号令当火,政修如是,则火炎上矣。故《周礼·司烜氏》'中春以木铎,修火禁于国中'是也。若其焚莱不时,鼓铸无节,火官废,火政堕,则灾宫馆,灾宗庙,此火不炎上也。郑铸刑鼎后乃有灾乱,火不炎上故也。故润下炎上,皆性之自然也。"②胡瑗将五行与国事联系起来,认为治国应当顺应五行之性,如《周礼》中说"中春以木铎,修火禁于国中",即是说应当振木铎提醒民众谨慎火烛,宣传消防禁令,否则民众用火无度,则容易导致灾害,妨碍政事。胡瑗将《洪范》与《周礼》联系起来,用《周礼》来解释《洪范》,说明在他看来《洪范》和《周礼》这些经典是可以相通的,是一以贯之的。

---

① 胡瑗撰,倪天隐述:《周易口义》卷三,第238—239页。
② 胡瑗:《洪范口义》卷上,第7页。

又如,胡瑗在解释《洪范》"八政"中的"司寇"时,即是用《周礼》中对司寇的解释,他说:"夫圣人之治天下,虽欲以仁爱之道行化于四海,然其间有奸猾则奈何?故大则四夷之不宾,小则诸侯之不臣,凶夫肆逆,顽臣奸骄,若是则如何制哉?故司寇者,所以为御寇之官也。《周礼》曰:'司寇诘邦国,刑百官。'又《周官》曰:'司寇掌邦禁。'诘奸慝,刑暴乱,乃掌严邦法,修度天威,小大之刑无有不正,所以讨天下之乱臣贼子,无非系于司寇之官也,皆其责矣。"①《周礼》中将司寇的职能定义为掌邦禁、刑百官,胡瑗将这一解释应用到《洪范》当中。《洪范》中所说的八政是指食、货、祀、司空、司徒、司寇、宾、师,胡瑗认为八政的次序不是随意排列的,而是递进的关系,他说:"八政之次,首曰食,而终曰师者,何也?夫食者,万民之命也,一日而不可阙,故居于首焉;有食必有衣,故货居二焉;食货充盈,莫不由明灵佑之,故曰圣王先成民而后致力于神,此祀所以居其三也;虽有养身之具,必有安身之居,司空主民土,故叙之于四也;虽有安民之道,非礼义不能立,故司徒教之居于五也;教之不能入,不能无小人之行者,故司寇主刑诘之居于六也;奸猾既去,则天下皆相亲,远域来朝则宾礼待之,居其七也;夫然行七者之事,未有不决于师,明其义,达其礼,教而行之,所以终于八也。"②根据《周礼》的说法,司寇的主要职能是刑罚,而司徒的主要职能是教化民众,所以司寇的次序在司徒之后,因为刑罚是必然要以教化为前提的,只有经过教化,才能施行惩戒,因此胡瑗认为这是司寇排在司徒之后的原因。

胡瑗也多引用《礼记》来诠释《洪范》,如他在解释"八政"当中的"祀"时,即是引用《大戴礼记》的说法做佐证,他说:"上郊天,所以答阳功;下祀地,所以报阴道;享宗庙,所以奉先祖,昭孝心,示民有尊也。又且内有腰腊之事,外有山川之举,以至门行户灶邱陵原隰皆有其祭者,是圣人之广极其敬,而有所尊也。于是羞其簠簋,陈其笾豆,荐其黍稷,馈其牢醴,外尽备物,内竭至诚,如此则鬼神幽明胡不享哉?故祭祀所以为教本。《礼》曰'使民不忘本',此之谓也。"③在这里,胡瑗对祭祀进行了详细的解释,他认为郊天、祀地、祭祖皆始于

---

① 胡瑗:《洪范口义》卷上,第11—12页。
② 胡瑗:《洪范口义》卷上,第12页。
③ 胡瑗:《洪范口义》卷上,第11页。

圣人的报本反始之心，由此而扩充为祭祀自然万象，亦是圣人敬虔之心的表达，这即是《大戴礼记·朝事》中所说"率而祀天于南郊，配以先祖，所以教民报德，不忘本也"，意思是说祭祀的本意在于教民懂得报本反始。可见胡瑗是完全用《大戴礼记》中对祭祀的诠释来解释《洪范》中之"祀"的。

又如，他在解释"八政"当中的"司空"时，也是引用《礼记》当中的材料来证明，他说："夫圣人既有天下之广，四海之大，民人之众，生齿之繁，欲安其土而不迁，敦其业而阜盛，何以至哉？故王者立司空之为此责也。土维有瘠壤，此辨之也；地居有上下，此相之也。故《礼》曰：'量地以制邑，度地以居民。'又《周官》：'司空掌邦土，居四民，时地利。'此其司空之任也。"①在这里胡瑗引用了《礼记》和《周官》中的话来解释司空的职责，《礼记·王制》曰："凡居民，量地以制邑，度地以居民。"而《周官》中将司空的职责定义为"掌邦土，居四民，时地利"，这皆是说司空主要负责的是规划土地、安置居民。胡瑗用《礼记》《周官》来解释《洪范》，说明在他的思想中，不同的经典是可以相互佐证的。

第三节　以礼正雅乐

雅乐泛指宫廷祭祀活动和朝会礼仪中所用的音乐，起源于周代的礼仪制度。作为确立国家政权、划分等级差别的重要标志，雅乐的意义更多的在于政治之功效，而非艺术之本质。北宋时期十分重视雅乐的传承和更定，胡瑗就曾参与过国家关于雅乐的更定，而他在更定雅乐的时候即是依照古礼来进行的。宋仁宗时期十分倡导制礼作乐，由于朝廷旧藏的大乐制器年月太久，钟律不调，因此仁宗征求朝廷官员修正意见，大臣们说法不尽一致。景祐二年（1035），仁宗决意重新定立雅乐，并下诏全国各郡县，凡有通晓音律的人才，可以随时来京呈奏。当时范仲淹举荐了胡瑗，并上奏说："臣闻臣之至忠，莫先于举士；君之盛德，莫大于求贤。泰通之朝，岂敢隐默。臣窃见前密州观察

---

① 胡瑗：《洪范口义》卷上，第11页。

推官胡瑗,志穷坟典,力行礼义。见在湖州郡学教授,聚徒百余人,不惟讲论经旨,著撰词业,而常教以孝悌,习以礼法,人人向善,闾里叹伏。此实助陛下之声教,为一代之美事。伏望圣慈特加恩奖,升之太学,可为师法。"①范仲淹之所以推荐胡瑗,一是因为胡瑗通晓经典,二是因为胡瑗践行礼仪,这说明当时胡瑗对于古礼的通晓和实践已经闻名于世。

事实上,胡瑗对仁义礼乐的倡导,在当时士人中间是广为流传的。据《苕溪集》载:"至明道、景祐间,海陵胡公先生与泰山孙明复、徂徕石守道皆以所学教授弟子,而先生之徒最盛。其在吴兴,往来郡学常数百辈,自是天下之人始知尊德而隆师,士皆知仁义礼乐之说,为足以诚身而格物。其学问之成,为时显用,翊赞治道,见于嘉祐、治平之间者,不可概举。初郡学求,先生乃以三礼仪物,黜其于古无考而益其未见者,图之讲堂,遵故事也,于是人人得窥三代文物之懿,朝夕对之,皆若素习。"②这里说明,胡瑗之学是以强调仁义礼乐为特色的,他尤为精通三礼,对于三礼中所记载的仪物都详细考证,并在教授学生的时候画出礼图,让学生能够看到具体仪物的样式。不仅如此,他还在实践中按照古礼的标准来要求学生,"虽盛暑,必公服坐堂上,严师弟子之礼"③。经过这样的训练,胡瑗的学生们对于古礼也都非常熟悉,以至于"是时礼部所得士,先生弟子十常居四五,随材高下而修饰之,人遇之,虽不识,皆知为先生弟子也"④,仅凭外貌就可以认出是胡瑗的学生,可见胡瑗在教导学生遵行古礼时,对于服饰、仪容、动作、举止都有着非常明确的、与世俗不一样的要求。宋神宗在给胡瑗像的题词中,也是着重指出了胡瑗的经术与礼乐之教:"经义治事,以适士用;议礼定乐,以迪朕躬。"⑤

范仲淹举荐胡瑗之后,得到了朝廷的批准。但是因为胡瑗当时没有官衔,所以只能以平民的身份应诏,参加朝廷更定雅乐的讨论和制定。而平民在应诏之前,必须到阁门接受培训,学习觐见皇帝的各种礼仪,这是惯例。但胡瑗

---

① 杨士奇、黄淮编:《历代名臣奏议》卷一百三十二,第2715页。
② 刘一止撰:《吴兴郡学重绘三礼图记》,《苕溪集》卷二十二,第98页。
③ 黄宗羲:《宋元学案》卷一《安定学案》,第24页。
④ 黄宗羲:《宋元学案》卷一《安定学案》,第25页。
⑤ 黄宗羲:《宋元学案》卷一《安定学案》,第29页。

拒绝培训,《安定学案》载:"先生尝召对,例须就合门习仪。先生曰:'吾平生所读书,即事君之礼也,何以习为!'合门奏上,人皆谓山野之人必失仪。及登对,乃大称旨。上谓左右曰:'胡瑗进退周旋,皆合古礼。'"①胡瑗的理由是,他平时所学的即是事君的礼仪,并不用格外接受培训。时人皆认为胡瑗作为山野之人,见到皇上必定失仪,可结果胡瑗却得到了仁宗的称赞,仁宗认为"胡瑗进退周旋,皆合古礼",这体现出胡瑗平日以礼修身的积淀。

胡瑗在参定声律、制作钟磬的过程中也是尽量遵循古礼中所记载的制度。当时与他同定音律、钟制的还有阮逸,《宋史》记载"阮逸、胡瑗钟律法黍尺,其一称用上党羊头山秬黍中者累广求尺,制黄钟之声"②,这即是运用了古代的乐律尺度。《隋书·律历志》有"今以上党羊头山黍,依《汉书·律历志》度之"③的记载,又《文献通考》卷一百八十六《经籍考》中记"《汉志》以秬黍中者千二百实管中为九十分,以定黄钟之长"④,可见,在隋代之前,用羊头山黍度律历是约定俗成的文化习俗,上党羊头山黍是古代社会朝野累黍定黄钟、度律历的传统依据。这说明阮逸、胡瑗这次所定的音律、钟制是以古代制度为准的。此次参定音律,其意见最后汇编成集,名为《景祐乐府奏议》。

皇祐二年(1050)十一月,朝廷再次更定雅乐,仍诏胡瑗与阮逸进京主持,并在司马光和范景仁的支持下以三年时间完成。《宋史》记载此次制作,阮逸"独执《周礼》嘉量声中黄钟之法及《国语》钧钟弦准之制","状进《周礼》度量法"⑤,并提到汉代蔡邕铜龠得于《周礼》遗范,积成嘉量,请求根据该嘉量的尺寸和其所发的黄钟音高来定尺度和乐律。此次更定所成的新乐较旧乐下一律,取名《大安》。由于这一国家大乐,主要由胡瑗、阮逸两人完成,所以大安之乐一般皆称为"阮逸胡瑗乐"。与景祐二年(1050)胡瑗第一次奉召赴京更定雅乐,最后写成《景祐乐府奏议》情况一样,胡瑗也把这次制定大安之乐的意见汇集为《皇祐乐府奏议》一卷。另外,他还与阮逸合作,撰写《皇祐新乐图记》三卷。

---

① 黄宗羲:《宋元学案》卷一《安定学案》,第28页。
② 脱脱撰:《宋史》卷一二七《乐志第八十》,第1328页。
③ 魏征撰:《隋书》卷十六《志第十一》,第209页。
④ 马端临撰:《文献通考》卷一百八十六《经籍考十三》,第3235页。
⑤ 脱脱撰:《宋史》卷一二七《乐志第八十》,第1327页。

第二章　欧阳修的以礼排佛思想

欧阳修(1007—1072),字永叔,号醉翁、六一居士,吉州永丰(今江西省吉安市永丰县)人,北宋政治家、文学家、史学家。因吉州原属庐陵郡,以"庐陵欧阳修"自居。官至翰林学士、枢密副使、参知政事。谥号文忠,世称欧阳文忠公。后人又将其与韩愈、柳宗元和苏轼合称"千古文章四大家"。与韩愈、柳宗元、苏轼、苏洵、苏辙、王安石、曾巩被世人称为"唐宋散文八大家"。欧阳修在政治和文学方面都主张革新,既是范仲淹庆历新政的支持者,也是北宋诗文革新运动的领导者,他荐拔和指导了王安石、曾巩、苏洵、苏轼、苏辙等散文家,对他们的散文创作产生过很大的影响。他还继承了唐代韩愈的古文运动理论,反对西昆体,主张"因文见道",由于他的地位和影响,北宋初期的古文运动达到了波澜壮阔的程度。在史学方面,欧阳修与宋祁等一同编修《新唐书》,又自修《新五代史》;在金石学方面,他收集金石文字,编为《集古录》;在礼学方面,他与苏洵参与编纂一百卷《太常因革礼》;在诗文学方面,他著有《欧阳文忠公文集》。欧阳修一生重视仁义礼乐之教,主张用儒家的礼仪秩序规范社会,从而削弱佛老等异端之学对社会的消极影响。

第一节　礼与政治

一、礼乐

对欧阳修来说,礼主要是一种辨明人伦的工具,而人伦是维系社会稳定的主要因素。他在《新五代史》中说:"夫礼者,所以别嫌而明微也。甚矣,五代之际,君君、臣臣、父父、子子之道乖,而宗庙、朝廷、人鬼皆失其序,斯可谓乱世者欤! 自古未之有也。"①礼的作用在于使君臣父子各明其责,从而各司其职、各安其分,这样便能够达到社会的有效治理。欧阳修认为,五代正是因为君臣父子之道错乱,所以社会动荡不安,纲常皆失其序,呈现出前所未有的大乱局面,"五代之乱,君不君,臣不臣,父不父,子不子,至于兄弟、夫妇人伦之际,无不大坏,而天理几乎其灭矣"②。因此,欧阳修认为,治理国家与社会首先应当摆正人伦纲常,而这首先就要用礼乐教化来维系。在他看来,人伦纲常是本,仁义礼乐是文,仁义礼乐是以人伦纲常为基础的,他说:"夫君臣之相和、父子之相爱、兄弟夫妇之相为悌顺,是文之本也;仁以守之、义以制之、礼乐以和节之,是文之成也。"③这说明在他的观念中,礼乐的主要功能是维系社会伦理秩序,这与传统上对礼乐的认识是比较符合的。

欧阳修十分强调礼乐教化的作用,他认为礼乐是最基本的治国之道。他说:"礼乐,治民之具也。王者之爱养斯民,其于教导之方,甚勤而备。故礼,防民之欲也周;乐,成民之俗也厚。苟不由焉,则赏不足劝善,刑不足禁非,而政不成。……儒者之于礼乐,不徒诵其文,必能通其用;不独学于古,必可施于今。"④礼的主要功能是"防民之欲",即约束人们的感情欲望,使之合于规范;乐的主要功能是移风易俗,通过潜移默化的陶冶来改变风俗,使人趋善避恶。礼乐是先王爱民养民的表现,也是赏罚得以施行的基础,赏罚要以礼乐教化为前提。此外,他还强调儒家学者不能只在书本上研究礼乐,而一定要在生活中实践礼乐;不仅要学习古代礼乐的原貌,还要把古代礼乐以合适的方式应用到现今生活中。这体现了他实用主义的礼乐主张。他强调,礼是治民的最重要的途径,也是维持国家安定的必要因素之一,在撰修《新五代史》时他说道:"《传》曰:'礼义廉耻,国之四维;四维不张,国乃灭亡。'善乎,管生之能言也! 礼义,治人之大法;廉耻,立人之大节。"⑤在这里他把礼义廉耻提升到了治国

---

① 欧阳修:《唐废帝家人传第四》,《新五代史》卷十六,第 173 页。
② 欧阳修:《一行传第二十二》,《新五代史》卷三十四,第 370 页。
③ 欧阳修:《问进士策题五道》,《欧阳修全集》卷七十一,第 1029 页。
④ 欧阳修:《武成王庙问进士策二首》,《欧阳修全集》卷四十八,第 673 页。
⑤ 欧阳修:《杂传第四十二》,《新五代史》卷五十四,第 611 页。

之策的高度,认为这是使国家和社会达到稳定的关键。

在《新唐书》中,欧阳修论述了三代以来的礼乐状况,他说:

　　由三代而上,治出于一,而礼乐达于天下;由三代而下,治出于二,而礼乐为虚名。古者,宫室车舆以为居,衣裳冕弁以为服,尊爵俎豆以为器,金石丝竹以为乐,以适郊庙,以临朝廷,以事神而治民。其岁时聚会以为朝觐、聘问,欢欣交接以为射乡、食飨,合众兴事以为师田、学校,下至里闾田亩,吉凶哀乐,凡民之事,莫不一出于礼。由之以教其民为孝慈、友悌、忠信、仁义者,常不出于居处、动作、衣服、饮食之间。盖其朝夕从事者,无非乎此也。此所谓治出于一,而礼乐达天下,使天下安习而行之,不知所以迁善远罪而成俗也。

　　及三代已亡,遭秦变古,后之有天下者,自天子百官名号位序、国家制度、宫车服器一切用秦,其间虽有欲治之主,思所改作,不能超然远复三代之上,而牵其时俗,稍即以损益,大抵安于苟简而已。其朝夕从事,则以簿书、狱讼、兵食为急,曰:“此为政也,所以治民。”至于三代礼乐,具其名物而藏于有司,时出而用之郊庙、朝廷,曰:“此为礼也,所以教民。”此所谓治出于二,而礼乐为虚名。

　　故自汉以来,史官所记事物名数、降登揖让、拜俯伏兴之节,皆有司之事尔,所谓礼之末节也。然用之郊庙、朝廷,自搢绅、大夫从事其间者,皆莫能晓习,而天下之人至于老死未尝见也,况欲识礼乐之盛,晓然谕其意而被其教化以成俗乎?呜呼!习其器而不知其意,忘其本而存其末,又不能备具,所谓朝觐、聘问、射乡、食飨、师田、学校、冠婚、丧葬之礼在者几何?自梁以来,始以其当时所行傅于《周官》五礼之名,各立一家之学。

　　唐初,即用隋礼,至太宗时,中书令房玄龄、秘书监魏征,与礼官、学士等因隋之礼,增以天子上陵、朝庙、养老、大射、讲武、读时令、纳皇后、皇太子入学、太常行陵、合朔、陈兵太社等,为《吉礼》六十一篇,《宾礼》四篇,《军礼》二十篇,《嘉礼》四十二篇,《凶礼》十一篇,是为《贞观礼》。高宗又诏太尉长孙无忌、中书令杜正伦李义府、中书侍郎李友益、黄门侍郎刘祥道许圉师、太子宾客许敬宗、太常卿韦琨等增之为一百三十卷,是为

《显庆礼》。其文杂以式令,而义府、敬宗方得幸,多希旨傅会。事既施行,议者皆以为非。上元三年,诏复用《贞观礼》。由是终高宗世,《贞观》《显庆》二礼兼行。而有司临事,远引古义,与二礼参考增损之,无复定制。武氏、中宗继以乱败,无可言者,博士掌礼,备官而已。

玄宗开元十年,以国子司业韦绦为礼仪使,以掌五礼。十四年,通事舍人王嵒上疏,请删去《礼记》旧文而益以今事,诏付集贤院议。学士张说以《礼记》不刊之书,去圣久远,不可改易,而唐《贞观》《显庆礼》,仪注前后不同,宜加折衷,以为唐礼。乃诏集贤院学士右散骑常侍徐坚、左拾遗李锐及太常博士施敬本撰述,历年未就而锐卒,萧嵩代锐为学士,奏起居舍人王仲丘撰定,为一百五十卷,是为《大唐开元礼》。由是,唐之五礼之文始备,而后世用之,虽时小有损益,不能过也。

贞元中,太常礼院修撰王泾考次历代郊庙沿革之制及其工歌祝号,而图其坛屋陟降之序,为《郊祀录》十卷。元和十一年,秘书郎、修撰韦公肃又录开元已后礼文,损益为《礼阁新仪》三十卷。十三年,太常博士王彦威为《曲台新礼》三十卷,又采元和以来王公士民昏祭丧葬之礼为《续曲台礼》三十卷。呜呼,考其文记,可谓备矣,以之施于贞观、开元之间,亦可谓盛矣,而不能至三代之隆者,具其文而意不在焉,此所谓"礼乐为虚名"也哉![①]

他认为三代施行的是礼乐之教,当时的礼乐是切实地在民众之中实行,一切社会活动都有礼乐的指导,一切生活起居都蕴含在礼乐之文当中,是"治出于一"的,因此当时的民风淳朴,百姓在潜移默化中就能趋善避恶。而三代之后,自秦始皇统一中国以来,三代的礼乐名物大部分被束之高阁,而以区区簿书、狱讼、兵食为急,因此从那时开始就已经是"治出于二",而礼乐成为虚名了。但这时礼乐还有传承的机会,如果在三代礼乐的基础上稍加损益,还是可以在现实中推行礼乐的。而到了汉代,礼仪规范就彻底只成了有司之事,而为普通人所不识,人们只知礼乐之末而不知其本。唐代太宗时期制定了《贞观

---

① 欧阳修、宋祁撰:《礼乐一》,《新唐书》卷十一,第307—309页。

礼》,高宗时期制定了《显庆礼》,后者非议颇多,因此高宗时期实际上是《贞观》《显庆》二礼并行。玄宗时期制定了《开元礼》,这部礼书相对比较完备,成为后世施行礼乐的标准本。此后又相继制定了《郊祀录》《礼阁新仪》《曲台新礼》《续曲台礼》等礼书,可谓礼乐之文全备。但欧阳修认为,此时仍是"礼乐为虚名",因为人们只知礼乐之文,而不知礼乐之意。

欧阳修特别指出了当时礼崩乐坏的现状,而这种现状他认为始于五代乱世对礼乐的破坏。他在《新五代史》中说:"呜呼,甚矣,人之好为礼也! 在上者不以礼示之,使人不见其本,而传其习俗之失者,尚拳拳而行之。五代干戈之乱,不暇于礼久矣! 明宗武君,出于夷狄,而不通文字,乃能有意使民知礼。而岳等皆当时儒者,卒无所发明,但因其书增损而已。然其后世士庶吉凶,皆取岳书以为法,而十又转失其三四也,可胜叹哉!"[1]他认为这种礼崩乐坏的局面首先源于统治者不能以礼示之,因此民众无法知晓礼乐的大意;其次,民间传习礼乐者有失正统。这些因素导致真正的礼乐始终不能呈现于世。他曾上奏《论祠祭行事劄子》,请求朝廷能够考订祭祀的礼仪,其中说:"臣伏见朝廷近年新制祭祀器服,修饰坛壝,务极精严。而有司失传,行事之际,于礼缪误。伏乞下礼院详定,依《开宝通礼》改正《祀仪》,及教习礼生,使依典礼,以上副圣朝精严礼事之意。"[2]他指出,当时有司在制定祭祀器服方面存在很多失误之处,因此希望礼部能够参照当时的《开宝通礼》来更正《祀仪》,以此教导礼生,使其在典礼中能够遵行正确的礼仪规范。

欧阳修不仅主张更定当时的礼书,还亲自参与编撰了《太常因革礼》。他在《太常因革礼序》中记述了编撰这部礼书的缘由:

> 古之君子于战伐崎岖之中,犹不忍礼乐之废,苟有一日之安,则相与戮力讲求,其勤如此。宋有天下,承平百年,宪章文物,远迹三代。而观书于太常者,独有《开宝通礼》得为完书,其余颠倒脱落,无所考证,至不及汉、唐者,有司失职,学者不讲之过也。昔太祖皇帝始命大臣约唐之旧,为

---

①　欧阳修:《杂传第四十三》,《新五代史》卷五十五,第633页。
②　欧阳修:《论祠祭行事劄子》,《欧阳修全集》卷一百一十三,第1716页。

《开宝通礼》，事为之制，以待将来。其后更历三朝，随事损益，与《通礼》异者十常三四。苟新书不立，而恃《通礼》以为备，则后世将有惑焉。故天圣中，礼官王皞等论次已行之事，名曰《礼阁新编》，其后贾昌朝等复加编定，名曰《太常新礼》。而《礼阁新编》止于天禧之五年，《太常新礼》止于庆历之三年，又多遗略，不能兼收博采，以示后世。而二书之外，存于简牍者尚不可胜数，付之胥史，日以残脱。故嘉祐中臣修以为言，而先帝以属修与凡礼官，命臣辟、臣洵专领其局。始自建隆以来，讫于嘉祐，巨细必载，网罗殆尽。以为《开宝通礼》者一代之成法，故以《通礼》为主而记其变，其不变者则有《通礼》存焉。凡变者皆有所沿于《通礼》也，其无所沿者谓之新礼，《通礼》之所有而建隆以来不复举者谓之废礼。凡始立庙皆有议论，不可以不特见，谓之庙仪，其余皆即用《通礼》条目。为一百篇以闻，赐名曰《太常因革礼》。①

撰修《太常因革礼》首先是因为当时只有一部比较完备的通行的礼书，即《开宝通礼》。《开宝通礼》本来是参照《开元礼》而制定，其中有些颠倒错乱的地方，受到了很多学者的非议，欧阳修认为它甚至"不及汉、唐"，并认为这是"有司失职，学者不讲之过"。后来虽有若干礼书问世，如《礼阁新编》《太常新礼》等，但是仍有很多遗漏，难以垂法后世。嘉祐中，宋仁宗命欧阳修、苏洵等撰修《太常因革礼》，其中以《开宝通礼》为本，《开宝通礼》主要是记载常礼，而《太常因革礼》则负责记载变礼、新礼，在常礼的方面仍是沿用《开宝通礼》。这即是《太常因革礼》制定的初衷。

二、排佛

欧阳修提倡礼乐教化的另一个重要目的是以此削弱佛老等异端之学对当时社会的渗透和影响。当时佛老在士大夫阶层和平民百姓中是十分具有影响力的，欧阳修对这种现象十分担忧，他说："甚矣，佛老之为世惑也！佛之徒曰无生者，是畏死之论也；老之徒曰不死者，是贪生之说也。彼其所以贪畏之意

---

① 欧阳修：《太常因革礼序》，《欧阳修全集》卷一百五十五，第2576—2577页。

笃,则弃万事、绝人理而为之,然而终于无所得者,何哉? 死生天地之常理,畏者不可以苟免,贪者不可以苟得也。惟积习之久者,成其邪妄之心。佛之徒有临死而不惧者,妄意乎无生之可乐,而以其所乐胜其所可畏也。老之徒有死者,则相与讳之曰彼超去矣,彼解化矣,厚自诬而托之不可诘。或曰彼术未至,故死尔。前者苟以遂其非,后者从而惑之以为诚然也。佛、老二者同出于贪,而所习则异,然由必弃万事、绝人理而为之,其贪于彼者厚,则舍于此者果。"①他指出,佛老的共同点是贪生怕死,佛教因为畏死所以提出"无生",道教因为畏死所以主张"不死",这其实都是不能顺应天地之常理,而企图弃万事、绝人理的表现。佛老之所以吸引人,正是因为他们把生死的问题上升到了理论学说的中心,而儒家哲学却没有把生死问题重点关注。但其实,佛老如此关注生死的问题,正反映出他们不能坦然地接受世界与自然运行的客观规律。

欧阳修认为,要想抵制佛老在社会上的不断渗透,就必须诉诸传统的礼乐教化。他在《本论》中用很大篇幅论述了礼乐教化对抵制佛老等异端的积极作用。他认为,佛老之所以能够大行其道,就是因为三代以下礼崩乐坏,导致其乘虚而入。他说:

> 尧、舜、三代之际,王政修明,礼义之教充于天下,于此之时,虽有佛无由而入。及三代衰,王政阙,礼义废,后二百余年而佛至乎中国。由是言之,佛所以为吾患者,乘其阙废之时而来,此其受患之本也。补其阙,修其废,使王政明而礼义充,则虽有佛无所施于吾民矣,此亦自然之势也。②

他认为三代之时礼乐之教达于天下,此时虽然佛教已经产生,但是却没有机会传入中国。直至三代结束之后,王政缺失,礼崩乐坏,二百年之后佛教就传入了中国。所以佛老之所以能够盛行,归根结底是因为儒家的礼乐教化没有得到倡明。因此,要想削弱佛老对社会的影响,就需要从恢复王政和礼乐教化开始,这样一来,人们为王政和礼乐教化所浸透,虽然佛老依旧存在,却已经

---

① 欧阳修:《唐华阳颂》,《欧阳修全集》卷一百三十九,第2228—2229页。
② 欧阳修:《本论中》,《欧阳修全集》卷十七,第288—289页。

不能再深入人们的生活当中了。

欧阳修还具体描绘了三代之时礼乐教化达于天下的理想生活,他说:

> 昔尧、舜、三代之为政,设为井田之法,籍天下之人,计其口而皆授之田,凡人之力能胜耕者,莫不有田而耕之,敛以什一,差其征赋,以督其不勤。使天下之人,力皆尽于南亩,而不暇乎其他。然又惧其劳且怠而入于邪僻也,于是为制牲牢酒醴以养其体,弦匏俎豆以悦其耳目。于其不耕休力之时,而教之以礼。故因其田猎而为蒐狩之礼,因其嫁娶而为婚姻之礼,因其死葬而为丧祭之礼,因其饮食群聚而为乡射之礼。非徒以防其乱,又因而教之,使知尊卑长幼,凡人之大伦也。故凡养生送死之道,皆因其欲而为之制。饰之物采而文焉,所以悦之,使其易趣也。顺其情性而节焉,所以防之,使其不过也。然犹惧其未也,又为立学以讲明之。故上自天子之郊,下至乡党,莫不有学,择民之聪明者而习焉,使相告语而诱劝其愚惰。呜呼!何其备也。盖三代之为政如此,其虑民之意甚精,治民之具甚备,防民之术甚周,诱民之道甚笃。行之以勤而被于物者洽,浸之以渐而入于人者深。故民之生也,不用力乎南亩,则从事于礼乐之际,不在其家,则在乎庠序之间。耳闻目见,无非仁义礼乐而趣之,不知其倦。终身不见异物,又奚暇夫外慕哉?故曰虽有佛无由而入者,谓有此具也。①

三代之时,社会上实行的是井田之制,根据人口的数量而平均授田,因此每个人都有田可耕,这就保证了人民皆有基本的工作;此外又征收什一税,以此督促人民辛勤劳作,避免懒惰好闲的现象。这种生活在一定程度上使人民皆能用力于南亩,从而无暇顾及异端邪说。不仅如此,圣王还制礼作乐,使人民在闲暇之时也能从事一定的活动。礼乐不仅教导人们辨识人伦,使之尊卑有节、长幼有序,而且还可以陶冶情操、愉悦耳目。人们长期涵泳于礼乐当中,潜移默化地就会变化性情,合于中道。不仅如此,圣王又开设学校,讲明礼义,使民实习之,以此防民陷入愚蠢懒惰。如此一来,人民无论是日常劳作还是闲

_____

① 欧阳修:《本论中》,《欧阳修全集》卷十七,第289页。

暇之余,都能够从事一定的工作和活动,耳濡目染皆是仁义礼乐,因此佛老等异端根本无隙进入。

遗憾的是,自秦开始,礼乐教化就已经荡然无存了,佛教正是于这个间隙乘虚而入。他接下来说:

> 及周之衰,秦并天下,尽去三代之法,而王道中绝。后之有天下者,不能勉强,其为治之具不备,防民之渐不周。佛于此时,乘间而入。千有余岁之间,佛之来者日益众,吾之所为者日益坏。井田最先废,而兼并游惰之奸起,其后所谓蒐狩、婚姻、丧祭、乡射之礼,凡所以教民之具,相次而尽废。然后民之奸者,有暇而为他;其良者,泯然不见礼义之及己。夫奸民有余力,则思为邪僻;良民不见礼义,则莫知所趣。佛于此时,乘其隙,方鼓其雄诞之说而牵之,则民不得不从而归矣。又况王公大人往往倡而驱之曰:佛是真可归依者。然则吾民何疑而不归焉? 幸而有一不惑者,方艴然而怒曰:佛何为者,吾将操戈而逐之! 又曰:吾将有说以排之! 夫千岁之患遍于天下,岂一人一日之可为? 民之沈酣入于骨髓,非口舌之可胜。①

自秦始皇统一中国开始,三代之法就从实质上终止了,首先废掉的是井田制,这导致很多人无田可耕,社会上出现了很多游手好闲之人。此外,冠、婚、丧、祭、射、乡、朝等礼也相继废去,这就导致一切教民之具都荡然无存。在这种情况下,奸恶之人有暇为非作歹,而良民虽有趋善之意,却无从知晓礼义。佛教正是在这种社会局面下传入中国,并很快吸引了诸多信众。其间虽有仁人志士严辞辟佛,但是欧阳修认为,佛教的宣传力度不是凭借某些个别的批判就可以抵消的。

欧阳修指出,如今佛教已经妇孺皆晓、深入人心,要想削弱佛教的影响力,不是一朝一夕就可以达成的。并且,对待信佛的民众,不能强制其避佛归儒,否则只能起到防民之口的效果。他说:

① 欧阳修:《本论中》,《欧阳修全集》卷十七,第289—290页。

呜呼！诚使吾民晓然知礼义之为善，则安知不相率而从哉？奈何教之谕之之不至也？佛之说，熟于人耳、入乎其心久矣，至于礼义之事，则未尝见闻。今将号于众曰：禁汝之佛而为吾礼义！则民将骇而走矣。莫若为之以渐，使其不知而趣焉可也。盖鲧之治水也鄣之，故其害益暴，及禹之治水也导之，则其患息。盖患深势盛则难与敌，莫若驯致而去之易也。今尧、舜、三代之政，其说尚传，其具皆在，诚能讲而修之，行之以勤而浸之以渐，使民皆乐而趣焉，则充行乎天下，而佛无所施矣。《传》曰"物莫能两大"，自然之势也，奚必曰"火其书"而"庐其居"哉！①

他强调，如果对待佛教采用强行制止的办法，就会像鲧之治水一样，其害益暴。因此，杜绝佛教只能通过潜移默化的方式。他认为，当时的民众大多不晓得三代礼乐为何物，应当加强讲学的力度，使人渐晓礼乐之意，发现礼乐的乐趣，并在生活中践行之，这样长期下去，人们自然就会避佛归儒。他不赞同韩愈所提倡的"火其书，庐其居"的策略，认为这不能从根本上杜绝佛教的影响。

他还指出，恢复三代礼乐之教就是要恢复郊天、祀地、宗庙、社稷、朝廷之仪及冠、婚、丧、祭、射、乡、朝等礼，对于这些礼仪要经常施行，使之深入民众的生活和内心，社会风气就会慢慢地改变。他说：

夫郊天、祀地与乎宗庙、社稷、朝廷之仪，皆天子之大礼也，今皆举而行之。至于所谓蒐狩、婚姻、丧祭、乡射之礼，此郡县有司之事也，在乎讲明而颁布之尔。然非行之以勤，浸之以渐，则不能入于人而成化。自古王者之政，必世而后仁。今之议者将曰："佛来千余岁，有力者尚无可奈何，何用此迂缓之说为？"是则以一日之功不速就，而弃必世之功不为也，可不惜哉！昔孔子叹为俑者不仁，盖叹乎启其渐而至于用殉也。然则为佛者，不犹甚于作俑乎！当其始来，未见其害，引而内之。今之为害著矣，非特先觉之明而后见也，然而恬然不以为怪者何哉！夫物极则反，数穷则

① 欧阳修：《本论下》，《欧阳修全集》卷十七，第291—292页。

变,此理之常也。今佛之盛久矣,乘其穷极之时,可以反而变之,不难也。①

当时有人质疑这种潜移默化的方式究竟在多大程度上有效,欧阳修引用了《论语·子路》当中"如有王者,必世而后仁"这句话来说明王道都是要历经一段时间才会产生效果,并且他认为,孔子当时批评为俑者不仁,就是看到作俑的做法最终会导致殉葬制度,这是为了防微杜渐而做的考虑。佛教的传入也是一样,一开始的时候其害处和弊端并不明显,因此人们将其引入,但是时间长了之后其害处和弊端就显露了出来。这皆是说明潜移默化的作用。

欧阳修强调,他的这篇论文之所以取名为《本论》,就是旨在通过倡明大本以辟邪端的方式来救时之弊,他说:"救之,莫若修其本以胜之。舍是而将有为,虽贲、育之勇,孟轲之辩,太公之阴谋,吾见其力未及施,言未及出,计未及行,而先已陷于祸败矣。何则?患深势盛难与敌,非驯致而为之莫能也。故曰修其本以胜之,作《本论》。"②意思是说,如果与佛教针锋相对,则即便是古今骁勇善辩之士也很难撼动佛教在民众心中的地位,只有修明礼乐之教以取代之,使人们主动放弃异端而回归圣学,这样才能达到理想的效果。

三、濮议

欧阳修还参与过北宋时期著名的"濮议之争"。濮议,指的是宋英宗时代对生父尊礼濮安懿王赵允让的讨论,这次争议引起了一系列政治事件。宋仁宗无嗣,死后以濮安懿王允让之子赵曙继位,即是宋英宗。英宗亲政仅半个月,宰相韩琦等人就向英宗提议请求有关部门讨论英宗生父的名分问题。当时仁宗逝世已有 14 个月,英宗批示,等过了仁宗大祥再议,也就是待到满 24 个月之后再说,这显然是英宗为了减少追封的阻力而作出的姿态。治平二年(1065)四月九日,韩琦等再次提出这一议题,于是,英宗出诏将议案送至太常礼院,交两制以上官员讨论。由此引发了一场持续 18 个月的论战。其结果

① 欧阳修:《本论下》,《欧阳修全集》卷十七,第 292 页。
② 欧阳修:《本论下》,《欧阳修全集》卷十七,第 293 页。

是，以王珪为首的两制认为，濮王于仁宗为兄，英宗应称其为皇伯，而以韩琦、欧阳修为首的宰执则认为，英宗应称其为皇考。最终，英宗采取了韩琦、欧阳修等宰执的意见，称濮王为皇考。不仅如此，欧阳修上奏英宗云："御史以为理难并立，臣等有罪，即留御史；若以臣等为无罪，则取圣旨。"①在欧阳修的建议下，英宗将侍御史吕诲、吕大防、范纯仁三人贬出京师。

欧阳修之所以主张英宗当称濮王为皇考，是因为他认为《礼经》中不论是亲生父母还是养父母，皆称"父母"，而没有将生父改称伯父的例子，所以英宗仍可以称濮王为皇考。他在《濮议》一文中说：

中书据《仪礼·丧服记》云"为人后者，为其父母报"，又据开元、开宝《礼》皆云"为人后者，为其所生父齐衰不杖期，为所后父斩衰三年"。是所生、所后皆称父母，而古今典礼皆无改称皇伯之文。又历检前世以藩侯入继大统之君，不幸多当衰乱之世，不可以为法。唯汉宣帝及光武盛德之君也，皆称其父为皇考。而皇伯之称既非典礼，出于无稽，故未敢施行。②

欧阳修的依据是《仪礼·丧服记》中的"为人后者，为其父母报"这句话，这里面的父母指的是为人后者的本生父母，欧阳修指出《礼经》中是将本生父母称作父母的。此外，《开元礼》《开宝礼》中也是将亲生父母称作父母，而无改称之文。他还列举了历史上对本生父母的称谓的例子，认为凡是不称亲生父母为父母的，多处于衰乱之世，而正统的盛德之君皆是称亲生父母为父母。后者如汉宣帝刘病已，本为汉武帝曾孙，当时汉昭帝崩，无子，因此光禄大夫、给事中邴吉建议把流落民间的刘病已迎入宫中，入继昭帝大统，汉宣帝即位后称其生父刘进为皇考。又如汉光武帝刘秀也是称其生父为皇考。欧阳修以此说明，称生父为皇考乃合大统，若称皇伯则不合典礼。

当时司马光是站在欧阳修的对立面的，主张英宗应称濮王为皇伯。针对欧阳修引用《礼经》所作的论证，司马光提出了反驳意见，他说："今欲言为人

① 《神宗实录本传》，《欧阳修全集附录》卷二，第2662页。
② 欧阳修：《濮议》卷一，《欧阳修全集》，第1848页。

后者为其父母之服,若不谓之父母,不知如何立文?此乃政府欺罔天下之人,谓其皆不识文理也。"①意思是,《礼经》中只是用父母来指谓为人后者的亲生父母,这是为了立文的方便,并不是要求为人后者必须称亲生父母为父母,他认为欧阳修对此的理解完全是不识《礼经》原旨。司马光亦引用《仪礼·丧服记》中的经文来说明为人后者应当以所后之亲为亲,而不应复顾私亲。他说:

> 臣等谨案《仪礼·丧服》:"为人后者。"传曰:"何以三年也?受重者必以尊服之。为所后者之祖父母妻、妻之父母昆弟、昆弟之子若子。"若子者,言皆如亲子也。又:"为人后者为其父母报。"传曰:"何以期也?不贰斩也。何以不贰斩也?持重于大宗者,降其小宗也。"又:"为人后者为其昆弟。"传曰:"何以大功也?为人后者降其昆弟也。"以此观之,为人后者为之子,不敢复顾私亲。圣人制礼,尊无二上,若恭爱之心分施于彼,则不得专壹于此故也。……濮安懿王虽于陛下有天性之亲、顾复之恩,然陛下所以负扆端冕,富有四海,子子孙孙万世相承者,皆先帝之德也。臣等愚浅,不达古今,窃以谓今日所以崇奉濮安懿王典礼,宜一准先朝封赠期亲尊属故事,高官大国,极其尊荣,谯国太夫人、襄国太夫人、仙遊县君亦改封大国太夫人,考之古今,实为宜称。②

依据《仪礼·丧服》中的规定,为人后者在为其本生家庭成员服丧服时,在各方面都要降等,这说明为人后者不应当再把本生家庭成员当作亲生家庭成员来看待,而只应把所后之家庭看作自己的家庭。从这个逻辑而言,宋英宗不应当再把濮王看作亲生父亲而称之为皇考,只能把他看作皇伯。司马光还从常理的角度说明英宗不应追认生父为皇考,因为若不是仁宗使他继承王位,那么他根本就没有富有四海的机会。所以于礼于情,英宗都不应当追濮王为

---

① 司马光:《濮王劄子》,《司马光集》卷一九,第801页。
② 司马光:《翰林学士王珪等状》,《司马光集》卷三三,第785页。明本、乾隆本、四库本题作《与翰林学士王珪等议濮安懿王典礼状》。王珪《华阳集》卷四五亦收入此文,然考《续资治通鉴长编》卷二〇五载:"初议崇奉濮安懿王典礼,翰林学士王珪等相顾不敢先发,天章阁待制司马光独奋笔立议。议成,珪即敕吏以光手藁为案。其议曰……"则此议确为司马光所草。

皇考，而只应称皇伯。与司马光意见一致的有王珪、吕诲、范纯仁、吕大防、赵鼎、赵瞻、傅尧俞等二十余人。最终，由于曹太后的介入，韩琦、欧阳修的意见得到了采纳，濮议一事画上了句号。原先的反对派人物吕诲、范纯仁、吕大防、赵鼎、赵瞻、傅尧俞等人因此被责降贬职，司马光闻听之后，即上书请求收回责令，请求未被应允后，司马光即连上四道劄子请求英宗将自己一同责降，但是司马光的请求未蒙应允。

其实，早在编撰《新五代史》的时候，欧阳修就论述了养子对其亲生父母应如何称谓的问题。在《新五代史》中他针对的是晋高祖石敬瑭和后晋出帝石重贵二人的历史，这即是他在《濮议》一文中所说的"以藩侯入继大统之君，不幸多当衰乱之世，不可以为法"之事。在《新五代史》中他说：

> 呜呼！古之不幸无子，而以其同宗之子为后者，圣人许之，著之《礼》经而不讳也。而后世闾阎鄙俚之人则讳之，讳则不胜其欺与伪也。故其苟偷窃取婴孩襁褓，讳其父母，而自欺以为我生之子，曰："不如此，则不能得其一志尽爱于我，而其心必二也。"而为其子者，亦自讳其所生，而绝其天性之亲，反视以为叔伯父，以此欺其九族，而乱其人鬼亲疏之属。凡物生而有知，未有不爱其父母者。使是子也，能忍而真绝其天性欤，曾禽兽之不若也。使其不忍而外阳绝之，是大伪也。夫闾阎鄙俚之人之虑于事者，亦已深矣！然而苟窃欺伪不可以为法者，小人之事也。惟圣人则不然，以谓人道莫大于继绝，此万世之通制而天下之公行也，何必讳哉！所谓子者，未有不由父母而生者也，故为人后者，必有所生之父，有所后之父，此理之自然也，何必讳哉！其简易明白，不苟不窃，不欺不伪，可以为通制而公行者，圣人之法也。又以谓为人之后者所承重，故加其服以斩。而不绝其所生之亲者，天性之不可绝也，然而恩有屈于义，故降其服以期。服，外物也，可以降，而父母之名不可改，故著于经曰："为人后者，为其父母报。"自三代以来，有天下国家者莫不用之，而晋氏不用也。出帝之于敬儒，绝其父道，臣而爵之，非特以其义不当立，不得已而绝之，盖亦习见闾阎鄙俚之所为也。五代，干戈贼乱之世也，礼乐崩坏，三纲五常之道绝，而先王之制度文章扫地而尽于是矣！如寒食野祭而焚纸钱，天子而为闾

阎鄙俚之事者多矣！而晋氏起于夷狄，以篡逆而得天下，高祖以耶律德光为父，而出帝于德光则以为祖而称孙，于其所生父则臣而名之，是岂可以人理责哉！①

　　欧阳修首先指出，《礼经》规定同宗之子为后者，本身基于人之常情，为人后者对本生父母仍旧有血缘之情，这也是天理之自然。但是后世间阎鄙俚之人担心养子知晓身世之后就不能一心一意爱自己，因此大都加以隐瞒，使为人后者与本生父母之间的天性之亲断绝，这是违背自然本性的做法。欧阳修强调，诸如丧服之类属于身外之物，为人后者对于本生父母可以在丧服上降等，但是对父母的称谓却不可改，否则便是断绝天性，如果连天性都能够断绝，便是禽兽不如。他特别列举了后晋高祖石敬瑭和后晋出帝石重贵的例子。石敬瑭是后晋的开国皇帝，曾为了灭掉后唐，割让幽云十六州，向辽国皇帝耶律德光请求援助，并称呼比自己小十岁的耶律德光为父，自称"儿皇帝"。石重贵是石敬瑭的侄子，其父石敬儒是石敬瑭之兄，敬儒早逝，敬瑭以其子重贵为子。石敬瑭死后，石重贵承制即位，是为后晋出帝。《新五代史·晋本纪》中记载出帝"追封皇伯敬儒为宋王"，即是说，出帝不是称生父敬儒为皇考，而是称皇伯。石敬儒和石重贵的例子受到了欧阳修的非议，他认为这是五代"干戈贼乱，礼崩乐坏，三纲五常之道绝"的表现，因此他在濮议一事中，也强调石敬儒、石重贵不足以为法，说明他在这个问题上是持一以贯之的态度的。

第二节　礼与性

一、人性论

　　欧阳修关于"性"的最重要的思想是他认为"性非学者之所急，而圣人之所罕言"，即是说，学者不应过多地讨论"性"，性不应当成为学者所关注的对象。他在《答李诩第二书》中说：

---

　　①　欧阳修：《晋家人传第五》，《新五代史》卷十七，第187页。

修患世之学者多言性，故常为说曰：夫性，非学者之所急，而圣人之所罕言也。《易》六十四卦不言性，其言者动静得失吉凶之常理也；《春秋》二百四十二年不言性，其言者善恶是非之实录也；《诗》三百五篇不言性，其言者政教兴衰之美刺也；《书》五十九篇不言性，其言者尧、舜、三代之治乱也；《礼》、《乐》之书虽不完，而杂出于诸儒之记，然其大要，治国修身之法也。六经之所载，皆人事之切于世者，是以言之甚详。至于性也，百不一二言之，或因言而及焉，非为性而言也，故虽言而不究。①

针对当时学者多言性的学风，欧阳修指出，六经皆罕言性，而是主要记载社会政治伦理，以人事为主题，可见圣人是不去过多地关注人性的问题的。余英时先生曾认为欧阳修这种不重视心性论的为学思路反映出他对内圣之学不甚关注，而这导致他与后来所兴起的新学、理学相脱节，他说："从柳开到欧阳修的初期儒学，一般称之为'宋初古文运动'，这是唐代韩、柳古文运动的直接延续。这一运动的倡导者'因文见道'，对韩愈的道统观进行了有力的传播，使它成为宋代儒学的基本预设之一，他们甚至将韩愈列入孟子以后的道统谱系之内。但是无论是与王安石或二程相对照，他们的注意力还没有贯注在'道德性命'之类的'内圣'问题上面，柳开、孙复、石介诸家文集都可以取证。其中最极端的代表则是欧阳修。他是古文运动中最有成就的一员健将（见《宋史》卷四三九《文苑传序》），但对'内圣'之学却采取了相当消极的态度。他一则疑《系辞》'非圣人之作'（《欧阳文忠公文集》卷七八《易童子问》卷三），再则疑《中庸》的'虚言高论'为'传之谬'（卷四八《问进士策》三首之三）。这样一来，后来道学家立说的两个主要据点竟被他一笔勾销了。他还提出了一个非常著名的论断：'性非学者之所急，而圣人之所罕言。'（卷四七《答李诩第二书》）这更是他拒绝开拓'内圣'领域的确证，难怪朱熹虽推崇他的多方面的儒学成就，却也不能不说他'于道体犹有欠阙'（《文集》卷三八《答周益公》第三书）。"②从学术史上看，宋学的主要特质是其发展出精致的

---

① 欧阳修：《答李诩第二书》，《欧阳修全集》卷四十七，第669页。
② 余英时：《宋明理学与政治文化》，第42页。

心性论、工夫论,心性论是宋学当中占主流地位的新学、理学皆十分关注的话题,而欧阳修在这方面可以说仍是继承了传统儒学的路子,即侧重外在的制度规范,而相对忽略个人心性问题。

欧阳修认为没有什么固定的天性,强调人之性完全是由"习"所决定的,他引经据典论证说:"《书》曰'习与性成',《语》曰'性相近,习相远'者,戒人慎所习而言也。《中庸》曰'天命之谓性,率性之谓道'者,明性无常,必有以率之也。《乐记》亦曰'感物而动,性之欲'者,明物之感人无不至也。然终不言性果善果恶,但戒人慎所习与所感,而勤其所以率之者尔。予故曰'因言以及之,而不究也。'"①他认为,《尚书》中说"习与性成",《论语》中说"性相近,习相远",这都是在说明习对于性的塑造作用;而《中庸》中说"率性之谓道",则是说明性本无常,需要有物以率之;《礼记·乐记》中说"感于物而动,性之欲也",更是说明性是由外物之感所决定的。纵观经典,皆没有明确说明性是善是恶,只是教导人在日常生活中如何习之,如何言辞行动。因此欧阳修得出结论,先圣并没有追求性之善恶的问题,学者也不应过多地关注这个问题。

他还从现实的角度,说明追求性善性恶的问题是无意义的,因为不论性是善是恶,人都还是需要修身治己。他说:"性者,与身俱生而人之所皆有也。为君子者,修身治人而已,性之善恶不必究也。使性果善邪,身不可以不修,人不可以不治;使性果恶邪,身不可以不修,人不可以不治。不修其身,虽君子而为小人,《书》曰'惟圣罔念作狂'是也;能修其身,虽小人而为君子,《书》曰'惟狂克念作圣'是也。治道备,人斯为善矣,《书》曰'黎民于变时雍'是也;治道失,人斯为恶矣,《书》曰'殷顽民',又曰'旧染污俗'是也。故为君子者,以修身治人为急,而不穷性以为言。夫七十二子之不问,六经之不主言,或虽言而不究,岂略之哉,盖有意也。"②欧阳修强调,即使人性本善,身还是不可以不修,人还是不可以不治;即使人性本恶,身也还是不可以不修,人也还是不可以不治。如果不修身、不治己,即使是君子也会沦为小人;如果修身、治己,小人也会变成君子。因此,相比于性之善恶,修身、治己是更为重要的问题,这就

---

① 欧阳修:《答李诩第二书》,《欧阳修全集》卷四十七,第669页。
② 欧阳修:《答李诩第二书》,《欧阳修全集》卷四十七,第670页。

是为什么古代圣贤虽然偶尔提及人性却不深入讨论的原因。

在思想史上,孟、荀、扬三人皆提出了鲜明的人性论,对后世产生了广泛的影响。孟子主张性善,荀子主张性恶,扬子主张性善恶混。对于三子的人性论,欧阳修是如何看待的呢? 他认为三子"始异而终同",他说:"或又问曰:然则三子言性,过欤? 曰:不过也。其不同何也? 曰:始异而终同也。使孟子曰人性善矣,遂怠而不教,则是过也;使荀子曰人性恶矣,遂弃而不教,则是过也;使扬子曰人性混矣,遂肆而不教,则是过也。然三子者,或身奔走诸侯以行其道,或著书累千万言以告于后世,未尝不区区以仁义礼乐为急。盖其意以谓善者一日不教,则失而入于恶;恶者勤而教之,则可使至于善;混者驱而率之,则可使去恶而就善也。其说与《书》之'习与性成',《语》之'性近习远',《中庸》之'有以率之',《乐记》之'慎物所感'皆合。夫三子者,推其言则殊,察其用心则一,故予以为推其言不过始异而终同也。凡论三子者,以予言而一之,则譊譊者可以息矣。"①在他看来,不论是孟子的性善论、荀子的性恶论,还是扬子的性善恶混,其实都是为了强调"教"的重要性,从孟子性善论出发则不能"怠而不教",从荀子性恶论出发则不能"弃而不教",从扬子性善恶混出发则不能"肆而不教",三子虽然立论迥异,但目的却是一样的,都是为了强调"仁义礼乐之教"对于人性形成的积极作用,而这与六经中所说的性习关系是一致的,都是旨在说明人性需要在"习"中不断涵养、形成,因此习是最重要的。

二、礼顺性情而节

欧阳修并不是认为性完全没有任何内容的,他认为圣人制礼作乐在一定程度上就是顺应人之性情而来,他在《濮议》一文中说:"圣人以人情而制礼者也。"又说:"圣人之于人情也,一本于仁义,故能两得而两遂。……圣人之以人情而制礼也,顺适其性而为之节文尔。……夫惟仁义能曲尽人情,而善养人之天性,以济于人事,无所不可也。故知义可以为人后,而不知仁不绝其亲者,众人之偏见也。知仁义相为用,以曲尽人情,而善养人之天性,使不入于伪,惟

---

① 欧阳修:《答李诩第二书》,《欧阳修全集》卷四十七,第670页。

达于礼者可以得圣人之深意也。"①在这里欧阳修表达了两层意思,一是仁义礼乐是顺适人之性情而来的。他在这里面所说的人性与人情,更大程度上指的是大多数人的常性和常情,即大多数人的共同喜好和倾向,而不是如后来宋明理学所讨论的本体论意义上的性情。他认为人之常情当中便有仁义,当然,这里他主要是为了说明濮议之事,为人后,以养父母为父母,这是义;但是不断绝与亲生父母的恩情,这是仁。很多人只知义而不知仁,不晓得仁义之相为用,这是没有深切体会圣人制礼的本意。另外,由于在他看来,人之性情在很大程度上受到习气与环境的影响,因此人虽有仁义之性,这种本性却是不完全的,也是很容易丧失的。从这个角度来说,礼乐教化又会反过来对人之性情起到节制的作用,可以进一步涵养性情,使之合于中道,因此是"顺适其性而为之节文"的。

实际上,后一层含义是欧阳修所要表达的重点。他认为人之性情就是需要通过礼乐来节制,他说:"人肖天地之貌,故有血气仁智之灵;生禀阴阳之和,故形喜怒哀乐之变。物所以感乎目,情所以动乎心,合之为大中,发之为至和。诱以非物,则邪僻之将入;感以非理,则流荡而忘归。盖七情不能自节,待乐而节之;至性不能自和,待乐而和之。圣人由是照天命以穷根,哀生民之多欲,顺导其性,大为之防。"②与宋明理学所认为的性即是仁义礼智,并且与仁义礼智在一定程度上具有主动性、自发性不同,在欧阳修的观念中,性情几乎不具有自我调节的能力,"七情不能自节""性不能自和",性情如何基本上完全取决于外物的诱惑,如果"诱以非物"就会流于"邪僻","感以非理"就会"流荡而忘归"。所以圣人制礼作乐,就是为了节制性情,防民之欲。"夫礼之为物也,圣人之所以饰人之情,而闭其邪僻之具也③。"可见,欧阳修认为礼的主要作用是节制、防弊人之性情,这和新学、理学所普遍主张的礼是人性发挥的自然结果有所不同。

---

① 欧阳修:《濮议卷四》,《欧阳修全集》,第 1873—1874 页。
② 欧阳修:《国学试策三道》,《欧阳修全集》卷七十一,第 1032 页。
③ 欧阳修:《辨左氏》,《欧阳修全集》卷六十一,第 882 页。

第三节 《周礼》思想

一、历代的讨论

《周礼》又称《周官》，传统上认为此书记载的是周代的官制和政治制度，其作者是西周时期的著名政治家、思想家、文学家、军事家周公旦，但是后世不断有人质疑《周礼》的作者是否为周公，以及《周礼》在多大程度上反映了周代的典制。大体而言，时至宋代，关于《周礼》作者的说法主要有四种。

1.认为《周礼》为西周周公所作。这种说法起于刘歆，唐贾公彦《序周礼废兴》中记："唯歆独识，……末年，乃知其周公致太平之迹，迹具在斯。"[1]后世一些学者继承了这一思想，如郑玄《周礼注疏》卷一中说："周公居摄而作六典之职，谓之《周礼》。"[2]北宋李觏《周礼致太平论五十一篇并序》中说："窃观六典之文，其用心至悉，如天焉有象者在，如地焉有形者载，非古聪明睿智，谁能及之？其曰周公致太平者，信矣。"[3]王安石《周礼义序》中说："其人足以任官，其官足以行法，莫盛乎成周之时；其法可施于后世，其文有见于载籍，莫具乎《周官》之书。……自周之衰，以至于今，历岁千数百矣。太平之遗迹，扫荡几尽，学者所见，无复全经。"[4]司马光《河间献王赞》中说："《周礼》者，周公之大典。"[5]

2.认为《周礼》记载了周公法制，但是其中也有后世添入者。如北宋张载《经学理窟·周礼》中说："《周礼》是的当之书，然其间必有末世添入者，如盟诅之属，必非周公之意。……亦不可以此病周公之法，又不可以此病《周礼》。"[6]《程氏外书》卷十记程颢语："《周礼》不全是周公之礼法，亦有后世随

---

① 郑玄注，贾公彦疏：《周礼注疏》卷一，第8页。
② 郑玄注，贾公彦疏：《周礼注疏》卷一，第1页。
③ 李觏：《周礼致太平论五十一篇并序》，《李觏集》卷第五，第70页。
④ 王安石：《周礼义序》，《临川先生文集》卷八十四，第878页。
⑤ 司马光：《河间献王赞》，《司马光集》卷七十三，第1473—1474页。
⑥ 张载：《经学理窟·周礼》，《张载集》，第248页。

时添入者,亦有汉儒撰入者。如《吕刑》、《文侯之命》,通谓之《周书》。"①《程氏遗书》卷十八记程颐答问:"'《周礼》之书有讹缺否?'曰:'甚多。周公致治之大法,亦在其中,须知道者观之,可决是非也。'"②苏轼《天子六军之制》中说:"周礼之言田赋夫家车徒之数,圣王之制也。其言五等之君,封国之大小,非圣人之制也,战国所增之文也。"③苏辙《栾城后集》卷七说:"世言周公之所以治周者,莫详于《周礼》。然以吾观之,秦汉诸儒以意损益之者众矣,非周公之完书也。"④朱彝尊《经义考》卷一百二记录范浚语:"周公作六典,谓之《周礼》。至于六官之属,琐细悉备,疑其不尽为古书也。"⑤《朱子语类》卷八十六记载南宋朱熹曰:"后人皆以《周礼》非圣人书。其间细碎处虽可疑,其大体直是非圣人做不得。"⑥

3. 认为《周礼》是战国之人所作。贾公彦《序周礼废兴》中记:"林孝存以为武帝知《周官》末世渎乱不验之书,故作《十论》、《七难》以排弃之。何休亦以为六国阴谋之书。"⑦

4. 认为《周礼》是西汉刘歆所作。南宋初期胡宏在其文集中多次论及《周礼》为王莽令刘歆所撰,但朱熹对此提出了反对意见:"《周礼》,胡氏父子以为是王莽令刘歆撰,此恐不然。《周礼》是周公遗典也。"⑧另外,胡宏同时代人洪迈在其《周礼非周公书》中也说道:"《周礼》一书,世谓周公所作,而非也。昔贤以为战国阴谋之书。考其实,盖出于刘歆之手。"⑨

从上述所论来看,时至宋代,关于《周礼》作者的看法大致有四种,其中第一、二种是主流观点。另外也可以看出,认为《周礼》为周公所作的学者基本集中在北宋中期以前,而自北宋中期以后,学者大都认为《周礼》只是部分记

---

① 《程氏外书》卷十,《二程集》,第404页。
② 《程氏遗书》卷十八,《二程集》,第230页。
③ 苏轼:《天子六军之制》,《东坡续集》卷九,《苏文忠公全集》,第1232页。
④ 苏辙:《栾城后集》卷七,第512页。
⑤ 朱彝尊:《经义考》卷一百二《周礼》一,第1061页。
⑥ 黎靖德编:《朱子语类》卷八十六,第2919页。
⑦ 郑玄注,贾公彦疏:《周礼注疏》,第9页。
⑧ 黎靖德编:《朱子语类》卷八十六,第2912页。
⑨ 洪迈:《周礼非周公书》,《容斋随笔》卷十六,第206页。

载了周公的法制,有许多内容是后世之人添入的。可见北宋是疑经之风开始盛行的年代。

二、欧阳修的思想

欧阳修对《周礼》的作者和成书年代同样采取了质疑的态度。他在《问进士策三首》当中说:

> 六经者,先王之治具,而后世之取法也。《书》载上古,《春秋》纪事,《诗》以微言感刺,《易》道隐而深矣,其切于世者《礼》与《乐》也。自秦之焚书,六经尽矣。至汉而出者,皆其残脱颠倒,或传之老师昏耄之说,或取之冢墓屋壁之间,是以学者不明,异说纷起。况乎《周礼》,其出最后,然其为书备矣。其天地万物之统,制礼作乐,建国君民,养生事死,禁非道善,所以为治之法皆有条理。三代之政美矣,而周之治迹所以比二代而尤详见于后世者,《周礼》著之故也。然汉武以为渎乱不验之书,何休亦云六国阴谋之说,何也?然今考之,实有可疑者。夫内设公卿、大夫、士,下至府史、胥徒,以相副贰;外分九服、建五等、差尊卑以相统理,此《周礼》之大略也。而六官之属略见于经者五万余人,而里间县鄙之长、军师卒伍之徒不与焉。王畿千里之地,为田几井,容民几家?王官、王族之国邑几数?民之贡赋几何?而又容五万人者于其间,其人耕而赋乎?如其不耕而赋,则何以给之?夫为治者,故若是之烦乎?此其一可疑者也。秦既诽古,尽去古制。自汉以后,帝王称号,官府制度,皆袭秦故,以至于今虽有因有革,然大抵皆秦制也。未尝有意于《周礼》者,岂其体大而难行乎,其果不可行乎?夫立法垂制,将以遗后也,使难行而万世莫能行,与不可行等尔。然则反秦制之不若也,脱有行者,亦莫能兴,或因以取乱,王莽后周是也,则其不可用决矣。此又可疑也。然其祭祀、衣服、车旗似有可采者,岂所谓郁郁之文乎?三代之治,其要如何?《周礼》之经,其失安在?宜于今者,其理安从?其悉陈无隐。①

---

① 欧阳修:《问进士策三首》,《欧阳修全集》卷四十八,第673—674页。

　　从这段论述中可以看出,欧阳修之所以怀疑《周礼》并非如实记载了周代的官职制度,首先是因为《周礼》当中记载了六官之属就有五万余人,这是一个十分庞大的数字,而根据《周礼》,当时实行的是井田制,王畿千里之地能够容纳的民众是有限的,普通百姓的贡赋也是有限的。如果这五万余人居住在王畿之地,那么他们是否也占有井田、亲自耕赋呢? 如果耕而赋,则按照井田制的规模,区区千里王畿之地是根本不够分的;如果不耕而赋,那么他们的生活所需从哪里来? 无论从哪个角度来讲,这五万余人的官职设置是很不符合现实的,欧阳修认为统治者必然不会制造出如此烦琐庞大的机构。此外,欧阳修还从历史现实的角度,说明历朝历代从未有真正以《周礼》立法者,而大多沿袭秦制,这是因为《周礼》不切实用,难以在社会上推行,甚至连秦制也比不上。只有王莽据《周礼》以改制,其结果是招致祸乱,适得其反。这说明《周礼》只是一个理想的蓝图,很可能从未在历史中真正实行过。

　　在《南省试进士策问三首》当中,欧阳修又提及了《周礼》的实用性问题。他说:

　　　　问:三王之治,损益不同,而制度文章,惟周为大备。《周礼》之制,设六官以治万民,而百事理,夫公卿之任重矣。若乃祭祀天地、日月、宗庙、社稷、四郊、明堂之类,天子大臣所躬亲者,一岁之间有几? 又有巡狩、朝会、师田、射耕、燕飨,凡大事之举,一岁之间又有几? 而为其民者,亦有畋猎、学校、射乡、饮酒,凡大聚会,一岁之间有几? 又有州党、族官、岁时、月朔、春秋、酺禜、询事、读法,一岁之间又有几? 其斋戒供给,期召奔走,废日几何? 由是而言,疑其官不得安其府,民不得安其居,亦何暇修政事、治生业乎? 何其烦之若是也? 然说者谓周用此以致太平。岂朝廷礼乐文物,万民富庶岂弟,必如是之勤且详,然后可以致之欤? 后世苟简,不能备举,故其未能及于三代之盛欤? 然为治者果若是之劳乎? 用之于今,果安焉而不倦乎? 抑其设施有法,而第弗深考之欤? 诸君子为言之。①

---

① 欧阳修:《南省试进士策问三首》,《欧阳修全集》卷四十八,第677—678页。

从这里来看,欧阳修之所以怀疑《周礼》的真实性,主要是因为其官职制度过于烦琐。根据《周礼》,万民事无巨细皆由六官治理,六官可谓不堪重负。并且其中记载的宗教与社会事务繁多,对于统治阶层来说,就有天地、日月、宗庙、社稷、四郊、明堂等祭祀事项,又有巡狩、朝会、师田、射耕、燕飨等大型集会;对于百姓来说,也有畋猎、学校、射乡、饮酒等公共事项,又有州党、族官、岁时、月朔、春秋、酺禜、询事、读法等社会活动,其中每个事项都耗时数日,因为其中包含了斋戒、期告等事宜。如果一个国家按照这种规模来运转,那么很可能是"官不得安其府,民不得安其居",根本无暇顾及政事、生业。因此,欧阳修认为《周礼》必然没有真正成为周代的治国大纲。有的学者认为,三代官民富庶,所以在财物上是可以按照《周礼》来生活的,但是欧阳修认为,即使这样,统治者也没有这么多精力来按照《周礼》的典制来治理。总之,他对于《周礼》的真实性是非常怀疑的。

他还对《周礼》中所记载的井田制表示否定。他在《问进士策四首》中说:

> 孟子以谓井田不均则谷禄不平,经界既正,而分田、制禄可坐而定也,故曰"仁政必自经界始"。盖三代井田之法也。自周衰迄今,田制废而不复者千有余岁。凡为天下国家者,其善治之迹虽不同,而其文章、制度、礼乐、刑政未尝不法三代,而于井田之制独废而不取,岂其不可用乎,岂惮其难而不为乎? 然亦不害其为治也。仁政果始于经界乎? 不可用与难为者,果万世之通法乎? 王莽尝依古制更名民田矣,而天下之人愁苦怨叛,卒共起而亡之。莽之恶加于人者虽非一,而更田之制,当时民特为不便也。呜呼! 孟子之所先者,后世皆不用而治,用之而民特愁苦怨叛以为不便,则孟子谓之仁政,可乎?①

孟子认为仁政应当以井田制为基础,井田制保证了土地和俸禄的均匀分配。但是欧阳修强调,自三代以下,井田制实际上是废而不复,没有哪个朝代真正实行过井田制。只有王莽尝试过托古改制,而产生的效果却是百姓叫苦

---

① 欧阳修:《问进士策四首》,《欧阳修全集》卷四十八,第679页。

不迭,最终导致社会叛乱。这说明井田制是十分不切实用的。他认为,井田制的废坏不是因为后世不愿意取法三代,而是井田制本身难以应用,如果一种制度的确立是任何朝代都难以遵行的,那就不是万世之通法。可见,欧阳修完全是从现实的角度来看待《周礼》之制度的,这与一些学者从理想的角度来推崇《周礼》是不同的。

欧阳修这种怀疑《周礼》为周公所作并体现了周代治国大纲的做法受到了同时代一些人的非议。如李觏与欧阳修对《周礼》的态度就截然相反,李觏虽然没有明确针对欧阳修进行反驳,但是他对于非议《周礼》的意见是非常排斥的,他在《周礼致太平论五十一篇并序》中说:"鄙儒俗士,各滞所见,林之学不著,何说《公羊》诚不合礼,盗憎主人,夫何足怪? 今之不识者,抑又譊譊,将使人君何所取法?"①他先是批评了何休、林硕怀疑《周礼》的做法,认为他们是"盗憎主人",然后他又批判了当时一些非议《周礼》之人,认为这种做法会导致统治者丧失可以取法的典籍。可见他对于欧阳修等人的这种思想是十分不赞同的。除了李觏,王安石也是推崇《周礼》的代表人物,他曾在宋神宗面前明确批评过欧阳修对《周礼》等经典的否认:"如欧阳修文章于今诚为卓越,然不知经,不识义理,非《周礼》,毁《系辞》,中间学士为其所误,几至大坏。"②王安石认为欧阳修"非《周礼》,毁《系辞》",这实际上是不熟悉经典、不通晓义理的缘故,这在现实中导致了很多学者受其所误,其影响是非常负面的。可以看出,北宋时期对于《周礼》的争议是很多的。

---

① 李觏:《周礼致太平论五十一篇并序》,《李觏集》卷五,第70页。
② 李焘撰:《续资治通鉴长编》卷二百十一,第2568页。

第三章　李觏的一本于礼思想

　　李觏(1009—1059),字泰伯,号盱江先生,建昌军南城(今江西抚州资溪县高阜镇)人,住县城北街瑾睦坊。李觏于盱江边创办了盱江书院,故又称"李盱江",学者称盱江先生。北宋时期的哲学家、思想家、教育家、诗人,一生以教学为主,四十岁时由范仲淹荐为太学助教,后为直讲,所以后人称他为"李直讲"。李觏博学通识,尤长于礼。他不拘泥于汉、唐诸儒的旧说,敢于抒发己见,推理经义,成为"一时儒宗"。今存《直讲李先生文集》三十七卷,有《外集》三卷附后。

第一节　一本于礼

　　李觏的学术体系是以礼为基石的,他认为礼是修身、治国的根本,不论是为人处世还是社会教化,都应当依礼而行,即"一于礼"。他专门作了《礼论》七篇,第一篇开宗明义即说道:"夫礼,人道之准,世教之主也,圣人之所以治天下国家。修身正心,无他。一于礼而已矣。"①在他看来,礼是圣人治国平天下的准则,人之修身成德只有通过礼才能得以实现,可见,他是把礼放在一个至高的层面加以强调的。

　　李觏认为,古圣先贤所重视的仁义礼智信及礼乐刑政都可以纳入礼的范围,他说:"尝闻之,礼、乐、刑、政,天下之大法也。仁、义、礼、智、信,天下之至

---

① 李觏:《礼论第一》,《李觏集》卷二,第5页。

行也。八者并用,传之者久矣。而吾子一本于礼,无乃不可乎? 曰:是皆礼也。饮食、衣服、宫室、器皿,夫妇、父子、长幼、君臣、上下、师友、宾客,死丧、祭祀,礼之本也。曰乐,曰政,曰刑,礼之支也。而刑者,又政之属矣。曰仁,曰义,曰智,曰信,礼之别名也。是七者,盖皆礼矣。"①他认为仁义礼智信和礼乐刑政皆是本于礼,这些皆是礼的体现。礼之本是饮食、衣服、宫室、器皿,夫妇、父子、长幼、君臣、上下、师友、宾客,死丧、祭祀等内容,礼之支是乐政刑,礼之别名是仁义智信,总而言之,这七者都是以礼为中心的。

李觏还引经据典以说明,在古代一切政治、刑罚、礼仪、教育都是涵盖在"礼"的总名之下的,甚至六经皆可以用礼经来表示。他说:

> 《礼运》记孔子之言曰:禹、汤、文、武、成王、周公,此六君子者,未有不谨于礼者也。以著其义,以考其信,著有过,刑仁讲让,示民有常。其下文曰"礼者,君之大柄也。所以别嫌明微,傧鬼神,考制度,别仁义,所以治政安君也"。周公作六官之典,曰治典,曰教典,曰礼典,曰政典,曰刑典,曰事典,而并谓之周礼,今之礼记其创意命篇有不为威仪制度者,《中庸》《缁衣》《儒行》《大学》之类是也。及其成书,总而谓之《礼记》,是其本传之者,亦知礼矣。不独此二书而已也。韩宣子适鲁,见《易象》与鲁《春秋》曰:"周礼尽在鲁矣",则当时亦谓《易象》《春秋》为礼经也。故知礼者,生民之大也,乐得之而以成,政得之而以行,刑得之而以清,仁得之而不废,义得之而不诬,智得之而不惑,信得之而不渝。圣人之所以作,贤者之所以述,天子之所以正天下,诸侯之所以治其国,卿大夫士之所以守其位,庶人之所以保其生,无一物而不以礼也。穷天地,亘万世,不可须臾而去也。②

他首先指出,禹、汤、文、武、成王、周公皆是以礼治国、以礼修身,礼的功用覆盖了人伦、祭祀、制度、德性等各个方面。周公作《周礼》,其中也是包含了

---

① 李觏:《礼论第一》,《李觏集》卷二,第5—6页。
② 李觏:《礼论第六》,《李觏集》卷二,第19—20页。

治典、教典、礼典、政典、刑典、事典等各种治国方针,可见他是把这些都用礼来概括的。《礼记》也是一样,其中有些篇章并不是记载威仪制度的,如《中庸》《缁衣》《儒行》《大学》等,但是成书之后仍然称之为《礼记》,这说明这些内容也都属于礼的范围。李觏还引用《左传》当中记载"韩宣子适鲁,见《易》与鲁《春秋》,曰:'周礼尽在鲁矣'"一段来说明《易》与《春秋》其实都是礼经。因此李觏得出结论,礼乐刑政、仁义礼智信其实都是礼的反映,礼是修身、齐家、治国、平天下的基准,天子、诸侯、卿大夫、士、庶人各个阶层之人都需要依礼而行,古圣先贤的千言万语其实都是为了述说礼的重要性,礼是亘古不变、与天地同时的。

李觏认为,在礼的来源上,礼是圣人效法天地之性而制作的,"故先王立礼,则天之明,因地之性,刑罚威狱,以类天之震曜杀戮也;温慈惠和,以效天之生殖长育也"①。刑罚威狱是仿效天之震怒杀伐,温柔慈善之礼是仿效天之好生之德,这都是从天地自然的特质和规律中吸取的营养成分。他强调,礼乐之意极大,须结合天地阴阳来理解,才能通晓礼乐之意。他在《礼论》中设置了一个设问,问曰:"古之言礼乐者,必穷乎天地阴阳,今吾子之论,何其小也?"李觏回答曰:"天地阴阳者,礼乐之象也;人事者,礼乐之实也。言其象,止于尊大其教;言其实,足以轨范于人。前世之言教道者众矣,例多阔大,其意汪洋,其文以旧说为陈熟,以虚辞为微妙,出入混沌,上下鬼神,使学者观之耳目惊眩,不知其所取,是亦教人者之罪也。"②天地阴阳是礼乐之象,人事是礼乐之实,将礼乐与天地阴阳结合而言是为了说明礼乐的重要性,尊大其教,但是如果只谈天地阴阳而不谈人事,只从天道鬼神的角度诠释礼乐,则会对学者造成误解。总而言之,李觏认为礼乐之意是极大的,他不赞同当时很多学者只从辨异和统同两方面来解释礼乐,他说:"彼以礼为辨异,乐为统同,推其象类,以极于天地之间,非能本礼乐之所出者也。礼也者,岂止于辨异而已哉?乐也者,岂止于统同而已哉?是皆见其一而忘其二者也。"③他认为只把礼乐理解为辨异和统同,是以己小礼乐的做法,是没有真正认识礼乐本质的表现。可

---

① 李觏:《安民策第八》,《李觏集》卷十八,第186页。
② 李觏:《礼论第六》,《李觏集》卷二,第18页。
③ 李觏:《礼论第六》,《李觏集》卷二,第18页。

见,李觏是十分重视将礼乐与天地阴阳相结合来讨论的。

李觏还阐释了礼学之起源和发展变化的过程,他说:"礼本之兴,其在三皇可知矣……乐、政、刑之兴,亦在三皇矣。及夫尧、舜继禅,禹成其功,成汤、文、武戡其祸难,周公坐而修之,孔子著之于册,七十子之徒奉之以为教,而后礼、乐、刑、政之物,仁、义、智、信之用,囊括而无遗矣。"①礼乐政刑的起源是在三皇的时代,经过尧舜禹成汤文武几代帝王,到了周公,开始修明礼乐,孔子将周公所修之礼乐记载于册,孔门七十子相继传授,从此礼乐政刑、仁义礼智才系统地见于经典。这说明在李觏看来,整部历史其实就是礼学的发展史,其传承就是礼学被提出、整理和充实的过程。他的这种提法与当时大多数学者对礼的认识还是比较有区别的。

第二节　仁义礼智信

一、仁义智信,礼之别名

前面提到,李觏认为仁义礼智信都可以统归于礼,仁义智信是礼之别名。实际上,他认为仁义智信皆出于礼,都是礼的体现,只是四者又有所区别。他说:"在礼之中,有温厚而广爱者,有断决而从宜者,有疏达而能谋者,有固守而不变者,是四者,礼之大旨也。同出于礼而不可缺者也。于是乎又别而异之,温厚而广爱者,命之曰仁;断决而从宜者,命之曰义;疏达而能谋者,命之曰智;固守而不变者,命之曰信,此礼之四名也。"②仁义智信皆是礼,但是仁是温厚慈爱,义是断决从宜,智是疏达能谋,信是固守不变,四者有所区别,所以用仁、义、智、信四个名称来指代,实际上,这些都是礼的内涵,温厚慈爱、断决从宜、疏达能谋、固守不变等品质都是礼所具有的,是包含在礼当中的。

但是,李觏认为,仁义智信是性,而礼不是性;仁义智信是实用,而礼是虚名。他说:

---

① 李觏:《礼论第七》,《李觏集》卷二,第21页。
② 李觏:《礼论第一》,《李觏集》卷二,第7页。

礼与仁、义、智、信岂并列之物欤？仁、义、智、信者，实用也。礼者，虚称也，法制之总名也。……郑氏注《中庸》性命之说，谓"木神则仁，金神则义，火神则礼，水神则信，上神则智"，疑若五者并生于圣人之性，然后会而为法制，法制既成，则礼为主，而仁、义、智、信统乎其间，若君臣之类焉。曰：尔谓礼之性果何如也？曰：岂非能节者乎？有温厚、断决、疏达、固守之性，而加之以节，遂成法制焉。……四者大备，而法制立矣。法制既立，而命其总名曰礼，安有礼之性哉？郑氏之学，其实不能该礼之本，但随章句而解之。句尔则东，句西则西，百端千绪，莫有统率。故至乎性命之说，而广求人事以配五行，不究其端，不揣其末，是岂知礼也哉？①

礼包含了仁义智信，但与仁义智信不是并列的。他批评郑玄在注《中庸》里面"天命之谓性"一句时，将仁、义、礼、智、信五者并列，这便造成一种印象，似乎这五者皆是人之性，只是产生法制之后礼才渐渐成为五者之主。李觏强调，礼并不是一种具有实质性内容的性，并不存在"礼之性"，礼的特质只是对仁义智信进行节制，从而形成法制，礼是法制形成之后所具有的总名，而不是说有一种单独的"礼之性"。他认为郑玄没有真正认识礼之本，而是牵扯人事以附会五行，这是不知礼的表现。

但是他认为，仁义智信只是圣人之性，贤人则不是先天具有仁义智信之性，而是需要通过后天的学习才能做到仁义智信。他说：

或曰：仁义智信，疑若根诸性者也。以吾子之言，必学礼而后能乎？曰：圣人者，根诸性者也。贤人者，学礼而后能者也。圣人率其仁、义、智、信之性，会而为礼，礼成而后仁、义、智、信可见矣。仁、义、智、信者，圣人之性也。……贤人者，知乎仁、义、智、信之美而学礼以求之者也，礼得而后仁、义、智、信亦可见矣。圣与贤，其终一也。始之所以异者，性与学之谓也。中庸曰：自诚明，谓之性；自明诚，谓之教。诚则明矣，明则诚矣。

---

① 李觏：《礼论第五》，《李觏集》卷二，第14—15页。

自诚明者,圣人也;自明诚者,贤人也。①

在这里他对圣人和贤人进行了区分,圣人是先天就具有仁义智信之性的人,圣人从仁义智信之性出发而制作的法制即是礼,礼将内在的仁义智信之性显露出来;贤人则先天不具有仁义智信之性,只有通过不断学习圣人所作之礼,而后才能具备仁义智信之性。圣与贤可以说是始异终同,其区别正是《中庸》中所说的自诚明与自明诚的区别,也就是性与学的区别,圣人是自诚明,是由性而学,贤人则是自明诚,是由学而性。

实际上,在人性问题上,李觏是坚持了韩愈的性三品说,又在此基础上进行了发挥,提出"人之类五"的说法。他说:"贤人之性,中也。扬雄所谓'善恶混'者也。安有仁、义、智、信哉? 性之品有三:上智,不学而自能者也,圣人也。下愚,虽学而不能者也,具人之体而已矣。中人者,又可以为三焉:学而得其本者,为贤人,与上智同。学而失其本者,为迷惑,守于中人而已矣。兀然而不学者,为固陋,与下愚同。是则性之品三,而人之类五也。"②韩愈的性三品说认为人之性分为三种,《原性》中说:"性之品有上、中、下三。上焉者,善焉而已矣;中焉者,可导而上下也;下焉者,恶焉而已矣。其所以为性者五:曰仁、曰礼、曰信、曰义、曰智。"李觏承袭了这种说法。此外,他认为中人之性又分为三种:通过学习而得性之本是贤人,可以看作与上智相同;通过学习也不能得性之本,反而为外物所迷惑,失去本性,这是中人;完全不学习,甘于固陋者,可以看作与下愚相同。所以,实际上李觏是把人性分为五类。在这里,他提出贤人之性就是扬雄所说的善恶混,而不具有仁义智信。这种说法与后来占主流地位的宋明理学关于人性论的说法是有所区别的,宋明理学认为人性本有仁义礼智信,这是不分圣人或贤人、上智或下愚的,而是存在于所有人性当中的,只是由于受气质的蒙蔽,有些人的仁义礼智信之性无法完全显露出来。而李觏则认为仁义智信之性只是圣人之性,其他人则不具备这种性。

有的学者针对李觏的这种人性论提出质疑,《礼论第六》载:"或问:孟子

① 李觏:《礼论第四》,《李觏集》卷二,第 11—12 页。
② 李觏:《礼论第四》,《李觏集》卷二,第 12 页。

曰'恻隐之心,人皆有之;羞恶之心,人皆有之;辞让之心,人皆有之;是非之心,人皆有之。恻隐之心,仁之端也;羞恶之心,义之端也;辞让之心,礼之端也;是非之心,智之端也'。孟子既言人皆有仁义之性。而吾子之论独谓圣人有之,何如?"李觏回答说:"孟子以为人之性皆善,故有是言耳。古之言性者四:孟子谓之皆善,荀卿谓之皆恶,扬雄谓之善恶混,韩退之谓性之品三:上焉者善也,中焉者善恶混也,下焉者恶而已矣。今观退之之辩,诚为得也。孟子岂能专之?"①李觏明确指出,孟子性善论不一定就是正确的,纵观历史上四种主流的人性论,如孟子性善论、荀子性恶论、扬雄性善恶混、韩愈性三品,只有韩愈性三品说可谓得之,其他三种人性论都是不完全的。

　　总而言之,李觏更为关注的是后天学习对塑造人性的作用,而不是人性本来的面貌。从这一点来说,他与欧阳修的礼学思想是比较相近的,即都认为礼的主要作用是规范人性,使之趋善避恶,而不注重将礼纳入人性的范围来进行诠释。李觏的这种礼学思想受到了当时一位叫章望之的学者的批判,李觏在《礼论后语》里面复述了章望之的看法,他说章望之"以吾(李觏)为好怪,率天下之人为礼不求诸内,而竞诸外,人之内不充而惟外之饰焉,终亦必乱而已矣。亦犹老子之言:礼者,忠信之薄。盖不知礼之本,徒以其节制文章,献酬揖让,登降俯仰之繁而罪之也"②。章望之认为李觏以礼为外,不把礼看作人性所本有,而认为礼是指外在的仪节、制度和文章,这便犯了老子不知礼为内的错误,最终只能导致"礼者,忠信之薄"的谬论。从这里可以看出,当时有一些学者是主张从心性的角度来理解礼仪规范的,这与欧阳修、李觏有所不同。事实上,后来的新学、理学都是倾向于从心性出发,来对传统礼仪文化进行新的诠释,这在很大程度上是基于与当时盛行的佛老之学相对抗的要求。佛老之学在心性方面发展出十分缜密的逻辑体系,这也是它们之所以能够吸引人的地方,而新学、理学正是在心性学方面汲取了佛老的因素,从与佛老的抗衡中发展出儒家特有的心性理论,因此才交替成为宋代学术的主流。从这一点来看,欧阳修、李觏的学问始终未能触及宋代学术的核心问题,因此也就未能在当时

---

① 李觏:《礼论第六》,《李觏集》卷二,第18—19页。
② 李觏:《礼论后语》,《李觏集》卷二,第24—25页。

的社会产生太大的影响。

二、礼顺性情

李觏认为礼不是性,但却是顺应人之性欲而来的,"夫礼之初,顺人之性欲而为之节文者也"①。在这里,李觏表达了与欧阳修相似的看法,即认为:一方面,礼是顺应人之性欲而来;另一方面,礼对人之性欲起到节制的作用。但是,欧阳修侧重强调的是礼对于性欲的节制作用,而李觏则侧重强调礼对于性欲的顺应。

在李觏看来,圣人不会违背人之性欲而矫揉造作出什么规则、制度,不会以道强人。他在《广潜书》中说:

> 圣人以道强人乎? 奚其言之峻也? 曰:否。人斯有之也。人有之而不自喜,跳而逐诸物,荡以溺死。圣人因其有而品节之,使之坚守而弗去。不然,则圣人违天而病人,其何德之有焉? 举天下之事,无若圣人之道之易行也,无若圣人之徒之安以荣也。
>
> 亲我所爱也,而孝存焉;长我所畏也,而悌著焉。夫妇莫不欲和也,而义生焉;男女莫不欲别也,而礼成焉。教子养孙,饮觞食豆,以善乡党僚友。心平而体胖,内明而外治,忧患以除,耻辱以远。推之国,放之天下莫之能逆也。孰若是荡荡者乎? 拾小而遗大,瞭利而眊害,神罢于诈,筋绝于争,日之乐而月之忧,庆未彻席而吊就位焉。②

他强调,圣人制礼作乐如果是违背人之性欲,那就不成其为德业;圣人制礼作乐,完全是顺应人之性欲的,根据的是人之性欲当中本有的内容。以孝悌礼义为例,人莫不知爱亲、敬长、和合、别异,因此圣人按照人性的这种欲望,就制作了孝悌礼义的规范,使人不断践习,从而回归天性,颐养天性。在这里,李觏所说的性欲应当与性相区别。前面说过,李觏认为性分为五类,只有圣人才

---

① 李觏:《礼论第一》,《李觏集》卷二,第6页。
② 李觏:《广潜书十五篇》,《李觏集》卷二十,第230页。

有仁义智信之性;而这里似指常人皆具有爱亲、敬长、和合、别异之欲,圣人制礼正是由此而来,这里所说的大概指人之普遍欲望,因此凡人都有,而不是指仁义智信之性,因为这是只有圣人才具有的。当然,李觏并没有仔细区分他所说的性与性欲,这也不是他所关注的重点。

李觏除了指出礼是顺应人之性欲之外,还提出礼是顺应人情的,当然,这首先在于他并未严格区分性欲与人情,从他的论述来看,性欲与人情其实是一回事,如他说"欲者人之情"①。针对胡瑗《原礼篇》中以礼为勉强人性的观点,李觏作了一篇《与胡先生书》予以反驳。他首先援引了胡瑗的说法:"窃观《原礼篇》曰:民之于礼也,如兽之于圈也,禽之于继也,鱼之于沼也。岂其所乐哉? 勉强而制尔。民之于侈纵奔放也,如兽之于山薮也,禽之于飞翔也,鱼之于江湖也。岂有所使哉? 情之自然尔。"②根据胡瑗的说法,礼是一种用来节制人们的规矩,用礼来教导人民,正如同用园子来圈住走兽,用绳索来系住飞禽,用池子来围住鱼类,这都不是顺应其本性的行为,只不过勉强行之而已。反过来,人们侈纵奔放,正如同走兽回归山林,飞禽自由飞翔,鱼类遨游江湖,这才是顺应其本性而行,是情之自然,而不是勉强行之。

胡瑗的这种观点是李觏所不赞同的。李觏反驳说:"惟礼为能顺人情,岂尝勉强之哉? 人之生也,莫不爱其亲,然后为父子之礼。莫不畏其长,然后为兄弟之礼。少则欲色,长则谋嗣,然后为夫妇之礼。争则思决,患则待救,然后为君臣之礼。童子人所慢也,求所以成人,然后为之冠礼。愚者人所贱也,求所以多知,然后为之学礼。死者必哀之,然后为之丧礼。哀而不可得见也,然后为之祭礼。推事父之恩,而为养老之礼。广事兄之义,而为乡饮酒之礼。凡此之类,难以遍数,皆因人之情而把持之,使有所成就耳。"③在他看来,礼是顺人情而为之的,父子之礼是源于爱亲之情,兄弟之礼是源于敬长之情,夫妇之礼是源于欲色和谋嗣之情,君臣之礼、冠礼、学礼、丧礼、祭礼、养老之礼、乡饮酒之礼等,无不皆是源于人之常情,是为了成就人之常情而设立的,这不能说是对人情的勉强。

---

① 李觏:《原文》,《李觏集》卷二十九,第342页。
② 李觏:《与胡先生书》,《李觏集》卷二十八,第333页。
③ 李觏:《与胡先生书》,《李觏集》卷二十八,第333页。

李觏强调，礼是人情得以施展的途径，如果没有礼，那么人情就没有恰当的途径加以发挥，最终就会导致失情。他说："有是情而无是礼，则过恶袭之，情虽善，末如之何。故父子之礼废，则子将失其孝；兄弟之礼废，则弟将失其悌；夫妇之礼废，则夫将失其义；君臣之礼废，则臣将失其忠。一失之则为罪辜，为离散。向之所谓情者，虽积于中，安得复施设哉？故曰：因人之情而把持之，使有所成就者也。其大略如此。"①尽管人情是善的，但是若没有礼来规范，则孝悌、礼义、忠恕之情等都将废去，因为这些常情缺乏恰当的施展途径。反过来，如果遵循礼仪规范，那么就可以使自身的性情得到适当的发挥，也会使自身的行为举止合于社会的要求，不致陷入祸患："然则有礼者得遂其情，以孝以弟，以忠以义，身尊名荣，罔有后患。是谓兽之于山薮，鸟之于飞翔，鱼之于江湖也。无礼者不得遂其情，为罪辜，为离散，穷苦怨悔，弗可振起，是谓兽之于圈，鸟之于继，鱼之于沼也。"②李觏的理解与胡瑗正相反，他认为循礼而行才如同走兽回归山林、飞禽自由翱翔、鱼类畅游江湖，是顺遂其情的表现，否则，行为举止不合礼仪规范，这才是走兽困于园中、飞禽被绳索系住、鱼类圈于池子，是违背常情的做法。另外，他还指出，胡瑗将人性看作不合于礼仪规范，这无异于将天下之人视如蛇豕虫蛆之类，是大不敬。他说："而先生倒之，何谓也？若以人之情皆不善，须礼以变化之，则先生之视天下不啻如蛇豕，如虫蛆，何不恭之甚也？"③可见，李觏认为将礼看作源自性情，这是十分必要和合理的。

不过，李觏对于性情的梳理尚乏分明，如，他一方面说仁义智信之性只有圣人才具备，另一方面又说礼是顺应人之性情的；再如，他并未区分性、性欲、情这些范畴，而这是后来宋明理学极为关注并由此建构出精密理论体系的关键点。实际上，李觏对于性情的论述自身就有相抵牾之处，如他有时候会认为圣人的性情与所有人是相同的："形同则性同，性同则情同。圣人之形与众同，而性情岂有异哉？然则众多欲而圣寡欲，非寡欲也，知其欲之生祸也。"④

---

① 李觏：《与胡先生书》，《李觏集》卷二十八，第333—334页。
② 李觏：《与胡先生书》，《李觏集》卷二十八，第334页。
③ 李觏：《与胡先生书》，《李觏集》卷二十八，第334页。
④ 李觏：《损欲》，《李觏集》卷二十一，第245页。

在这里,李觏认为圣人性情与众无异,只是众人多欲而圣人寡欲,二者的区别只在于欲望。这就与他提出的性之品三、人之类五的说法有所矛盾。并且,他始终没有解释欲与性情的关系,这就导致他的理论体系存在很多无法解释之处。

三、礼以成性

在礼与性的关系问题上,李觏的另一个重要思想是"礼以成性"。这里所说的性主要指他基于性三品说而提出的圣人具有而常人不具有的仁义智信之性,而不是他在论述礼顺性情时所涉及的凡人皆具有的性或性欲。他认为"性不能自贤,必有习也"①,即是说,性不具有自身向善的能力,需要经过后天的学习和培养才能够趋善避恶。这里的性是指常人之性,而不是圣人之性,在李觏看来,常人之性是不能自贤的。

因此,李觏强调要以礼来规范人性,"节民以礼而性成"。他说:"命者天之所以使民为善也,性者人之所以明于善也。观其善则见人之性,见其性则知天之命。……然则本乎天谓之命,在乎人谓之性,非圣人则命不行,非教化则性不成,是以制民之法,足民之用而命行矣;导民以学,节民以礼而性成矣。则是圣人为天之所为也。"②人之性是通过善而显露出来的,但是常人并不能天生就做到善,只有圣人根据自身的仁义智信之性来制作礼仪规范,使人学习遵守,常人才能因此而实践礼仪规范,进而成性。因此说,性不能自贤,只有通过礼仪教化,才能成性。

在李觏看来,礼不仅仅是要人们遵守外在的规范、条文和准则,而是要培养人们的仁义智信之性。"苟礼之所之,止于器服物色、升降辞语,而无仁、义、智、信之大则,是琐琐有司之职耳,何圣人拳拳之若是乎?"③如果礼只是指外在的服饰器物仪节,那便只是有司之事,而不需要圣人花费精力研究。礼仪规范的设定,必然是指向仁义智信的,"所谓节之者,先王之节也。先王之所

---

① 李觏:《易论第四》,《李觏集》卷三,第34页。
② 李觏:《删定易图序论六》,《李觏集》卷四,第68—69页。
③ 李觏:《礼论第五》,《李觏集》卷二,第16页。

以为而节之者,非妄也,必有仁、义、智、信之善存乎其间矣"①,从这个角度,李觏就把礼与性连结起来了。但是,他认为,在礼与仁义智信之间,礼是本,如果没有礼的规范,仁义智信就不成其为美。他说:"所谓本者,礼也。知乎仁、义、智、信之美而不知求之于礼。率私意,附邪说,荡然而不反,此失其本者也,故世有非礼之仁矣,有非礼之义矣,有非礼之智矣,有非礼之信矣,是皆失其本而然也。"②仁义智信如果没有礼来节制,则是非礼之仁、非礼之义、非礼之智、非礼之信,也就不是真正的仁义智信了。因此说,礼是仁义智信之本。

李觏感慨道,三代之所以圣贤辈出,就是因为三代实行的是礼乐教化,从朝廷到民间,皆有礼仪规范的节制,因此民风淳朴,人心至正。他说:"噫! 昔三代之人,自非大顽顿,尽可以为君子,何者? 仁义礼乐之教浸淫于下,自乡徂国,则皆有学。师必贤,友必善,所以养耳目鼻口百体之具,莫非至正也。"③三代之时有礼乐作为养心成性之具,因此大多数人能实现仁义智信之性,这是为什么三代时期尽可以为君子的原因。这显示出李觏恢复礼乐教化的理想。

第三节　礼乐刑政

一、乐刑政,礼之三支

李觏不仅重视仁义礼智信,还重视礼乐刑政,他认为礼乐刑政将仁义智信用可见的形式表现了出来,如果没有礼乐刑政及其与之相配的名物典章,仁义智信就无法为人所认识。他说:"有仁、义、智、信,然后有法制。法制者,礼乐刑政也。有法制,然后有其物。无其物,则不得以见法制。无法制,则不得以见仁、义、智、信。备其物,正其法,而后仁、义、智、信炳然而章矣。"④李觏将礼乐刑政看成仁义智信得以彰显的途径,这与他强调仁义智信之性需要通过礼来体现的观点是一致的。

---

① 李觏:《礼论第五》,《李觏集》卷二,第14页。
② 李觏:《礼论第四》,《李觏集》卷二,第12页。
③ 李觏:《与章秘校书》,《李觏集》卷二十七,第286页。
④ 李觏:《礼论第五》,《李觏集》卷二,第17页。

实际上,他认为礼乐刑政都可以统归于礼,都属于礼的范围。在礼、乐、刑、政四者的具体关系上,他主张乐、刑、政是礼之三支。他说:"是三者,礼之大用也。同出于礼而辅于礼者也。不别不异,不足以大行于世,是故节其和者,命之曰乐;行其怠者,命之曰政;威其不从者,命之曰刑。此礼之三支也。"①本来,传统上认为礼、乐、刑、政四者是四种并列的治国之具,相互关联但有所不同,但李觏认为乐刑政都是出于礼的,是礼之用。有的学者不赞同这种观点,指出"乐、刑、政皆礼也,先儒之述何以不止于礼而言礼、乐、刑、政",意思是,如果乐刑政都属于礼,为什么先儒不只谈礼,而还要谈乐刑政?李觏答曰:"乐、刑、政虽统于礼,盖以圣人既别异其名。世传已久,止言礼,则人不知乐、刑、政,故并列之,使人得以兼用。然首之以礼,而乐、刑、政次之,意者谓乐、刑、政咸统于礼欤!"②按照他的解释,圣人是担忧如果只谈礼,而不谈乐刑政,长此以往人们就会不知乐刑政为何物,所以圣人将礼、乐、刑、政四者并列言之,就是为了使人同样知晓乐刑政,但实际上,乐刑政是统于礼的,是以礼为主导的。

关于礼与乐、刑、政的关系,李觏进一步进行了解释。他强调,乐、刑、政都需要用礼来规范,否则即是非礼之乐、非礼之刑、非礼之政。《礼论第五》载:"或人请问:乐、刑、政亦有非礼者乎?曰:善哉!尔之问也。夫夷蛮戎狄荒淫靡曼之音,杂其倡优,辅以子女,谐笑颠乱,以动人耳目,移人心气,若是类者,非礼之乐也。或重刑辟,变法律,伺人小过,钩人微隐,以为明察;或悲哀怯懦,容贷奸宄,以为慈爱;或急征横赋,多方揉索,怀聚畜积,以为强国;或时吉士功,驱人为卒,用于无用,以为豫备。若是类者,非礼之政也。或为横裂鼎镬,炮烙菹醢,剥面夷族,以威天下。若是类者,非礼之刑也。"③李觏举例,世上存在非礼之乐,如夷狄之音,虽然也是音乐,但是却不能引导人向善,因此是非礼之乐;也有非礼之政,如刑罚过重、法律过繁,却以为是明察秋毫,又比如纵容奸宄,却以为是慈爱善良,又比如税收过重,却以为是富邦强国,又比如广泛征兵,却以为是有备无患,此类皆是非礼之政;此外还有非礼之刑,如横裂、炮烙、

---

① 李觏:《礼论第一》,《李觏集》卷二,第7页。
② 李觏:《礼论第五》,《李觏集》卷二,第14页。
③ 李觏:《礼论第五》,《李觏集》卷二,第13—14页。

剥面等严酷刑罚,皆是违背礼的原则。李觏以此来说明,乐刑政的施行都需要以礼为指导,否则便失其本。

在他看来,礼对乐刑政主要是起节制的作用。他说:"三者果有为而节之者,然后能成也,能治也。为乎饮食、衣服、宫室、器皿、夫妇、父子、长幼、君臣、上下、师友、宾客、死丧、祭祀,而节之者,既谓之礼矣。为乎十二管、五声、八音、干戚、羽旄、号令、官府、军旅、食货、符玺、节旄、掾属、胥徒、甲胄、五兵、井田、赋贡、城郭、沟池、度量、权衡、书契、版图、圈狴、桎梏、铁钺、刀锯、大辟、宫、刖、墨、劓、荆、鞭、扑、流、赎,而节之者,反不谓之礼可乎?若是,则三者果礼之支也,而强其名者也。"①在这里,他详细地列举了乐刑政的一些条目,认为这些条目如果不是因为礼的节制,便难以施行。正是因为有礼的节制,因此才称其为乐刑政,因此说,乐刑政属于礼的范围,是礼之支。

李觏十分强调礼的节制功能,"夫所谓礼者,为而节之之谓也"②。而节制主要是通过社会等级体现出来的。李觏认为,贵贱等级的设立,是为了防止人们有过多的贪欲,从而也解决了国家财用的问题。他说:"夫宫室取以待风雨,是则蓬茨足矣。衣服取以御寒暑,是则纻絮足矣。车马取以代劳,是则柴毂足矣。器物取以利用,是则瓦釜足矣。然而耳目之欲,虽穷壮极丽,犹未足以厌之也。先王因人之情而制之,以为贵贱等级,使贵者得以逞,贱者无所觊,则上下有体,而朝廷以尊,费用有节,而财力不乏。"③诸如宫室、衣服、车马、器物等,皆可以用蓬茨、纻絮、柴毂、瓦釜代替,后者是生活必需品,前者是人出于耳目之欲、不断追求奢华的结果。由于人的欲望是无穷的,因此圣人根据人情而制定等级,限制不同人群所消费的资源数量,贵者则使之拥有较多的资源,贱者使之安于自身的状况而不求僭越,如此一来,社会上下有序,财用充足,社会就会达到稳定治理。

如果没有严格的等级制度来节制人情,人之欲望就会无限扩大,"苟不节以制度,则匹夫拟万乘之富或未足以厌其心也"④,这样就在社会上增加了很

---

① 李觏:《礼论第二》,《李觏集》卷二,第9页。
② 李觏:《礼论第二》,《李觏集》卷二,第9页。
③ 李觏:《教道第七》,《李觏集》卷十四,第123—124页。
④ 李觏:《安民策第四》,《李觏集》卷十八,第179页。

多不稳定因素。在李觏看来，当时社会上的很多财用不足的问题，是因为一些人太过奢侈。他指出："古者以金银为币，与泉布并行，既而稍用为器饰，然亦未甚著也。今也翕然用之，亡有品制。守闾阎者，唯财是视，自饮食颒沐之器，玩好之具，或饰或作，必以白金。连斤累钧，以多为惬。财愈雄者，则无所不至矣。举天下皆然，故金虽尽出而用益不足也。古者锦文不粥于市，不示民以奢也。今也庶民之家，必衣重锦厚绫，罗縠之衣，名状百出，弗可胜穷。工女机杼交臂营作，争为纤巧，以渔倍息。其为帛者，蠹工恶丝而已。故丝虽多而帛不贱也。"①这些问题皆是因为当时的社会缺乏明晰的等级制度，因此他提出明立制度的解决办法："今将救之，则莫如明立制度。其用金银，上下有等，多少有数，匹庶贱类，毋得僭拟，则金不可胜用也。君子小人，服章有别，民非布帛毋得辄衣，工机之功将复其本，则帛不可胜用也。果能此道矣，是宿弊之源可坐而塞也。"②他主张严明制度，明确规定各个等级应当享有什么样的规格，尤其是庶民之类的贱者，不应当僭越自己的本分而追求更高等级的待遇，如此一来，社会上下有序、贵贱有等，金帛便不可胜用，财政问题便能得到解决。

他认为，这种倡明等级制度的治理方式，正是孔子所说的"为政先礼"："孔子曰：'为政先礼，礼其政之本乎！'制度，礼之实也。善为政者，得无留意哉！"③李觏将等级制度看作礼之实，这体现出他对等级的重视。在他看来，《周礼》中所说的"以度教节，则民知足"就是指通过等级制度来约束民众的欲望，使之知足，而不求更多的利益。他说："《周礼》大司徒之职，施十有二教，其九曰：'以度教节，则民知足。'谓以法度教民，使知尊卑之节，则民之所用虽少，自知以为足也。"④通过等级制度来约束民众，这样民众都能安于自己的地位身份，对于平民来说，虽然拥有的财物较少，但也可以以此为满足。等级制度一方面限制了贵者无限扩大自己的资源占有范围；另一方面，又使贱者满足于自身所有而不逾矩，对于维系社会和平是十分重要的。但是可以看出，李觏显然认为后者更为关键，他倡导严明等级最主要的还是在于限制贫者贱者僭

① 李觏：《富国策第三》，《李觏集》卷十六，第 142 页。
② 李觏：《富国策第三》，《李觏集》卷十六，第 143 页。
③ 李觏：《富国策第三》，《李觏集》卷十六，第 143 页。
④ 李觏：《安民策第四》，《李觏集》卷十八，第 179 页。

越本分而追求奢华,这说明李觏虽然身为平民思想家,但是他维护的却是贵族的利益。

二、礼本于财

李觏认为富民是治礼的前提,他说:"大司徒以'保息六养万民'。'六曰安富',谓平其繇役,不专取也。大哉先王之法,其所以有天下而民不斁者乎!孔子谓'既庶矣,富之;既富矣,教之'。《管子》有言:'仓廪实,知礼节;衣食足,知荣辱。'然则民不富,仓廪不实,衣食不足,而欲教以礼节,使之趋荣而避辱,学者皆知其难也。"①他引用《周礼》《论语》和《管子》中的话来说明使民衣食足是教之行礼仪的前提,如果衣食住行等基本生活需求得不到满足,则难以推行礼乐教化,"食不足,心不常,虽有礼义,民不可得而教也"②。衣食住行得不到解决,民众无常产,则难以有常心,礼义教化便没有施行的基础。

李觏还从具体实践的角度来说明,行礼必须有相应的服器,如果民众没有礼服、礼器,行礼便如无米之炊,这就是为什么古代"礼不下庶人"的原因。他说:"夫有其礼者,必有其财,而后可行也。由士以上则田禄足矣,庶人农力或不免冻馁,而求其备礼不亦难乎? 故'礼不下庶人'者以此。苟非乏财,则人无礼不立,何斯民之不得用哉? 先王患之,乃使比长、闾胥、族师集罚物以为服器,民有用者则共之。若有故而不共,则乡大夫以公物补焉。民无伤财而可得服器,则夫能言者肯不行礼哉? 如是而不行礼,则纳之刑辟,其又何辞? 宜乎其天下大服也。"③他认为古代士阶层以上俸禄充足,可以以此行礼,而庶人则财物匮乏,难以购置相应的礼服礼器,所以在古代礼是不下于庶人的。后来圣王规定比、闾、族置备公共器物,使民众在行礼时可以借用,如此一来社会从上到下都可以践行礼仪规范,这就达到了教化的目的。所以李觏的结论是,财用是行礼的前提,财用充足的情况下,对民众实行礼仪教化才有效果,如果财用充足,而民众仍不服膺于礼仪教化,此时动用刑罚处置,也是合情合理,能使天下之人心服口服。

---

① 李觏:《国用第十六》,《李觏集》卷八,第95页。
② 李觏:《平土书》,《李觏集》卷十九,第191页。
③ 李觏:《教道第六》,《李觏集》卷十四,第122—123页。

　　李觏指出,儒家学者大多只言义而罕言利,认为兴利不是君子应当关注的问题,但是《尚书》《论语》等经典无不是以财用作为治国之本。他说:"愚窃观儒者之论,鲜不贵义而贱利,其言非道德教化则不出诸口矣。然《洪范》八政,'一曰食,二曰货'。孔子曰:'足食,足兵,民信之矣。'是则治国之实,必本于财用。盖城郭宫室,非财不完;羞服车马,非财不具;百官群吏,非财不养;军旅征戍,非财不给;郊社宗庙,非财不事;兄弟婚媾,非财不亲;诸侯四夷,朝觐聘问,非财不接;矜寡孤独,凶荒札瘥,非财不恤。礼以是举,爱以是立,威以是行。舍是而克为治者,未之有也。是教圣贤之君,经济之士,必先富其国焉。"①李觏强调,财用是治国之实,国家的物质基础和上层建筑皆需要有财力来支撑,礼义教化也是以此为前提的,因此治国首先应当富国,使民衣食足。

　　李觏专门作了《富国策》十篇,阐述了自己关于如何富国的一些理念。他首先认为礼可以因时裁减,如果国用不足,则可以在礼的实施上酌情减杀。他说:"愚以为时有不同,事有通变,用之不足,则礼从而杀,亦圣人之意也。……如周之制尚当裁减,甚于周者非敢闻也。……俭非圣人之中制,有时而然,不得已也。"②提倡因时裁减,其实就是提倡节俭。李觏认为,圣人制礼,节俭并非常道,但是在特殊的情况下,礼是可以因时损益的,这便是常道和权变的问题。他说:"常者道之纪也,道不以权,弗能济矣。是故权者反常者也,事变矣势异矣,而一本于常,犹胶柱而鼓瑟也。"③如果在任何时候都只遵循常道,便是胶柱鼓瑟,无法对社会和国家产生真正的积极影响。因此他强调权变:"先王之礼岂无权乎?"④"权乎权,君所以废兴,国所以存亡。"⑤在他看来,当时的社会属于非常时期,国用不足,资源匮乏,因此当行权变之术以救时弊,所以他说:"夫救弊之术,莫大乎通变。"⑥李觏的这一主张是结合当时的社会现状而发的,也是北宋各个礼学大师重建礼治时共同考虑到的一个问题。如

①　李觏:《富国策第一》,《李觏集》卷十六,第138页。
②　李觏:《富国策第一》,《李觏集》卷十六,第139页。
③　李觏:《易论第八》,《李觏集》卷三,第43页。
④　李觏:《礼论第六》,《李觏集》卷二,第19页。
⑤　李觏:《常语上》,《李觏集》卷三十二,第386页。
⑥　李觏:《易论第一》,《李觏集》卷三,第30页。

司马光作《书仪》时，就是在原来的礼制体系基础上进行了大幅的裁减，使之尽量切于当时的民生日用。这一礼仪原则也成为宋代治礼活动的一个主流准则。

除此之外，李觏还阐释了限制商贾获利的思想。他认为君主应当将财政大权掌握在手里，实行中央调控政策，而不能任由市场经济恣意发展，否则财富落入商贾的手中，民众便无利可图，陷入困乏。他说："君不理，则权在商贾；商贾操市井之权，断民物之命。"[1]"财者，君之所理也。君不理，则蓄贾专行而制民命矣，上之泽于是不下流而人无聊矣，此平籴之法有为而作也。"[2]君主理财，一个重要的途径就是平籴法。平籴法是指政府在丰收之年以平价买进谷物，以备荒年出售的政策。李觏认为，通过这种方式，既有效地抵制了商贾无限获利，又使普通民众得到救济。李觏还为他这种重农抑商的思想做了论证，他认为农人是国之本，是天民之良者，也是贤才之所从出，而百工商贾之类只不过是出于社会经济需要而存在的群体，其自身的价值是远远没有农人那么重要的。《平土书》中载："或曰：敢问莫非王民也？而吾子之论以六乡为农人，而百工商贾之类不其数，何哉？曰：觏观郑注则然，且裁其理至当矣。夫农人，国之本也。三时力耕，隙而讲武，以之足食，以之足兵。或致之于庠序，习礼义，为贤才，是天民之良者也。故为之乡，为之遂，以编著之而统于司徒。司徒，教官也。若夫工问之类，弃本逐末，但以世资其用，不可无之，安足比于农人哉？"[3]在他看来，农人是重点的教化对象，因此应当在财物上保证农人的充裕，而不应任由商贾积累财富。

除了限制商人谋利，李觏还主张驱逐社会上的"冗者"。传统上"四民"是指士、农、工、商，工、商被李觏列为四民之末，是末者，而冗者是指"四民"之外的那些人。末者和冗者都是应当驱逐的对象。冗者，具体来说，是指释老、官府之奸、术士、声伎等群体。如果说工、商之类还有一定的社会需求，想抑制的话只能通过限制民间奢靡风气这种间接方式，而对于冗者，李觏基本上是主张直接禁止的。他认为这些冗者不事生产，极大地阻碍了社会生产力的发展：

---

① 李觏：《国用第十一》，《李觏集》卷八，第90页。
② 李觏：《富国策第六》，《李觏集》卷十六，第148页。
③ 李觏：《平土书》，《李觏集》卷十九，第211页。

"一夫不耕,或受之饥;一女不织,或受之寒。而不耕者凡几夫?不织者凡几女?奈何民不饥且寒也?百姓不足,君孰与足?民饥寒而上不匮者,未之有也。"①可见,在李觏的理想中,完美的社会应当是每个人都从事生产,男耕女织,这样的话社会温饱就完全不成问题。至于释老、官府之奸、术士、声伎甚至工、商这些群体,李觏认为完全没有存在的必要,应当杜绝禁止。在他的观念中,社会上只要有农人这个群体就足够了,因为士人、学者也是由此而出,其他群体只会阻碍社会的发展。他的治国理念体现出很大的理想成分,而没有考虑每个阶层存在的社会因素及其背后纷繁复杂的社会关系,因此是难以应用到现实中的。

三、刑以辅礼

李觏主张,礼的施行要以刑罚作为辅助手段,这样才能保证礼义教化的有效实施。他在《国用第七》里面说:"《闾师》'凡庶民不畜者,祭无牲;不耕者,祭无盛;不树者无椁,不蚕者不帛,不绩者不衰'。谓庶人五母鸡,二母彘,无失其时,是以不畜者罚之,死后祭无牲也。黍稷曰盛,耕者所以殖黍稷。今田不耕,非直罚以屋粟,又死后祭无盛也。五亩之宅,树以桑麻。今宅不毛,非直罚以里布,死后又无椁也。蚕则得帛,不蚕,故身不得衣帛。绩则得布,不绩,故死则不为之着哀,以罚之也。"②《周礼·地官司徒下》里面对于不事生产的民众设置了相应的惩治措施,如不蓄养家禽的人则死后不许用牲祭祀,不耕种的人死后不许用黍稷祭祀,不植树的人就没有棺椁,不养蚕的人就没有衣帛,不纺麻的人死后不许为之着哀,通过这些惩治措施来督促人们按照礼制的要求去做。李觏十分赞同这种赏罚机制,他说:"夫财赋力征,人所吝啬,与其无事而重,孰若有业而轻?以此罚之,敢或不勉者乎?帛,所以养老;衰,所以送死。葬礼祭礼乃为令终,一有解惰,则不得用。以此罚之,敢或不勉者乎?是圣人驱民以反本之术也。"③他认为《周礼》中这类惩治措施都是与人自身利益息息相关的,所以能够行之有效,如果以此来勉励民众积极从事生产,社会

---

① 李觏:《富国策第四》,《李觏集》卷十六,第144页。
② 李觏:《国用第七》,《李觏集》卷七,第85页。
③ 李觏:《国用第七》,《李觏集》卷七,第85—86页。

就会良性运转。因此,他是非常重视刑罚的运用的。

李觏还主张使用肉刑,他说:"大刑用甲兵,其次用斧钺,中刑用刀锯,其次用钻凿,薄刑用鞭朴。大者陈诸原野,小者致之市朝。杀人者死,然后人莫敢杀;伤人者刑,然后人莫敢伤,弱寡愚怯之民有所赖矣。故曰:鞭朴不可弛于家,刑罚不可废于国,征伐不可偃于天下也。若曰有赦焉,有赎焉,是皆仁者之过也。"①在他看来,甲兵、斧钺、刀锯、钻、鞭朴这些刑罚都是不可或缺的治民之具,对于杀人、伤人之人,就应当使用这些刑罚加以惩治,这样才会使社会上的弱寡愚怯之民生活有所保障。不论是齐家还是治国平天下,刑罚都是不可缺少的。有了教化,再加上刑罚,民众就比较容易趋善避恶,"大哉! 先王之所以驱民而纳之于善也。教以开其前,如得大路,终日行而弗迷失。刑以策其后,使不敢反顾,而况宾兴以劝之哉!"②

李觏认为刑罚的使用应当一以贯之,对于当时社会上动辄赦罪的做法,他是不赞同的,"若曰有赦焉,有赎焉,是皆仁者之过也"③,他认为这是仁者之过,意思是某些统治者仁慈太过,对于违法乱纪之人不能秉公处理,而是任其逍遥法外,这十分不利于社会的有效治理。他进一步解释了什么是真正的仁:"术于仁者皆知爱人矣,而或不得爱之说。彼仁者,爱善不爱恶,爱众不爱寡。不爱恶,恐其害善也;不爱寡,恐其妨众也。如使爱恶而害善,爱寡而妨众,则是仁者天下之贼也。安得圣贤之号哉? 舜去四凶而谥以仁圣,汤初征自葛放桀南巢,而仲虺谓之宽仁。武王枭纣白旗,而孟子曰:'以至仁伐不仁。'仁者固尝杀矣。世俗之仁则讳刑而忌戮,欲以全安罪人,此释之慈悲,墨之兼爱,非吾圣人所谓仁也。夫守国在政,行政在人。人不忠而乱乎政,政乱则国将从之。而且以不诛为仁,是轻国而重仁也。故明主持法以信,驭臣以威。信著则法行,威克则臣惧,法行臣惧,而后治可图也。"④仁者爱人,但是爱的对象应当是善者、众者,而不是恶者、寡者,否则,如果爱恶、爱寡,这便是害善、害众,是不仁而非真正的仁。李觏举例说,就连古代圣王如舜、汤、武王等,都曾经去除

---

① 李觏:《安民策第八》,《李觏集》卷十八,第 186 页。
② 李觏:《教道第一》,《李觏集》卷十三,第 117 页。
③ 李觏:《安民策第八》,《李觏集》卷十八,第 186 页。
④ 李觏:《本仁》,《李觏集》卷二十一,第 245—246 页。

过不仁之人,这是如孟子所说的"以至仁伐不仁",可见仁者是不避讳使用刑罚杀人的。一味地赦罪、赎免,这是佛教的慈悲、墨家的兼爱,而非儒家所说的仁。他还强调,国家立法应当一以贯之,这样的话法制才有威慑力,如果执法不严、以人乱政,则国家就容易陷入危乱。因此他更为直接地说"杀人者人之贼而已矣,恶杀人者诚国之贼也"①。

第四节 《周礼》思想

一、《周礼致太平论》

李觏对《周礼》一书十分重视,庆历三年(1043),他作了《周礼致太平论》51篇,此书内容较丰富,分为《内治》、《国用》、《军卫》、《刑禁》、《官人》、《教道》等六个部分,其中阐释了他的政治、经济、军事、法制和教育等诸多方面的思想。

他首先论证了《周礼》为周公致太平之迹,《周礼致太平论五十一篇并序》中说:"昔刘子骏郑康成,皆以《周礼》为周公致太平之迹,而林硕谓末世之书,何休云六国阴谋。然郑义获伸,故《周官》遂行。觏窃观《六典》之文,其用心至悉,如天焉有象者在,如地焉有形者载。非古聪明睿智,谁能及此? 其曰周公致太平者,信矣。"②他主要从两个方面说明《周礼》为周公所作,一是刘歆、郑玄等大儒认为《周礼》为周公所作,只是林硕、何休等认为是乱世之书,而后来前者的观点成为主流;二是从《周礼》的内容来看,整齐有序,取法天地之象,这种大智慧的构思只有如周公那样的圣人才有。因此,李觏断言《周礼》定为周公致太平之迹。

他还认为,《周礼》的书名表明,在周公看来,自然宇宙万象都可以用礼来概括,礼是无所不包的:"圣人之于礼,其言盖参差:言其大则无事不包,言其小则庶事之一耳。故周官三百六十职,题曰《周礼》以该之,言其大也。其次

---

① 李觏:《省盗》,《李觏集》卷二十二,第251页。
② 李觏:《周礼致太平论五十一篇并序》,《李觏集》卷五,第70页。

则曰礼典,与治教政刑事配焉。其小则曰五礼,与射御书数并焉。"①然而,他对于郑注却是颇有微词的,认为"郑康成、蔡伯喈辈泥文太过,遂成派分",因此他"尝挟而正之,决而通之,不以文害辞,不以辞害意"②,可见,他不满足于郑玄、蔡邕等对于《周礼》的注释,认为汉学的这种名物考证的研究方式太过拘泥,他阐释了自己的研究方法,即"决而通之,不以文害辞,不以辞害意",意思是疏通《周礼》的脉络,发挥其大义,而不是局限于章句注释。这体现了李觏在研究《周礼》时的宋学思想倾向。

李觏在《周礼致太平论五十一篇并序》中还说明了此书篇目编排的内在逻辑,他说:"女色皆祸,莫斯之甚,述《内治》七篇。利用厚生,为政之本,节以制度,乃无伤害,述《国用》十六篇。备预不虞,兵不可缺,先王之制,则得其宜,述《军卫》四篇。刑以防奸,古今通义,唯其用之,有所不至,述《刑禁》六篇。纲纪既立,持之在人,天工其代,非贤罔,述《官人》八篇。何以得贤,教学为先,经也轨俗,能事以毕,述《教道》九篇。终焉并序,在五十一篇,为十卷,命之曰《周礼致太平论》。噫! 岂徒解经而正哉! 唯圣人君子知其有为言之也。"③这里的顺序反映出李觏思想中的治国次第,齐家是治国之本,因此《内治》居首;财用是治国之先,因此《国用》其次;国家财力问题解决之后,重要的是国防安全问题,因此接下来是《军卫》篇;解决了财用、国防问题,下一步便是维护社会安定,此时需要有完备的赏罚系统来保证社会法制的有效实施,因此接下来是《刑禁》篇;有了法制,还要有相应的执行阶层,因此需要有《官人》篇;想要妥善地选拔任用人才,要首先教之养之,使之能为社会和国家所用,因此需要有《教道》篇。通过这种脉络的梳理,李觏把《周礼》中原有的纷繁复杂的官职系统重新进行了编排和诠释,使之条目清晰,易于理解。

二、井田制

李觏还十分推崇《周礼》当中所描述的井田制。《周礼·地官·小司徒》

① 李觏:《礼论后语》,《李觏集》卷二,第26页。
② 李觏:《上苏祠部书》,《李觏集》卷二十七,第314页。
③ 李觏:《周礼致太平论五十一篇并序》,《李觏集》卷五,第70—71页。

载:"乃经土地而井牧其田野,九夫为井,四井为邑,四邑为丘,四丘为甸,四甸为县,四县为都,以任地事而令贡赋,凡税敛之事。"其中说九夫为井,就是指九个成年劳动力按照井字均分同一块田,各自耕种。李觏对这种耕种制度褒扬有加,他说:"言井田之善者,皆以均则无贫,各自足也。此知其一,未知其二。必也人无遗力,地无遗利,一手一足无不耕,一步一亩无不稼,谷出多而民用富,民用富而邦财丰者乎!"①井田制不仅保证了贫富均匀,每个人都有地可耕,而且也杜绝了游手好闲之人的滋生,使每个人都有可从事的产业。如果能在社会上推行井田制,则富民强国便指日可待。在李觏看来,井田制是立国之根、生民之本:"呜呼!吾乃今知井地之法,生民之权衡乎!井地立则田均,田均则耕者得食,食足则蚕者得衣,不耕不蚕,不饥寒者希矣。"②实行井田制则人均占有耕地充足,耕地充足则劳者得食,不劳者饥寒,这就会督促所有民众辛勤劳作,使社会达到稳定治理。但李觏的这一思想过于理想化,而没有考虑错综复杂的政治、经济因素。

李觏指出,三代以下之所以兼并之祸迭起,贫富差距增大,就是因为废除了井田制而实行阡陌制。他说:"自阡陌之制行,兼并之祸起,贫者欲耕而或无地,富者有地而或乏人,野夫有作惰游,况邑居乎?沃壤犹为芜秽,况瘠土乎?饥馑所以不支,贡赋所以日削。孟子曰'仁政必自经界始',师丹言'宜略为限',不可不察也。"③在李觏看来,阡陌制导致土地资源不能平均分配,以至于一些贫者想要耕地却无地可耕,一些富者广有地土却缺乏劳力,还滋生了一部分游手好闲的群体,这是社会上出现贫瘠匮乏的主要根源。因此,他赞同孟子所说"仁政必自经界始",经界即是井田制;也认为汉哀帝时期师丹所说"宜略为限"是合理的,宜略为限指的是限制富者占有资源的数量,而使贫者能够均分一部分资源。但是,师丹宜略为限的这一主张受到了当时大地主贵族的反对,因此未能实行。这说明均分资源的政策只能是一种理想蓝图,而难以真正在社会上实施,至少是难以和平实施的。

李觏还给出了具体救济时弊的方案,提出了均田的办法:"今将救之,则

---

① 李觏:《国用第四》,《李觏集》卷六,第 82 页。
② 李觏:《潜书十五篇》,《李觏集》卷二十,第 223 页。
③ 李觏:《国用第四》,《李觏集》卷六,第 82—83 页。

莫若先行抑末之术以驱游民,游民既归矣,然后限人占田各有顷数,不得过制。游民既归而兼并不行,则土价必贱,土价贱则田易可得。田易可得而无逐末之路、冗食之幸,则一心于农。一心于农,则地力可尽矣。其不能者,又依富家为浮客,则富家之役使者众。役使者众,则耕者多,耕者多则地力可尽矣。然后于占田之外,有能垦辟者,不限其数。"①他主张首先驱散游民,使之归家,然后规定每个劳动力可以享有多少土地,富者贵者不得过制,这样就保证了兼并不行。这样一来,人人专心务农,无暇闲懒,广大土地就能得到充分耕种。可见,李觏是把农业看作治国之本,而均田则是保证农业顺利发展的首要途径。

为了说明均田制,李觏还专门写作了《平土书》,平土即是均田。在《平土书》里面,李觏讨论了测地、划地、行政区划分、井田、山川城郭、经畛涂道与遂沟洫浍、人均所占经畛涂道与遂沟洫浍、宏观人口分布、近郊田制、远郊田制、甸地田制、两同相接之法、成数、都鄙田制、授民之数(按社会身份)、授田之数(按每家人口)、公卿大夫采地、赋税、公田等问题,并进行了详细的统计、运算。《平土书》主要援引了《周礼》和《司马法》里面的制度,有时会以《礼记》作为佐证。在《周礼》和《司马法》不一致之处,李觏往往采用《周礼》的说法。"在《平土书》里,李觏依据经他美化的《周礼》田制,提出了均田的具体方案,描绘了理想的蓝图。按着这个方案,一夫除宅田外,还可以得田百亩。王室、贵族、官吏占田均有定数,不许随意扩占。国家'以官地为沟途,不害民田'。他把这些称之为'损上益下之义'。'损上益下'这一思想,贯穿于李觏的全部经济思想中,这里则包括'均田'和'限田'的双重内容。'均田',是希望国家把土地分给无地或少地的农民,以便定其居处,使之乐业,把农民束缚在土地上,缓和他们的反抗。'限田',则是通过限制贵族、官吏占田,抑制兼并,达到保护中小地主土地所有权和其他经济利益的目的。"②可见,《平土书》的根本原则是"损上益下",将贵族的一部分田地分给农民,使民众各自从事生产,维系社会的稳定发展。

李觏认为,均田制是国家法制和教化的基础,只有解决了土地问题和贫富

---

①　李觏:《富国策第二》,《李觏集》卷十六,第141页。

②　王国轩:《〈李觏集〉前言》,《李觏集》,第2—3页。

差距问题，才能在此基础上考虑礼义教化。他说："土地，本也；耕获，末也。无地而责之耕，犹徒手而使战也。法制不立，土田不均，富者日长，贫者日削，虽有末粗，穀可得而食也。食不足，心不常，虽有礼义，民不可得而教也。尧舜复起，末如之何矣！"①李觏相信，三代圣王皆是推行均田制的，只是到了秦代商鞅变法，废除了井田制，改成阡陌制，从此以后井田不行，贫者日多："平土之法，圣人先之。夏、商以前，其传太简，备而明者，莫如周制。自秦用商鞅，废井田，开阡陌，迄今数千百年，学者因循，鲜能道平土之谓。虽道之，犹卤莽未见其详。於戏！古之行王政必自此始，儒有欲谈三王，可不尽心哉？抑焉知其不复用也！"②因此，若想推行王政，就必须首先恢复井田制，否则社会治理就是空谈。但是李觏的这一设想忽略了历史事实和现实因素，如他只是从理论上认为井田制公平合理，应当是圣王之道，而没有实际考察井田制在历史上的真实施行情况以及能够在现实中施行的可能性；另外，他也没有考虑在中央调控下强行推行这一方案可能引发的社会动荡。这就决定了他的这一公平公正的均田制只能存在于理论当中，而无法落实到具体的实践层面。

三、以礼反佛

李觏对佛教进行了有力的批判。他在《富国策第五》中指出了佛教对于社会的十大危害，以及根除佛教会给社会带来的十大益处：

> 缁黄存则其害有十，缁黄去则其利有十。男不知耕而农夫食之，女不知蚕而织妇衣之，其害一也。男则旷，女则怨，上感阴阳，下长淫滥，其害二也。幼不为黄，长不为丁，坐逃县役，弗给公上，其害三也。俗不患贫而患不施，不患恶而患不斋，民财以殚，国用以耗，其害四也。诱人子弟，以披以削，亲老莫养，家贫莫救，其害五也。不易之田，树艺之圃，大山泽薮，跨据略尽，其害六也。营缮之功，岁月弗已，驱我贫民，夺我农时，其害七也。材木瓦石，兼收并采，市价腾踊，民无室庐，其害八也。门堂之饬，器

---

① 李觏：《平土书》，《李觏集》卷十九，第191页。
② 李觏：《平土书》，《李觏集》卷十九，第191页。

用之华,刻画丹漆,末作以炽,其害九也。惰农之子,避吏之猾,以佣以役,所至如归,其害十也。

果去之,则男可使耕,而农夫不辍食矣;女可使蚕,而织妇不辍衣矣,其利一也。男则有室,女则有家,和气以臻,风俗以正,其利二也。户有增口,籍有增丁,繇役乃均,民力不困,其利三也。财无所施,食无所斋,民有羡余,国以充实,其利四也。父保其子,兄保其弟,冠焉带焉,没齿弗去,其利五也。土田之直,有助经费,山泽之富,一归衡虞,其利六也。营缮之劳,悉已禁止,不驱贫民,不夺农时,其利七也。良材密石,亦既无用,民得筑盖,官得缮完,其利八也。淫巧之工,无所措手,弃末反本,尽缘南亩,其利九也。宫毁寺坏,不佣不役,惰者猾者,靡所遁逃,其利十也。①

在这里,李觏主要从农业、男女、长幼、财用、养老、占地、修建、取材、装饰、徭役十个方面论述了佛教对社会的消极影响,从这里可以看出,李觏所关注的主要是佛教对经济、纲常、政治的阻碍,他认为佛教的存在首先耽误了农业的发展,并且由于佛教主张避世,因此导致儒家的人伦纲常泯灭。此外,由于佛教还有着寺院的修筑、耗材、装饰等问题,因此在很大程度上影响了社会经济和政治的发展。李觏主张,根除佛教,会从这十个方面恢复社会的有效运转。

当时有的学者认为佛教教人向善,也是有利于社会治理的。对于这种观点,李觏引用了孟子辟杨墨的话加以反驳。《富国策第五》载:

或曰:释老之弊,酷排者多矣。然以修心养真,化人以善,或有益于世,故圣贤相因,重其改作。今欲驱缁黄而归之,无乃已甚乎?

曰:夫所谓修心化人者,舍吾尧舜之道,将安之乎?彼修心化人而不由于礼,苟简自恣而已矣。昔孟子之辟杨墨曰:"杨氏为我,是无君也;墨氏兼爱,是无父也。"今山泽之臞,务为无求于世,呼吸服食,谓寿可长,非为我乎?浮屠之法,弃家违亲,鸟兽鱼鳖,毋得杀伐,非兼爱乎?为我是无君,兼爱是无父,无父无君,不忠不孝,况其弗及者,则罪可知矣。故韩愈

---

① 李觏:《富国策第五》,《李觏集》卷十六,第146—147页。

曰"释老之弊,过于杨墨"也。①

李觏认为,佛教虽然也主张向善,但是却没有以礼为途径,因此不是真正的修道,只不过是任性妄为而已。他举例说,佛教主张避世,这就如杨朱所说的为我;主张不杀生,这就如墨翟所说的兼爱。为我与兼爱皆是违背儒家纲常伦理的异端邪说,因此并不值得提倡。

还有学者认为,佛教的长处在于明心见性,李觏对这种观点也提出了反驳。他说:"尔之见性而不渐诸训典,左右如其真,是赤子不得成人也。见丹而丹,见素而素,不肯一御其心而之他,率斯道,则上不得正其下,下不得忠其上,绝其维而逸之野鹿焉。疾子丧心焉,孰谓天下国家也。"②他强调,佛教所说的见性并不是儒家所说的见性,因为它并不符合儒家经典中对性的论述。如果按照佛教所说的性来教化民众,则难以达到君君、臣臣、父父、子子的效果,是不利于齐家治国平天下的。李觏认为,儒家经典中包含关于性命的论述,完全不必诉诸佛教来研究性命。退一步讲,即使不求助于儒家,也还有道家经典可以学习。不论怎样,都不至于要沦落到皈依夷狄之学的地步。他说:"欲闻性命之趣,不知吾儒自有至要,反从释氏而求之。……噫!释之行固久,始吾闻之疑,及味其言,有可爱者,盖不出吾《易·系辞》《乐记》《中庸》数句间。苟不得已,犹有老子、庄周书在,何遽冕弁匍匐于戎人前邪?蚩蚩之氓,尚克有夫妇、父子,不尽拔发为寺奴则幸矣,何暇彼之诟哉?"③在他看来,中国本有的儒家、道家经典已经蕴含了性命之学,因此完全不必顾暇佛教所说的性命。但是,他并未深入展开讨论关于性命的问题。

李觏主张根除佛教,但他不赞同韩愈那种"人其人,火其书,庐其居"的强制禁止措施,他认为这种强制手段只会扰民,使社会动乱,他提出要想根除佛教,应当使用"渐而驱之"的办法。他说:"'人其人,火其书,庐其居',则言之太暴,驱之无渐。何者?饱食安居,其习已久,一旦敛数十百万人而冠之,则惊

---

① 李觏:《富国策第五》,《李觏集》卷十六,第145—146页。
② 李觏:《广潜书十五篇》,《李觏集》卷二十,第233页。
③ 李觏:《邵武军学置庄田记》,《李觏集》卷二十三,第263—264页。

扰甚矣。故前所谓止度人而禁修寺观者,渐而驱之之术也。"①这种渐而驱之的方法,便是礼义教化。李觏认为,如果能恢复《周礼》中的制度,使民众生活时时浸润在礼义当中,那么人情自然有所依附,而不必再践行佛教。他在给黄汉杰的书信中说:"汉杰两执亲丧矣,亦尝礼佛饭僧矣,如使《周礼》尚行,朝夕朔月月半,荐新启祖,遣有奠虞,卒哭袝,小祥大祥,禫有祭,日月时岁皆有礼以行之,哀情有所泄,则汉杰必不暇曰七七、曰百日、曰周年、曰三年斋也。"②黄汉杰在丧亲时,曾用佛教的礼节来举行祭礼,李觏指出,如果当时《周礼》中的丧祭制度仍然存在,那么他就不必再用这些佛教礼节来操办。

在李觏看来,正是因为儒家礼义教化沦丧,所以佛老等异端之学才有可乘之机。他说:"三代之英既往,礼教不竞,人欲大胜。欲莫甚乎生,恶莫甚乎死,而道家流诵祕书,称不死法以啖之。故秦汉之际,神仙之学入于王公,而方士甚尊宠。然或云延年,或云轻举,皆人耳目间事,久而未验,众则非之矣。佛之徒后出,而言愈幽远,其称天宫之乐,地狱之苦,鬼神之为,非人可见,虽明者犹或疑焉。是故浮屠之居,货贿竭天下,宫室僭王者,而黄冠师穷智役辩,终弗能及。自非当世好事慕方外之游者,孰克廻面于真灵之境哉?"③他指出,三代以下,礼教就已经丧失殆尽了,人们在遇到生死等人生重大事件时,没有可以遵循的礼仪规范来寄托喜怒哀乐之情。因此,秦汉时期,道教所宣扬的不死学说开始映入人们的眼帘,神仙方术广泛盛行。佛教传入之后,其所宣扬的天堂地狱鬼神等事更加神秘高远,真假难以验证,所以就更加吸引人。

不仅生死问题,很多其他的儒家固有思想,也是因为长期不传,所以才使佛教有机会乘虚而入,进而取代之。如"无思无为之义晦而心法胜,积善积恶之诚泯而因缘作。空假中则道器之云,戒定慧则明诚之别"④等。可以说,佛教的很多理论主张与儒家原有的理论并无太大差异,只是因为儒家思想长期

① 李觏:《富国策第五》,《李觏集》卷十六,第 146 页。
② 李觏:《答黄著作书》,《李觏集》卷二十八,第 338 页。
③ 李觏:《重修麻姑殿记》,《李觏集》卷二十三,第 267 页。
④ 李觏:《建昌军景德寺重修大殿造弥陀阁记》,《李觏集》卷二十四,第 273 页。

式微,所以佛教才鸠占鹊巢,"儒失其守,教化坠于地"①,"礼职于儒,儒微而礼不宗,故释老夺之"②。因此,李觏强烈建议重振儒家的礼义教化,认为这是根除佛教的唯一途径,"儒之强则礼可复,虽释老其若我何"③?

---

① 李觏:《建昌军景德寺重修大殿造弥陀阁记》,《李觏集》卷二十四,第273页。
② 李觏:《孝原》,《李觏集》卷二十二,第256页。
③ 李觏:《孝原》,《李觏集》卷二十二,第256页。

第四章　王安石的礼正性情思想

王安石(1021—1086),字介甫,号半山,谥号文,世称王文公,自号临川先生,晚年封荆国公,世称临川先生,又称王荆公。王安石是北宋时期著名的政治家、文学家、思想家、改革家。宋神宗熙宁期间,他推出了著名的新法,并主持撰修了《三经新义》。王安石的政治和学术思想常为世人所诟病,如宋高宗曰:"王安石之学,杂以霸道;取商鞅富国强兵。"①晁说之谓王安石"援释老诞谩之说以为高,挟申韩刻覈之说以为理"②。陈师锡谓王安石"学本出于刑名度数而不足于性命道德也,释经奥义多出先儒而旁引释氏也"③。观此诸说,对王安石的批评大抵分为两点:一是指责其崇尚申商刑名法术;二是指责其援引佛老异端之学。实际上,这些批评皆是对王安石之学的误解。王安石从青年时代起便以传承圣门之学为己任,认为"礼乐者,尧舜之所尚也"④,提倡以礼修身、以礼治国。本章即针对王安石的礼治思想进行探讨。

第一节　礼与性

一、人性论

王安石早年往往将礼与人性结合起来讨论,若想了解王安石关于礼的思

---

① 程元敏:《三经新义辑考汇评(三)——周礼》,第 677 页。
② 程元敏:《三经新义辑考汇评(三)——周礼》,第 697 页。
③ 朱熹:《读两陈谏议遗墨》,《晦庵先生朱文公文集》卷七十,《朱子全书》第二十三册,第3379 页。
④ 王安石:《荀卿论上》,《临川集补遗》,《临川先生文集》,第 1070 页。

想,就很有必要对于他的人性思想进行研究。王安石关于性的观点有着一个发展变化的过程,其前后思想也并不一致。在王安石的著述中,讨论到性的文章有《性论》《性说》《原性》《杨孟》《性情》《答王深甫书二》等。① 除了《答王深甫书二》外,其余五篇皆未知其写作时间。考察这几篇的内容会发现,在《答王深甫书二》中王安石说"性有善有恶"②,《性情》中亦曰"杨子曰'人之性善恶混',是知性可以恶也"③,可知二文写作年代相近。《答王深甫书二》中,王安石提到自己"罢官"一事,此应指嘉祐八年(1063)他离京归江宁丁母忧之事,而王深甫卒于治平二年(1065),因此此书信应写于治平元年(1064)左右。可知治平期间,王安石是持杨子性善恶混的观点。

王安石早年著有《淮南杂说》,后散佚。其门婿蔡卞曰:"王安石著《杂说》数万言,世谓其言与孟轲相上下。"④庆历七年(1047)曾巩写给王安石的书信中亦提到欧阳修论王安石仿孟、韩文立说之事:"欧云孟韩文虽高,不必似之也,取其自然耳。"⑤说明青年时代的王安石是以孟、韩为宗,写作尽取孟、韩之风。今观《性论》一文,因循之论多,而发明之论少,所论之处大抵沿用孟子以性为善、以智愚为才及韩愈以性为五常的观点,如"性归于善而已矣,其所谓愚智不移者才也,非性也。性者五常之谓也,才者愚智昏明之品也"⑥,立论简单,未及涉及"习""情"等复杂层面。可知《性论》当为王安石早年所作,很有可能是《淮南杂说》之一篇,其中持孟子性善观点。

《性说》《原性》二文观点相近,皆否定了韩子以五常为性的观点,《性说》曰:"韩子之言性,吾不有取焉。"⑦《原性》曰:"五常不可以谓之性,此吾所以异于韩子。"⑧这是与早年所作的《性论》一个很大的不同之处,当与《性论》处

---

① 王安石在《答蒋颖叔书》中亦讨论到性,一些学者根据其中所说的"无性"而认为王安石晚年坚持佛教无性说。实际上,在这里王安石只是对佛经做出客观的诠释,并不能代表王安石本人对性的看法。
② 王安石:《答王深甫书二》,《王文公文集》卷七,第84页。
③ 王安石:《性情》,《王文公文集》卷二十七,第315页。
④ 晁公武著,孙猛校证:《群斋读书志校证》,第525—526页。
⑤ 曾巩:《与王介甫第一书》,蔡上翔:《王荆公年谱考略》卷三,第56页。
⑥ 王安石:《性论》,《临川集补遗》,《临川先生文集》,第1064页。
⑦ 王安石:《性说》,《王文公文集》卷二十七,第317页。
⑧ 王安石:《原性》,《王文公文集》卷二十七,第316页。

于不同时期。同时,二文皆推崇孔子"性相近也,习相远也"之说,突出了其中"习"的位置,认为善恶是习所导致,因此,二文写作年代应当相近。将二文相比较,《性说》未言及"情",而《原性》已明确讨论性与情;《性说》将善恶等同于智愚,而《原性》则区分善恶与智愚;《性说》未提及杨子,而《原性》则指出杨子之言似圣人之道。可以看出《原性》较《性说》更为成熟,当在《性说》之后。

《性说》与《原性》皆没有明确提出性善,《原性》一篇曰:"性生乎情,有情然后善恶形焉,而性不可以善恶言也。"①可见此时王安石对孟子性善之说已有动摇,而将善恶看作由习所导致,性则不可以善恶言;另外,王安石认为有情然后善恶形、性不可以善恶言,即是认为性情并不一致,这与《性情》中所言"性情一也"②有所不同。我们知道,《性说》中并没有"情"的概念,而《原性》中则纳入"情"的范畴,这表明这一时期王安石刚刚对"情"进行思考,而他所提出的性情二分理论显然较《性情》篇中所说的性情一也尚不成熟。另外,相比于之前所作的《性论》《性说》二文,《原性》一篇对杨子的赞同比较明显,这说明王安石对于杨子的尊崇并不是一开始就有,而是后来形成的;但《原性》中又只是说"杨子之言为似矣"③,相对于《性情》中对杨子的明确肯定,又有着不确定性。以上皆表明,《原性》中的思想处于向《性情》过渡的阶段,当作于《性情》之前。因此,《性说》《原性》二篇的写作年代应处于早年《性论》与治平《性情》之间,此时王安石持善恶为习所导致、性不可以善恶言的观点。

《杨孟》一篇特别指出了杨子的性善恶混说,认为孟子之性善与杨子之性善恶混只是各指一端,其实未尝有异。他说:"孟、杨之道未尝不同,二子之说非有异也。其所以异者,其所指者异耳。……孟子之所谓性者,独正性也;杨子之所谓性者,兼性之不正者言之也。"④其中承认性有正与不正,似较《原性》"性不可以善恶言"更进了一步,更接近于后来所坚持的性善恶混说;但其中有调和孟、扬的倾向,与作《性情》时独推杨子性善恶混说相比,似乎还处于

---

① 王安石:《原性》,《王文公文集》卷二十七,第316页。
② 王安石:《性情》,《王文公文集》卷二十七,第315页。
③ 王安石:《原性》,《王文公文集》卷二十七,第316页。
④ 王安石:《杨孟》,《王文公文集》卷二十七,第313页。

过渡阶段,而未敢于明确肯定杨子之说为胜。因此《杨孟》应在《原性》之后、《性情》之前所作。

纵观王安石论性之书,若按写作时间排序,当为《性论》《性说》《原性》《杨孟》《性情》和《答王深甫书二》,其中体现了王安石治平以前关于性之思想的发展变化,即早年主张性善,后来认为善恶为习所导致、而性不可以善恶言,再后来主张性有正与不正,到最后以性善恶混为定论。

二、礼顺人性

治平以前,王安石主要是将礼与人性论结合起来讨论,这和他后来从礼之社会功能的角度论礼是很不一样的。这大概是因为治平以前王安石未居要位,因此他主要是从学者的角度思考礼对于个体心性修养的作用,而治平之后王安石身居要职,因此他更多的是以一位政治家的身份思考礼对于社会政治的作用。由于他前后关于性的思想有所变化,因此他对于礼与性之关系的讨论也是有所不同的。他最初认为"礼始于天而成于人",即礼是顺应人之天性的。在《礼论》一篇中他说道:

> 呜呼,荀卿之不知礼也!其言曰"圣人化性而起伪",吾是以知其不知礼也。知礼者,贵乎知礼之意,而荀卿盛称其法度节奏之美,至于言化,则以为伪也。亦乌知礼之意哉?夫礼始于天而成于人,知天而不知人则野,知人而不知天则伪。圣人恶其野而疾其伪,以是礼兴焉。今荀卿以谓圣人之化性为起伪,则是不知天之过也。①

在这里王安石批评了荀子"化性而起伪"说。荀子对礼的看法是建立在他的性恶论基础上的,《荀子·性恶》中说:"凡礼义者,是生于圣人之伪,非故生于人之性也。"又说:"圣人化性而起伪,伪起而生礼义,礼义生而制法度。"这即是认为,人性本恶,圣人之性是已经变化之后的性,并不同于凡人之本性;礼是圣人后天制作的结果,因此不是出自人之本性。由于在荀子看来,礼的产

---

① 王安石:《礼论》,《王文公文集》卷二十九,第337页。

生与人性实际上并无关系,因此他没有过多地从性的角度讨论礼,而是侧重于强调礼作为外在法度节奏的作用。荀子的这种思想是王安石所不认同的。王安石指出,礼来源于天,是顺应人性的产物。这里的天并非本体论意义上的天,而是指人之天性。王安石认为荀子只看到了礼之人为制作的痕迹,而没有洞悉礼顺应人之天性这一事实,因此是"不知礼"。

王安石认为,礼虽然有人为制作的一面,但是人为制作也是顺应人之天性而来的,正因为人之天性中即有礼,所以圣人才能够根据性之欲来制礼。他说:

> 夫斫木而为之器,服马而为之驾,此非生而能者也,故必削之以斧斤,直之以绳墨,圆之以规而方之以矩,束联胶漆之,而后器适于用焉。前之以衔勒之制,后之以鞭策之威,驰骤舒疾,无得自放,而一听于人,而后马适于驾焉。由是观之,莫不劫之于外而服之以力者也。圣人舍木而不为器,舍马而不为驾者,固亦因其天资之材也。今人生而有严父爱母之心,圣人因其性之欲而为之制焉,故其制虽有以强人,而乃以顺其性之欲也。圣人苟不为之礼,则天下盖将有慢其父而疾其母者矣。此亦可谓失其性也。得性者以为伪,则失其性者乃可以为真乎? 此荀卿之所以为不思也。

王安石以斫木为器、服马为驾作例,强调木本身有作为斧斤的资质,因此圣人削之以为斧斤;马本身有适用于驾驶的资质,因此圣人驯之以用于驾驶。这其中虽然有圣人后天制作的痕迹,但是皆是根据木与马自身的性能和特点而来的,木与马本身有这样的材质,圣人才取其材而用之,这是顺其性而为的结果。圣人制礼也是如此,以孝为例,人先天具有严父爱母之心,所以圣人根据人性的这些特点制作礼仪规范,这完全是顺应人性的。同时,王安石强调,人虽有严父爱母之性,但是人会"失其性",圣人制礼一方面是顺应人性,另一方面也是通过礼仪规范的教化来防止人们丧失先天的本性。

王安石主张圣人制礼是"顺其性之欲",在他看来,如果人的天性中并没有对礼的诉求,那么即使加以外在礼节规范的教养,其结果也不会是符合礼仪规范之要求的。他说:"夫狙猿之形非不若人也,欲绳之以尊卑而节之以揖让,则彼有趋于深山大麓而走耳,虽畏之以威而驯之以化,其可服邪? 以谓天性无是而可以化之使伪耶,则狙猿亦可使为礼矣。故曰礼始于天而成于人,天则无是,而人欲为之者,举天下之物,吾盖未之见也。"①以狙猿为例,其形与人相似,但是如果企图通过礼仪教化使其学会尊卑揖让,这是不可能的。由此说明礼仪规范之所以存在于人类社会中,为人们所遵行,是因为人性本身即具有对礼的诉求,天下并没有违背一件事物的本性、人为强作之还能成功的例子。这也表明,这一时期王安石是持性善论立场的,其礼论也是建立于性善论的基础之上。他对礼的看法之所以与荀子迥异,正是因为他与荀子所持的人性论立场不同,荀子认为人性是恶的,而王安石则认为人性是本来合于礼仪规范的,之所以后来有悖逆礼仪之事,是因为人丧失了这种先天完善的本性。王安石并没有把悖逆归结为人性当中本有的恶,而只是归结为"失其性",这是典型的性善论的立场,可见《礼论》应是在他坚持性善论的时期所作。

三、礼养人性

王安石不仅认为礼出自人性、顺应人性,而且认为礼可以养人之性,从而起到养生的作用。他在《礼乐论》一篇中说:

> 生与性之相因循,志之与气相为表里也。生浑则蔽性,性浑则蔽生,犹志一则动气,气一则动志也。先王知其然,是故体天下之性而为之礼,和天下之性而为之乐。礼者,天下之中经;乐者,天下之中和。礼乐者,先王所以养人之神,正人气而归正性也。……衣食所以养人之形气,礼乐所以养人之性也。礼反其所自始,乐反其所自生,吾于礼乐见圣人所贵其生者至矣。世俗之言曰"养生非君子之事",是未知先王建礼乐之意也。②

王安石指出,礼乐皆来源于人性,并反过来可以养人之神、正人之气,使其归正性。在这里王安石提出"正性"的概念,这便隐含着性有不正的意

---

① 王安石:《礼论》,《王文公文集》卷二十九,第338页。
② 王安石:《礼乐论》,《王文公文集》卷二十九,第333—334页。

思,而礼乐的作用即是使人回归正性。王安石认为,人之性与人之形体并不是毫不相关的,而是相互作用、相互促进的,形体的保养固然是人回归正性的基础,但人若是能够归正性,也同样可以起到保形养生的作用。圣人制礼作乐的宗旨便是使人回归正性,从而达到养生的效果,这也体现了圣人对于生的重视。

正因为礼乐是出自人性、本于人性,所以王安石认为礼乐并不是依赖于玉帛钟鼓等物才存在,如果将外在的名物器具看作行礼乐的前提,这实际上是没有洞悉礼乐之本。他说:"待钟鼓而后乐者,非深于乐者也;待玉帛而后恭者,非深于礼者也。蕢桴土鼓,而乐之道备矣;燔黍捭豚,污尊抔饮,礼既备矣。然大裘无文,大辂无饰,圣人独以其事之所贵者,何也? 所以明礼乐之本也。"①这即是说,礼乐发自人性,由人性所出就必然能够达于礼乐,即使没有玉帛钟鼓等物,人也照样可以通于礼乐之道。相反,如果认为礼乐是依赖于钟鼓玉帛等物而存在,这是不识礼乐的表现。王安石用"性之中"与"性之和"来解释礼乐,他说:"圣人之遗言曰'大礼与天地同节,大乐与天地同和',盖言性也。大礼性之中,大乐性之和,中和之情通乎神明。"②这里所说的性之中与性之和指的是在完全回归正性的情况下,性所自然具有的一种中和状态,由这种中和状态发出,就必然会导致外在行为上合于礼乐。王安石赋予了这种中和状态极深的意义,认为它可以"通乎神明"。

在《礼乐论》中,王安石提出了"情"的概念,如说:"圣人内求,世人外求,内求者乐得其性,外求者乐得其欲,欲易发而性难知,此情性之所以正反也。"又说:"去情却欲以尽天下之性。"③我们知道,王安石早期并没有"情"的观念,《性论》《性说》中皆未涉及情,直到《原性》中才对情进行讨论。《原性》中说"性生乎情,有情然后善恶形焉,而性不可以善恶言也",将性与情看作非一致的;而《礼乐论》中也认为"情性之所以正反"、主张"去情却欲以尽天下之性",同样是将性情看作非一致的关系,与《原性》中的说法比较接近,而区别于《性情》中所说的"性情一也"的观点。此外,《礼乐论》中多处论及性,但却

①　王安石:《礼乐论》,《王文公文集》卷二十九,第334页。
②　王安石:《礼乐论》,《王文公文集》卷二十九,第335页。
③　王安石:《礼乐论》,《王文公文集》卷二十九,第334页。

始终未言性善。其中王安石提到礼乐可以使人归"正性",这又很接近于《杨孟》一篇中所说的性有正有不正的观点。由此可知,《礼乐论》的写作年代应在《原性》《杨孟》之际。

在《礼乐论》中,王安石还对佛老进行了批判。他说:

> 呜呼,礼乐之意不传久矣! 天下之言养生修性者,归于浮屠、老子而已。浮屠、老子之说行,而天下为礼乐者独以顺流俗而已。夫使天下之人驱礼乐之文以顺流俗为事,欲成治其国家者,此梁、晋之君所以取败之祸也。然而世非知之也者,何耶? 特礼乐之意大而难知,老子之言近而易轻晓。①

王安石慨叹世人并不通晓礼乐之意,这导致佛老之学肆意流行。王安石的本意在于,他认为世人往往只将礼乐看作外在的仪节规范,未从礼乐对于养生修性之作用的角度讨论礼乐,而佛老正是以其关注个体内在需求的养生修性之学取胜,从而成为人心之所向。王安石之所以从养生修性的角度谈礼乐,正是为了从儒学内部找到一种可以与佛老之学相抗衡的理论线索,以此抵制异端之学的盛行。王安石以前凡是企图用圣人之礼乐来抵制异端的学者,如欧阳修、李觏等,都还是主要从礼作为外在仪节规范、制度法则的角度来讨论礼的作用,而没有深入个体养生修性的层面来思考。就整个宋代学术发展的轨迹来看,王安石不能不说是先知先觉者,他敏锐地发现佛老之所以能够吸引世人,就在于其对个体养生修性的关注,因此他从一开始就试图发展出一套精密的性命道德学说。此后宋代理学的兴起,也正是沿着这一路径展开的,只不过理学家们在范畴的取择和运用上有所不同。

四、礼正性情

《礼乐论》当中的思想并不是王安石始终坚持的。随着王安石人性观的变化,其礼治思想也随之改变。王安石早年坚持的是性善论,在《礼乐论》中

---

① 王安石:《礼乐论》,《王文公文集》卷二十九,第335—336页。

所主张的是性有正与不正的思想,但在治平期间,王安石已经明确肯定性善恶混说,从他此后的著述来看,性善恶混很可能是他后期一直主张的。治平以后,王安石不再坚持礼顺人性、礼养人性这些建立在性善论基础上的学说,而是认为礼对于人性起到纠正、矫正的作用。

在熙宁期间所作的《周礼义》中,王安石说:"礼之行,有以贤治不肖,有以贵治贱,正之以九仪,则尚贤以治不肖,贵贵以治贱也;等之以六瑞,则又各使之上(尚)同;等之以六挚,则又各使之自致,人各上同而自致,则礼出于一而上下治,外作器,以通神明之德,内作德,以正性命之情。礼之道,于是为至。"①在这里王安石提出"礼正性命之情"的命题,这显示出此时他主要是从礼对于性情的制约、纠正作用来思考礼之意义的。此前王安石主张礼顺人性、礼养人性等观念,但《周礼义》中他认为礼与人性并不一致,礼对人性起到纠正的作用,这里的差别殊为明显。在《周礼义》中,王安石多从礼对情欲进行节制的角度来讨论礼,如"及至后世,阻威役物,暴殄生类,以穷鼎俎之欲,虽圣人复起,亦无如之何矣!则亦因时之宜,为制贵贱之等,使无泰甚而已。……故每于为礼本始以示之,使知礼意所尚,在此不在彼也"②,这即是说礼之本在于节制人之暴殄天物的欲望,这是礼意之所在,不了解这一点便不能谓之知礼。由于王安石后期主张性情一也,因此对情欲的节制实际上也就是对性的节制。

从《周礼义》中对礼的相关论述中还可以看出,此时王安石倾向于从外在制度、社会功能的角度论礼。实际上,治平以后的王安石比较重视《周礼》,以《周礼》为治学与政术的主要文本来源,这本身已经体现他后来对于制度之礼的关注,其原因固然是因为熙宁期间王安石身居高位,因而得以从社会制度的角度对礼进行思考,但也在一定程度上与他的人性观的转变有关。由于他后期坚持性善恶混说,因此在他的思想中,礼不再是顺应人性的产物,而是对人性起到纠正、节制的作用。正是出于这个原因,他更为重视礼之外在条文规范,而不再像以前那样侧重探讨礼与性的相互作用。

---

① 程元敏:《三经新义辑考汇评(三)——周礼》,第290页。
② 程元敏:《三经新义辑考汇评(三)——周礼》,第103—104页。

第二节　礼与刑

一、刑名法术

宋神宗熙宁六年（1073），王安石始主持撰修《三经新义》，熙宁八年（1075）书成，颁行天下，为科举考试的标准本。此书的编撰使王安石之学被打上刑名法术的烙印，如程门高第杨时曰："熙宁更新法度，以经术造士，世儒妄以私智之凿，分文析字，而枝辞蔓说乱经矣；假六艺之文以济其申商之术。"①南宋汪应辰曰："王安石训释经义，穿凿附会，专以济其刑名法术之说。"②观此对于《三经新义》的批评，一是穿凿附会，二是汲汲于刑名法术。实际上，失于穿凿实有之，刑名法术之说则起于对王安石之学的误解。

《三经新义》虽由王氏父子主撰，但实出于众人之手，蔡京之子蔡绦所作《铁围山丛谈》中曰："《诗》、《书》盖多出元泽暨诸门弟子手，至若《周礼新义》，实丞相亲为之笔削者。"③即是说，《三经新义》中只有《周礼新义》是由王安石亲自所作，其他二书实际上是由王安石之子王雱及众人所撰。今读《尚书新义》和《诗经新义》，二书写作旨趣之不同颇为明显。《尚书新义》往往强调刑罚的重要性，如说：

> 惟辟作福，惟辟作威，荀子曰："擅生杀之谓王，能利害之谓王。"义如此。④

> 民悦汝德，乃以汝罚之行也。有罪而不能罚，则小人无所惩艾，骄陵放横，责望其上无已。虽加以德，未肯心说，故于罚行，然后说德也。⑤

---

① 程元敏：《三经新义辑考汇评（三）——周礼》，第 687 页。
② 程元敏：《三经新义辑考汇评（一）——尚书》，第 231 页。
③ 程元敏：《三经新义辑考汇评（二）——诗经》，第 408 页。
④ 程元敏：《三经新义辑考汇评（一）——尚书》，第 117 页。
⑤ 程元敏：《三经新义辑考汇评（一）——尚书》，第 159 页。

敢于殄戮,而刑足以服人心。①

近中国之夷狄承德,则国家闲暇,可以修政刑之时。②

而《诗经新义》则通常以礼解经,如:

致恭而有礼则宜侯。③（释《诗经·郑风·羔裘》中"洵直且侯"一句。）

东门之墠,言以礼则平易。④（释《诗经·郑风·东门之墠》中"东门之墠"一句。）

一如不见,如三月兮,言礼乐不可一日而废也。⑤（释《诗经·郑风·子衿》中"一日不见,如三月兮"一句。）

友生,约我以礼义者也。虽有兄弟,不如友生,有礼义然后无失其爱兄弟之常心。⑥（释《诗经·小雅·常棣》中"虽有兄弟,不如友生"一句。）

《诗经新义》中的这些解释大多是另立名目、阐发新意,而非对《诗经》原文所作的客观诠释,这体现出以礼解诗的特点。将《尚书新义》与《诗经新义》相比较会发现,二书虽然都是对经典所作的诠释,但是其中也明显地反映了作者的个人思想,《尚书新义》重刑,《诗经新义》重礼,二书似出自不同作者之手。《三经新义》中多为世人所诟病的刑名法术之论往往是如上所举的出自《尚书新义》的议论,而此书并非王安石亲作,虽然经王安石过目,却并不能真实地反映王安石的思想。因此,以崇尚刑名法术来定义王安石之学,其实是不正确的。

二、礼主刑辅

实际上,王安石自始至终都未曾主张专任刑罚。在《三不欺》这篇文章

---

① 程元敏:《三经新义辑考汇评(一)——尚书》,第177页。
② 程元敏:《三经新义辑考汇评(一)——尚书》,第204页。
③ 程元敏:《三经新义辑考汇评(二)——诗经》,第70页。
④ 程元敏:《三经新义辑考汇评(二)——诗经》,第74页。
⑤ 程元敏:《三经新义辑考汇评(二)——诗经》,第75页。
⑥ 程元敏:《三经新义辑考汇评(二)——诗经》,第128页。

中,王安石讨论了应以何种方式治民的问题。当时之人针对如何治民有着不同的看法,有人认为治民应以"德","君任德,则下不忍欺";有人认为治民应以"察","君任察,则下不能欺";有人认为治民应以"刑","君任刑,则下不敢欺"。三种观点显然有互相排斥、非此即彼之意。王安石则认为,德、察、刑皆不能专用,因为"任德则有不可化者,任察则有不可周者,任刑则有不可服者"①。若只用其一,或许可以达到止乱的"小治"果效,但若想企及圣人"大治"的境界,只能是三者兼而用之。王安石虽认为刑可以帮助治理民众,但绝非认为刑可以专用,《三不欺》篇末载:"或曰:刑亦足以任以治乎?曰:所任者,盖亦非专用之而足以治也。"②有的人以为只用刑便足以治理国家,王安石纠正说,所谓用刑,并不是指专用刑便足以治,意即刑要与德、察等治理方式相配合,才能够达到治理的效果。由此可以看出王安石对于刑罚的基本看法。

王安石甚至认为,在当时的社会环境中,刑罚不宜过重。他在嘉祐三年(1058)给友人王深甫的书信中阐述了自己的这一主张,并提及自己在江东任提点刑狱司之时往往减轻刑罚之事。《答王深甫书三》中载:

> 某尝以谓古者至治之世,然后备礼而致刑。不备礼之世,非无礼也,有所不备耳;不致刑之世,非无刑也,有所不致耳。故某于江东,得吏之大罪有所不治,而治其小罪。不知者以谓好伺人之小过以为明,知者又以为不果于除恶,而使恶者反资此以为言。某乃异于此,以为方今之理势,未可以致刑。致刑则刑重矣,而所治者少,不致刑则刑轻矣,而所治者多,理势固然也。③

王安石强调"古者至治之世,然后备礼而致刑",意思是古代是在大治的情况下,礼乐才能齐备,刑罚才能尽用。这显然是发展了《尚书·吕刑》当中"刑罚世轻世重"的思想。孔安国对"刑罚世轻世重"这一句的注释为:"刑新

---

① 王安石:《三不欺》,《王文公文集》卷二十六,第305—306页。
② 王安石:《三不欺》,《王文公文集》卷二十六,第306页。
③ 王安石:《答王深甫书三》,《王文公文集》卷七,第85页。

国用轻典,刑乱国用重典,刑平国用中典。"①意即刑罚的轻重应根据具体社会环境而决定,对待新国、乱国和平国,其所用的刑罚轻重应有差异。在王安石看来,只有治世才能尽用刑罚,而当时北宋建国未久,仍属新国,因此刑罚应以轻为主。"致刑则刑重矣,而所治者少,不致刑则刑轻矣,而所治者多",这即是说,对待当时的民众应以教化治理为主,若是刑罚过重,则民众普遍遭受刑罚,能够用来教化治理的人便少,因此不宜加重刑罚,而应酌情减缓,这样民众当中能受教化治理的人便较多。正因如此,王安石在实际的治理活动中,也往往是不治人之大罪,这体现了他在运用刑罚时的权宜思想。

王安石认为只有在大治的情况下,刑罚才能尽用。那么,如何达到大治的社会状况呢?他强调唯有通过礼乐才能达到。在《策问》中王安石说道:"述诗书传记百家之文,二帝三王之所以基太平而泽后世,必曰礼乐云,若政与刑,乃其助尔。礼节之,乐和之,人已大治之后,其所谓助者,几不用矣。"②王安石指出,二帝三王之所以能够达于大治,就在于他们用礼乐来教化民众,而政、刑只是一种辅助手段。礼能够节制人性,乐能够和顺人性,通过礼乐的教化,人性自然可以达到中节,在这种情况下,民众自然是不犯刑法,因此作为辅助手段的政、刑也就可以不用了。由此可以看出,王安石是将礼乐之教看作最根本的。在《策问》中,王安石一共提出了十道题目,其中就有一道是关于礼乐的,这体现了他对于礼乐的重视。在其中王安石表达了对于当时礼乐不行之现状的焦虑,他说:"宋之为宋久矣,礼乐不接于民之耳目何也?抑犹未可以制作邪?董仲舒、王吉以为王者未制作,用先王之礼乐宜于世者,如欲用先王之礼乐,则何者宜于世邪?"③可以看出,王安石旨在切实地在民众中推行礼乐,但对于应该运用何种礼乐的问题,王安石则尚未有成熟的想法,不过他是倾向于用先王之礼乐的,这显示出他立志传承周孔之学的精神。

三、道之本末

王安石将礼、乐、刑、政看作道的体现。元丰六年(1083)王安石曾作《老

---

① 孔安国传,孔颖达正义:《尚书正义》,第788页。
② 王安石:《策问》,《王文公文集》卷三十,第355页。
③ 王安石:《策问》,《王文公文集》卷三十,第355页。

子》一文,其中他强调了礼、乐、刑、政的重要性。他说:

> 道有本有末。本者,万物之所以生也;末者,万物之所以成也。本者
> 出之自然,故不假乎人之力,而万物以生也;末者涉乎形器,故待人力而后
> 万物以成也。夫其不假人之力而万物以生,则是圣人可以无言也、无为
> 也;至乎有待于人力而万物以成,则是圣人之所以不能无言也、无为也。
> 故昔圣人之在上,而以万物为己任者,必制四术焉。四术者,礼、乐、刑、政
> 是也,所以成万物者也。故圣人唯务修其成万物者,不言其生万物者,盖
> 生者尸之于自然,非人力之所得与矣。①

王安石认为道有本有末,这里的本末不是体用的关系,而是指生与成的关
系,万物之生是一种自然的现象,不待人力而为,而万物之成则需要圣人的治
理,而这种治理的方式即是通过礼、乐、刑、政四术,礼、乐、刑、政是道的体现。

在这里,王安石实际上是批驳了老子以无为本体,轻视礼、乐、刑、政等治
国之术的思想。老子认为无是万物的根本,《老子》中曰"无名天地之始","天
下万物生于有,有生于无"。因此,圣人治理国家,也应当行"无为"之政,"圣
人处无为之事,行不言之教","为无为,则无不治","是以圣人无为,故无败;
无执,故无失"。对于礼,老子认为这是道德仁义尽失之后的现象,是国家大
乱的体现,"失道而后德,失德而后仁,失仁而后义,失义而后礼。夫礼者,忠
信之薄,而乱之首"。由于这种观点,"道"在老子思想体系中必然是一种与
礼、乐、刑、政等有为之治无关的东西,而是一种难以名状、难以捉摸的玄妙超
然之物,"道可道,非常道","古之善为道者,微妙玄通,深不可识","道之为
物,惟恍惟惚"。

王安石对于老子的这些思想是完全不赞同的,他说:"老子者独不然,以
为涉乎形器者,皆不足言也、不足为也,故抵去礼、乐、刑、政,而唯道之称焉。
是不察于理而务高之过矣。夫道之自然者,又何预乎?唯其涉乎形器,是以必

---

① 王安石:《老子》,《王文公文集》卷二十七,第310页。

待于人之言也、人之为也。"①王安石指出，老子将道看作与礼、乐、刑、政等治国之术无关之物，这是失之于过高，而没有深察于理。道本身不是脱离形器而存在的玄妙之物，而是存在于形器之中的，从这个层面来讲，圣人必然应当有言、有为，而非如老子所主张的那样，以无为之教为最高的治国理念。王安石不仅纠正了老子关于道的理解，还从老子思想体系内部进行辩解，强调"无"必当以"有"为用。他说："今知无之为车用，无之为天下用，然不知所以为用也。故无之所以为车用者，以有毂辐也；无之所以为天下用者，以有礼、乐、刑、政也。如其废毂辐于车，废礼、乐、刑、政于天下，而坐求其无之为用也，则亦近于愚矣。"②老子主张无为之治，王安石则强调无为之治也应当通过有为来体现，如果脱离礼、乐、刑、政这些有为之治，而只是凭空寻求一个无为，这即是近于愚的表现。

王安石《老子》一文作于元丰年间，体现了王安石晚年的思想。但实际上，王安石在嘉祐三年(1058)给宋仁宗所上的书信中即强调了礼、乐、刑、政的重要性，他对于当时学者普遍不通晓礼、乐、刑、政的现象提出了批评："朝廷礼乐刑政之事，未尝在于学。学者亦默然自以礼乐刑政为有司之事，而非己所当知也。"③可见，王安石是主张将礼、乐、刑、政的教育普及学者当中去的。这说明王安石对于礼、乐、刑、政的重视是自年轻时代就开始，一直持续到晚年的。

四、批判佛老

后世很多学者认为王安石喜好佛老，偏向异端，这其实是没有深考王安石的论著。王安石虽然熟悉并曾经注解过《老子》，但他大抵是持批判的态度，不仅否认了老子以道为超然玄妙之物的做法，而且对于老子轻视礼、乐、刑、政的行为予以批评。又有一些学者认为王安石晚年耽好佛书，原因是王安石在元丰期间注释过《维摩诘经》《金刚经》和《楞严经》等佛教典籍。此三种注书

---

① 王安石：《老子》，《王文公文集》卷二十七，第310页。
② 王安石：《老子》，《王文公文集》卷二十七，第311页。
③ 王安石：《上皇帝万言书》，《王文公文集》卷一，第6页。

今皆已佚失,但从王安石在其他地方关于佛教的论述来看,他从未对佛教思想有过明确的认可和褒扬,大多只是对于佛教教义及典籍所作的客观诠释,《答蒋颖叔书》即属于此类,若以此认为王安石喜好佛教,则有失中肯。

其实,王安石不仅涉猎佛经,也广泛阅读其他各家之书。他在元丰六年(1083)给曾巩的信中说:

> 连得书,疑某所谓经者佛经也,而教之以佛经之乱俗。某但言读经,则何以别于中国圣人之经? ……某自百家诸子之书,至于《难经》、《素问》、《本草》诸小说,无所不读。农夫女工,无所不问。然后于经为能知其大体而无疑。盖后世学者,与先王之时异矣,不如是,不足以尽圣人故也。扬雄虽为不好非圣人之书,然于墨、晏、邹、庄、申、韩亦何所不读。彼致其知而后读,以有所去取,故异学不能乱也。惟其不能乱,故能有所去取者,所以明吾道而已。子固视吾所知,为尚可以异学乱之者乎? 非知我也。①

王安石强调,读经一定要广泛涉猎、无所不读,这样才能更好地理解圣人之意,才能更好地发扬圣人之道。研究异学,目的不是为了流入异学,而是为了"有所去取",更为清晰地分辨出异学,从而避免为异学所乱。可见,针对曾巩批评自己以佛经乱俗的观点,王安石是坚决维护自己的儒家立场的。王安石曾经将自己所作的《金刚经注》《维摩诘经注》上呈给神宗,在《进二经札子》中,王安石说道:"伏维皇帝陛下宿殖圣行,生知妙法,方册所载,象译所传,如天昭旷,靡不畴察,岂臣愚浅所敢冒闻。"②可以看出,神宗对佛教有着颇为深入的研究和喜好,而王安石注释佛经,最终是为了呈现给神宗,这说明王安石晚年对于佛经的钻研,很大程度上是为了迎合神宗的喜好,而非出于个人兴趣。这就是为什么王安石从未明确认同过佛教,而是始终坚持儒家立场的原因。

---

① 王安石:《答曾子固书》,《临川先生文集》卷七十三,第778—779页。
② 王安石:《进二经札子》,《王文公文集》卷二十,第242页。

若说佛老之学对王安石产生过影响,那么这种影响便是使其意识到自己学说中那些偏离正统儒学而流入异端之处,从而回归正统儒学。在《周礼新义》中,王安石的某些议论确实有着将道与礼法二分的倾向,如说:"谓之鬼,则正名其为鬼,而弗以神事之矣;是礼而已,非道也。……通于道乃知其为神,制于礼则见其为鬼而已。"①"夫精禋之所尽,主之心进于道矣;誓戒之所严,臣之心进于礼矣。"②"又言以法,则亦不豫道揆故也。"③其中将道理解为一种神秘玄妙之物,并认为这种道与礼法是截然二分、互不相关的,这与他后来在《老子》一文中所阐释的道是万物的生成、道存在于形器当中的思想是很不一样的。朱熹批评王安石说:"夫以佛老之言为妙道,而谓礼法事变为粗迹,此正王氏之深蔽。"④盖指《周礼新义》中的观点而言。在《周礼新义》中王安石虽以道为神秘玄妙之物,认为道与礼法截然二分,但没有充分的证据证明这是他有意识地吸取道家思想的结果。按照王安石一向以儒家正统自居、以传承圣门之学为志向、以对抗异端之学为己任的做法,他应该是不会主动吸取老子关于道的思想,并堂而皇之地写进科举教材,只能说在作《周礼新义》期间,王安石关于道的思想与道家较为相似。

王安石系统地研究《老子》是在更晚一些的时候。他所作的《老子注》的具体写作年代不详,但从其内容来看,《老子注》当中对道的论述与王安石《老子》一文十分相似,而与《周礼新义》中的论述迥异,可知《老子注》应当与《老子》一文同作于元丰年间。通过对《老子》的学习,王安石显然发现将道与礼、乐、刑、政割裂为二是道家的思维特征之一,如果说在作《周礼新义》期间他并没有刻意追问道与礼、乐、刑、政的关系,那么在研读《老子》期间,他已经开始认真反思这一问题了。可以说,正是对《老子》的钻研促使王安石正面思考什么是道及道与礼、乐、刑、政是何种关系的问题,他由此得出了一个与《周礼新义》、与《老子》完全不同的结论,这个结论坚定了他作为儒家的立场,而与异

---

① 程元敏:《三经新义辑考汇评(三)——周礼》,第45页。
② 程元敏:《三经新义辑考汇评(三)——周礼》,第473—474页。
③ 程元敏:《三经新义辑考汇评(三)——周礼》,第63页。
④ 朱熹:《读两陈谏议遗墨》,《晦庵先生朱文公文集》卷七十,《朱子全书》第二十三册,第3382—3383页。

端划清了界限。这大概就是王安石在给曾巩的信中所说的只有广泛阅读百家之书才能区别出异学、才能"有所去取"而不为异学所乱的例证。

第三节　礼与财

一、财、礼、法

王安石认为礼治有一个前提,即是要使民足于财。也就是说,对民众施行礼乐教化,这是要以民众物质生活有保障为前提的。他在嘉祐三年(1058)《上皇帝万言书》中说:

> 所谓养之之道何也? 饶之以财,约之以礼,裁之以法也。何谓饶之以财? 人之情,不足于财,则贪鄙苟得,无所不至。先王知其如此,故其制禄,自庶人之在官者,其禄已足以代其耕矣,由此等而上之,每有加焉,使其足以养廉耻而离于贪鄙之行。……何谓约之以礼? 人情足于财而无礼以节之,则又放僻邪侈,无所不至。先王知其如此,故为之制度。婚丧、祭养、燕享之事,服食器用之物,皆以命数为之节,而齐之以律度量衡之法。其命可以为之,而财不足以具,则弗具也;其财可以具,而命不得为之者,不使有铢两分寸之加焉。何谓裁之以法? 先王于天下之士,教之以道艺矣,不帅教则待之以屏弃远方终身不齿之法;约之以礼也,不循礼则待之以流、杀之法。……夫约之以礼,裁之以法,天下所以服从无抵冒者,又非独其禁严而治察之所能致也。……故曰:此养之之道也。①

在这段论述中,王安石对于财、礼、法的关系次第进行了清晰的阐述。他首先认为三者皆是国家养民所必不可少的方式,但三者当中,财是最根本的,人之所以"贪鄙苟得"往往是因为"不足于财"的缘故。王安石十分强调贫穷是民众违法乱纪的根源,他说:"民轻犯法多由于贫,民之贫以赋敛之重,赋敛

---

① 王安石:《上皇帝万言书》,《王文公文集》卷一,第4—5页。

之重以国用之靡,故使刑官献民数而内史司会冢宰以制国用也。"①国家赋敛之重导致民众贫穷,而民众的贫穷正是他们经常犯法的原因,因此国家应首先节制国用、合理开销并由此减轻赋敛,这样才能使民众丰衣足食,从根本上杜绝违法乱纪的现象。王安石认为,先王设置禄位,就是为了养人廉耻之心,使其能够远离贪鄙,这是"约之以礼"的前提。从另一方面来讲,民众财用丰足之后,又需要礼义来节制其性情,否则便会"放辟邪侈",无所不为。王安石提出了两条行礼的原则:命与财。命指的是人之地位等级,财指的是家产财富。在王安石看来,如果家财不足,那么人可以不行与自己社会身份相应的礼仪;如果家财丰足但是却没有禄位,那么也不得行超过自己身份地位的礼仪。财、礼皆具之后,即要用法来对民众进行裁制,裁制的标准是看民众是否违反了道艺与礼仪规范。通过财、礼、法三者的协调治理,民众大致可以达到无犯刑罚的效果。可以看出,王安石是将理财看作礼法的基础。

王安石对当时社会基层官吏俸禄不足的现象进行了讨论。他说:"方今制禄,大抵皆薄。自非朝廷侍从之列,食口稍众,未有不兼农商之利而能充其养者也。其下州县之吏,一月所得,多者钱八九千,少者四五千,以守选、待除、守阙通之,盖六七年而后得三年之禄,计一月所得,乃实不能四五千,少者乃实不能及三四千而已。虽厮养之给,亦窘于此矣,而其养生、丧死、婚姻、葬送之事,皆当于此。"②王安石将朝廷官员与州县之吏进行了比较,指出朝廷官员尚能丰衣足食,而州县之吏却大多连日常供养都难以达到,更不用说举行婚嫁丧葬等礼俗事宜。可见,这一时期王安石最为关注的是州县官吏的福利。

王安石认为造成这种状况的原因主要有两点。首先,朝廷之上奢靡无度。他说:"方今陛下躬行俭约,以率天下,此左右通贵之臣所亲见。然而其闺门之内,奢靡无节,犯上之所恶,以伤天下之教者,有已甚者矣。未闻朝廷有所放绌,以示天下。……今朝廷之法所尤重者,独贪吏耳。重禁贪吏,而轻奢靡之法,此所谓禁其末而弛其本。"③朝廷虽然重视惩治贪官污吏,但是却没有禁止

---

① 程元敏:《三经新义辑考汇评(三)——周礼》,第481—482页。
② 王安石:《上皇帝万言书》,《王文公文集》卷一,第8页。
③ 王安石:《上皇帝万言书》,《王文公文集》卷一,第9页。

奢靡之风的法律,这便不能从根本上杜绝资源浪费的现象。因此,若想改变这一状况,就必然要制定惩戒奢靡浪费的法律。这其实是一种损上益下的治理理念。其次,州县官吏之所以俸禄不足,还在于当时的统治者理财无道。王安石说:"然而世之义者,以为方今官冗,而县官财用已不足以供之,其亦蔽于理矣。今之入官诚冗矣,然而前世置员盖甚少,而赋禄又如此之薄,则财用之所不足,盖亦有说矣。吏禄岂足计哉? 臣于财利,固未尝学,然窃观前世治财之大略矣。盖因天下之力,以生天下之财,取天下之财,以供天下之费。自古治世,未尝以不足为天下之公患也。患在治财无其道耳。"①当时有些人认为,官吏之所以俸禄不足,是因为设置的官吏过多。王安石则认为官吏冗多不是根本原因,根本原因在于当时的统治者缺乏理财之道,不懂得取天下之财以供天下之费。这实际上是主张从民间取财以供州县官吏之费,是一种取下补上之道。由此可见,王安石最为重视的是社会上普通官吏的生存状况,他所制定的理财方案也是以此为基石的。

王安石之所以对社会上普通官吏给予了格外的关注,盖因唐宋之际庶民阶层的崛起导致了当时庶民阶层在官者颇多。与古代享有世禄的官吏不同,这些庶民在官者禄赐微薄;并且与享有常产的在野庶人不同,这些官吏并无常产。因此,这些庶民官吏的生存状况问题成为当时一个明显的问题。随着官吏物质基础的改变,一些关于该阶层的礼仪讨论也就随之出现。当时有人主张恢复州县官吏居丧期间离职守丧的古礼,王安石对此提出了反对意见。他说:

> 今欲使三班趋走给使之吏,大丧则皆无以身执事,而从古者卿士大夫之礼,此固盛世之所宜急,而先王以孝理天下之意。然而事又有先于此者。古之时,卿大夫之丧,所以听身不执事者,为其可以不身执事也。其可以不身执事者,何也? 古之人君于其卿士大夫之丧,所以存问养恤者,盖不讳于其在事之时,其有大丧而得不以身执事者,以其臣属足使而禄赐足以事养故也。今三班趋走给使之吏,其素所以富养之,非备厚也。一日

---

① 王安石:《上皇帝万言书》,《王文公文集》卷一,第9页。

使去位而治丧者,则朝廷视遇与庶人之在野者无以异。庶人之在野者,所以葬祭其先人,畜养其妻子,有常产矣。三班趋走给使之吏,去位而治丧者,则其使令非有臣属,事养非有禄赐,一日无常产,则其穷乃有欲比于庶人而不得者。若用事者不为之忧此,而曰"汝必无以身执事",则亦有饿而死者耳!……愚故曰事又有先于此者,谓所以存问恤养士大夫如古之时者,今之所先也。①

王安石首先肯定恢复先王之礼是治国之急务,但同时他又强调,制民之产,使州县官吏有足够的俸禄,这是比恢复古礼还紧要的事情。古代卿士大夫之所以可以在居丧期间不亲自任职,是因为即使他们不亲自任职,国君也照样为他们提供臣属和俸禄,使其能够供养家族,与在官时无异。而在王安石的时代,官吏的俸禄本来就很微薄,一旦离职居丧,连这一点微薄的俸禄也停止供给,其待遇基本与庶人相同。庶人尚且有常产,可以葬祭先人、蓄养家属,而州县官吏连常产也无,其处境实比不上庶人。因此,王安石提出,恤养州县官吏,使其像古代卿士大夫一样享有足够的俸禄,这是当今治国之急务。这说明王安石是十分重视行礼所需的物质基础。

二、礼之权制

施行古礼需要有古代那样的经济条件和社会情境,如果能从具体社会结构模式上恢复古代风貌,那么古礼的复原自然也就不成问题。但是在王安石的时代,社会状况已经较古时有着非常大的改变,想要恢复已经殊难实现。因此,在礼仪规范方面,王安石主张应以"权制"为准则。他说:

先王之制丧礼,不饮酒,不食肉,不御于内,以致其哀戚者,所谓礼之实,而其行之在我者也。不论其人之贵贱,不视其世之可否,而使之同者也。然而有疾则虽贱者亦使之饮酒而食肉,此所谓以权制者也。或不言而事行,或言而后事行,或身执事而后行者,所谓礼之文,而其行之在物者

①　王安石:《对疑》,《王文公文集》卷三十二,第382—383页。

也。论其人之贵贱，视其世之可否，而为之节者也。视其世之可否而为之节，故金革之事，则虽贵者亦有时乎而无辟，此所谓以权制者也。①

在这里，王安石提出了"礼之实"与"礼之文"的概念，礼之实指的是人发自内心而自然流露的情感与行为，这些情感与行为是不以社会身份与社会环境为转移的；礼之文指的是根据社会身份和社会环境的不同而有所不同的行为举止。不论礼之实还是礼之文，都有以权制的时候。权制指的是在特殊情况下所行的不同于常礼的礼仪。以居丧为例，居丧期间本不应饮酒食肉，但若是有疾之人，即使其身份低贱，却仍允许其饮酒食肉；居丧期间不应参与公事，而只应居家守丧，但是如果遇到战争，即使是身份尊贵之人有时也会加入战争。这即是以权制。

王安石认为，圣贤之道都是讲究权制的，他说："如圣贤之道，皆出于一，而无权时之变，则又何圣贤之足称乎？"②他列举了孔孟的例子加以说明："孔子见南子为有礼，则孔子不可告子路曰'是礼也'，而曰'天厌之'乎？孟子曰：'男女授受不亲，礼也。嫂溺援之以手者，权也。'若有礼而无权，则何以为孔子？天下之理，固不可以一言尽。君子有时而用礼，故孟子不见诸侯；有时而用权，故孔子可见南子。"③王安石将孔子见南子、孟子不见诸侯皆解释为礼之权变，这即是说明圣贤都不是拘泥于常礼，而是视情况而实行适当的权宜之计。王安石十分强调礼应当因时变易，他曾作《非礼之礼》一文来说明这一观点，其中说："古之人以是为礼，而吾今必由之，是未必合于古之礼也；古之人以是为义，而吾今必由之，是未必合于古之义也。夫天下之事，其为变岂一乎哉？固有迹同而实异者矣。今之人誾誾然求合于其迹而不知权时之变，是则所同者古人之迹，而所异者其实也。事同于古人之迹而异于其实，则其为天下之害莫大矣，此圣人所以贵乎权时之变者也。孟子曰：'非礼之礼，非义之义，大人不为。'盖所谓迹同而实异者也。"④王安石指出，礼有"迹"与"实"的区

---

① 王安石：《对疑》，《王文公文集》卷三十二，第382页。
② 王安石：《禄隐》，《王文公文集》卷二十八，第332页。
③ 王安石：《再答龚深父论语孟子书》，《临川先生文集》卷七十二，第766页。
④ 王安石：《非礼之礼》，《王文公文集》卷二十八，第323页。

别,从古到今,由于社会环境的变迁,礼的表现形式也必然不尽相同,如果只追求在外在仪节规范上与古礼契合,那么很可能在"迹"上是与古礼相同的,但在礼之"实"上却已变化。这种礼即是孟子所说的"非礼之礼"。

三、推崇《周礼》

由于王安石认为礼仪的实行很大程度上取决于实际的物质基础,因此他更为重视现实社会的经济发展、资源分配等问题。他之所以推崇《周礼》一书,正是因为《周礼》当中较多地讨论了社会经济制度的问题,"一部《周礼》,理财居其半"①。熙宁期间,王安石推出了一系列新法,其中与经济相关的如青苗法、市易法、免役法等,皆可以从《周礼》当中找到依据。四库馆臣曾认为王安石只是借《周礼》为自己的变法做论证,其实并不相信《周礼》是可行的:"《周礼》之不可行于后世,微特人人知之,王安石亦未尝不知也。王安石之意,本以宋当积弱之后,而欲济之以富强。又惧富强之说必为儒者所排击,于是附会经义以钳儒者之口,实非真信《周礼》为可行。"②这种说法是缺乏依据的。从王安石一生的著述来看,他是心心念念先王之政,以传承周孔之道为己任,他曾说自己"不识事物之变,而独古人是信"③,在现实的政治实践中,他也正是基于这个准则而活动的。

朱熹也曾认为王安石并非真有意于行先王之道,他说:"彼王安石之所谓《周礼》,乃姑取其附于己意者,而借其名高以服众口耳,岂真有意于古者哉!若真有意于古,则格君之本、亲贤之务、养民之政、善俗之方,凡古之所谓当先而宜急者,曷为不少留意,而独于财利兵刑为汲汲耶?大本不正,名是实非,先后之宜又皆倒置,以是稽古,徒益乱耳。"④在朱熹看来,格君、亲贤、养民、善俗这些才是先王之道的大本大原,而王安石只是着眼于财利兵刑等事宜之末,这是本末倒置的,这也说明王安石并不是真想要行古之道。实际上,朱熹一生在

① 王安石:《答曾公立书》,《王文公文集》卷八,第97页。
② 程元敏:《三经新义辑考汇评(三)——周礼》,第9页。
③ 王安石:《上张太博书一》,《王文公文集》卷三,第43页。
④ 朱熹:《读两陈谏议遗墨》,《晦庵先生朱文公文集》卷七十,《朱子全书》第二十三册,第3382页。

官时少,退隐时多,大多数情况下他只是站在一个学者的立场思考问题,因此难免有失于理想化,《宋史全文》卷二十八记载宋宁宗论朱熹:"朱熹所言,多不可用。"王安石未尝不知格君、亲贤、养民、善俗是先王之道,只是他认为事有缓急,而当时的急务便是富民强国,增强国家经济实力,使人民的物质生活皆有保障,之后才宜实行礼乐教化。这其实也正是孔子庶、富、教的治国理念和次第。这说明王安石是真正心系周孔之教,以传承圣门之学为宗旨的。

王安石对《周礼》的重视和推崇对当时的学术界产生了很大的影响。北宋以来,学者往往对《周易》和《春秋》给予较多的关注,如宋初三先生当中,胡瑗之学以《易》为主,著有《周易口义》十二卷;孙复专治《春秋》,著《春秋尊王发微》十五篇;石介入朝为国子监直讲,讲授《易》经,著有《春秋说》;与王安石同时代的刘敞亦"长于《春秋》,为书四十卷,行于时"①,著有《春秋五书》。侯外庐先生说:"北宋初期最重视《春秋》和《周易》。"②唐君毅先生亦说:"宋学之初起,乃是以经学开其先。在经学中,则先是《春秋》与《易》之见重。"③王安石早年钻研《易》经,著有《易解》二十卷,后佚失。此书虽然得到宋明理学家如程颐、朱熹等的赞扬,但是王安石本人却对此书颇为不满,认为是自己年轻无知时所作。对于《春秋》一书,他更是直斥为"断烂朝报",并且在科举考试中废除春秋三传。这皆体现出王安石与宋初经学复兴路径不同的走向。

从经典的取择来看,王安石对礼学更为重视。他亲撰《周礼新义》,将其与《尚书新义》《诗经新义》同列于学官,作为学校养士和科举考试的范本。在他的影响下,时人也纷纷重视礼学。王安石对《周礼》的推崇在三个方面影响了当时的学者:一是当时很多学者开始注释三礼及写作礼书。《四库全书总目》卷十九曰:"王昭禹、林之奇、王与之、陈友仁等注《周礼》,颇据其说。"二是王安石之学重在阐发新义,一反旧儒名物考证之风,因此当时很多学者在注释、写作礼书时也继承了王安石这种重视精义、标新立异的风格。《四库全书总目》卷二十二曰:"盖祥道与陆佃皆王安石客,安石说经,既创造新义,务异先儒,故祥道与佃皆排斥旧说。……盖一时风气,无庸深诘。"陆佃著有《礼

---

① 脱脱等撰:《宋史·刘敞传》,第 10387 页。
② 侯外庐:《宋明理学史》(上),第 27 页。
③ 唐君毅:《中国哲学原论·原教篇》,《唐君毅先生全集》,第 12 页。

象》《礼记解》，陈祥道著有《礼书》一百五十卷。在《周礼》的研究上，王安石更是弃注疏而取精义，导致当时学风大变。《四库全书总目》卷十九曰："《周礼》一书，得郑注而训诂明，得贾疏而名物制度考究大备。后有作者，弗能越也。周、张、程、朱诸儒，自度征实之学必不能出汉唐上，故虽盛称《周礼》，而皆无笺注之专书。其传于今者，王安石、王昭禹始推寻于文句之间，王与之始脱略旧文多辑新说。其于经义，更在离合之间。于是考证之学，渐变为论辩之学，而郑、贾几乎从祧矣。"三是王安石重视《周礼》《礼记》而轻视《仪礼》，在科举考试中废除《仪礼》而存《三经新义》和《礼记》，这使《仪礼》学在很长时间内处于十分萧条的状态。南宋朱熹对此有所批评，他说："《仪礼》旧与《六经》、《三传》并行，至王介甫始罢去。其后虽复《春秋》，而《仪礼》卒废。今士人读《礼记》，而不读《仪礼》，故不能见其本末。"①由此可以看出王安石礼学对当时所产生的影响。

第四节 礼与易

王安石一生所流传下来的易学著作并不多，他早年曾作过《易解》一书，晁公武《郡斋读书志》卷一记载："介甫《三经义》皆颁学官，独《易解》自谓少作未善，不专以取士。故绍圣后复有龚原、耿南仲注《易》，三书偕行于场屋。"②这说明王安石对自己早年所作的《易解》一书不甚满意，但是后人对于此书却是十分认可，因此将之列为科举考试的教材。与王安石同时代的程颐对《易解》一书也很赞赏，他说："《易》有百余家，难为遍观。如素未读，不晓文义，且须看王弼、胡先生、荆公三家。理会得文义，且要熟读，然后却有用心处。"③并且在自己所作的《伊川易传》当中对《易解》多有引用。南宋朱熹对《易解》亦有褒扬，他说："《易》是荆公旧作，却自好。《三经义》是后来作底，

① 黎靖德编：《朱子语类》卷八十四，《朱子全书》第十七册，第2888页。
② 晁公武著，孙猛校证：《群斋读书志校证》，第41页。
③ 程颢、程颐：《程氏遗书》卷十九，《二程集》，第248页。

却不好。"①可见王安石《易解》一书在当时占有举足轻重的地位。可惜此书后来散佚,只能从后人的著作中辑考出一些材料,如刘成国先生在其《荆公新学研究》一书中录有《王安石〈易解〉辑佚》。② 在现存的王安石著作中,讨论《周易》的文章有《易泛论》《九卦论》《卦名解》《易象论》《大人论》《致一论》《河图洛书义》等,分别收录于《王文公文集》和《临川先生文集》。

一、以礼释《易》

王安石治《易》的一个特点是以礼释《易》。以礼释《易》的传统自郑玄便已有之,清代学者皮锡瑞在其《经学通论》中指出:"郑学最精者《三礼》,其注《易》亦据礼以证。《易》义广大,无所不包。据礼证《易》,以视阴阳术数,实远胜之。"③郑玄之学以三《礼》见长,他在注释《周易》的时候援引三《礼》来做解释,是其学术旨趣使然。但郑玄用三《礼》来解释《周易》,侧重于象数之学,如讨论互体、爻体等问题;并且倾向于用具体的礼制、礼仪解释卦爻,注重考究仪节度数而非微言大义。王安石则一反汉学之风,他强调"知礼者,贵乎知礼之意"④,他虽然也以礼释《易》,但是不同于郑玄以具体仪节度数为主,而是注重阐发精义。

《周易·系辞下》曰:"《易》之兴也,其于中古乎? 作《易》者,其有忧患乎? 是故履,德之基也。谦,德之柄也。复,德之本也。恒,德之固也。损,德之修也。益,德之裕也。困,德之辨也。井,德之地也。巽,德之制也。……履以和行,谦以制礼,复以自知,恒以一德,损以远害,益以兴利,困以寡怨,井以辨义,巽以行权。"其中先是以德为主线,将谦、履、复、恒、损、益、困、井、巽九卦贯穿起来进行解释,认为这九卦皆是德的不同体现;又分别对九卦做了具体的说明。王安石在其《九卦论》一文中也对这九卦进行了解释,他说:

> 且君子之行大矣,而待礼以和,仁义为之内,而和之以礼,则行之成

---

① 黎靖德编:《朱子语类》卷七十八,《朱子全书》第十六册,第1987页。
② 刘成国:《王安石〈易解〉辑佚》,《荆公新学研究》,第278—304页。
③ 皮锡瑞:《经学通论》卷一,1954年,第21页。
④ 王安石:《礼论》,《王文公文集》卷二十九,第337页。

也。而礼之实存乎谦。谦者，礼之所自起；礼者，行之所自成也。故君子不可以不知履，欲知履，不可以不知谦。夫礼，虽发乎其心而其文著乎外者也。君子知礼而已，则溺乎其文而失乎其实，忘性命之本而莫能自复矣。故礼之弊，必复乎本，而后可以无患，故君子不可以不知复。虽复乎其本，而不能常其德以自固，则有时而失之矣，故君子不可以不知恒。虽能久其德，而天下事物之变相代乎吾之前，如吾知恒而已，则吾之行有时而不可通矣，是必度其变而时有损益而后可，故君子不可以不知损益。夫学如此其至，德如此其备，则宜乎其通也，然而犹困焉者，则向所谓困于命者也。困于命，则动而见病之时也，则其事物之变尤众，而吾之所以处之者尤难矣，然则其行尤贵于达事之宜而适时之变也。故辨义行权，然后能以穷通。而井者，所以辨义；巽者，所以行权也。故君子之学至乎井巽而大备，而后足以自通乎困之时。[1]

　　在这里，王安石也是将九卦联系起来加以说明，但与《系辞》所不同的是，他是把这九卦看作君子处世的发展过程，九卦是递进的关系，而不是如《系辞》里面的并列关系。在《系辞》里面，德是贯穿九卦的主线，九卦皆是德的体现，而在《九卦论》中，王安石则首先对礼加以强调，他把礼看作人的外在行为之所以能"和"的原因，人的行为只有符合礼仪规范的要求，才能达到和；另外，他认为外在行为上对礼仪规范的遵守是基于内在的仁义本性而来的，仁义为内，礼行于外。以礼为中心，王安石对于谦、履、复、恒四卦进行了解释。在他看来，谦是礼产生的原因，人能自谦，因此才能行之以礼。履是人根据礼仪规范的要求而行，是行之所成。复是人不溺于礼之文，而能回复到礼之本，即性命之本。礼是发乎内心的，是与其心之德相关联的，因此只有持守内心的这种德性才是不失其本。恒便是持守性命之本而不失。

　　在王安石以前，学者以礼解释谦、履二卦的传统便已有之。郑玄曰："亨者，嘉会之礼，以谦为主。"[2]干宝曰："谦，所以持礼者也。"[3]孔颖达曰："'谦以

---

①　王安石：《九卦论》，《王文公文集》卷三十，第346—347页。
②　郑玄：《周易郑注》卷二，第20页。
③　李鼎祚：《周易集解》卷十六，第253页。

制礼'者,性能谦顺,可以裁制于礼。"①《周易·序卦传》更是直接以礼解释履卦:"物畜然后有礼,故受之以《履》。"因此后世学者在解释履卦时大都从礼入手,如孔颖达曰:"言履者以礼敬事于人,是调和性行也。"②侯果曰:"履礼蹈礼不倦,德之基也。"③胡瑗曰:"履者,礼也。夫人之情,目之于色,耳之于声,口之于味,鼻之于臭,四体之于安逸,必得礼以节制之,然后所为适中,动作合度,而放僻之心无自入矣。苟不以礼节制之,则必骄情肆欲,无所不至。是其礼不可一失之也。"④这说明以礼解释谦、履二卦,已是《易》学研究领域的一个主流倾向。王安石与此前学者的一个显著不同是,他将复、恒二卦也用礼来解释,用礼之文与礼之本来说明二卦。前代学者对复卦的解释各不相同,如郑玄曰:"复,反也,还也。阴气侵阳,阳失其位,至此始还,反起于初,故谓之复。"⑤虞翻曰:"复初乾之元,故德之本也。"⑥韩康伯曰:"求诸己也。"⑦相比之下,王安石用礼来解释复卦,将复看成从礼仪条文回归到性命之本,强调知礼者必能复乎礼之本,这是与前人不同的带有显著礼学色彩的解释方式。他对于恒卦的解释也是以复卦为基础,认为恒是能够持守性命之本。这样一来,他就用礼将谦、履、复、恒四卦都联系起来了。

　　王安石对于谦、履、复、恒四卦的解释皆是围绕人之修身而言的,而对于后面损、益、困、井、巽五卦,他主要是从人在不同时势之下应如何行动的角度来解释的,也就是说,前四卦侧重讲修身,后五卦侧重讲处世。在个人修身方面,王安石显然认为礼是最根本的,人只有在外在行为上符合礼之文,在内在德性上不失礼之本,这样才能达到君子修身的要求。后面的损、益、困、井、巽五卦,即君子遇到时势之变所应当采取的行动,皆是建立在以礼修身基础之上的,若没有前面以礼修身作为根基,后面应事处世则不能行之有效。本来,《系辞》是将九卦看作并列的关系,虽然后世学者在解释这九卦时,也有将不同卦象联

---

① 王弼、韩康伯注,孔颖达疏:《周易注疏》卷十二,第280页。
② 王弼、韩康伯注,孔颖达疏:《周易注疏》卷十二,第280页。
③ 李道平:《周易集解纂疏》卷九,第660页。
④ 胡瑗:《周易口义》卷三,第235页。
⑤ 郑玄:《周易郑注》卷三,第32页。
⑥ 李鼎祚:《周易集解》卷十六,第254页。
⑦ 王弼、韩康伯注,孔颖达疏:《周易注疏》卷十二,第280页。

系起来解释的先例,但大多只是将相邻的二卦联系合起来论述,而王安石则将九卦全部结合为一体,并以个体修身处世的递进过程来诠释,这是他解《易》的一个特色。

从上面的论述中我们还可以看出,虽然都是以礼释《易》,但是不同于郑玄,王安石注重发挥微言大义,论礼侧重礼之本与礼之文的讨论,而不是像郑玄那样着眼于具体的礼制礼节。这个细微的差别其实是根植于二人整个学术体系走向的不同,归纳言之,即是汉学与宋学的差异。与王安石同时代的程颐曾对王安石的易学思想褒扬有加,他说:"《易》有百余家,难为遍观。如素未读,不晓文义,且须看王弼、胡先生、荆公三家。理会得文义,且要熟读,然后却有用心处。"①究其原因,则是因为王安石治《易》注重义理,不同于汉学以象数之学为主的易学走向,宋代陈振孙《直斋书录解题》卷一记载:"新安王炎晦叔尝问南轩曰:'伊川令学者先看王辅嗣、胡翼之、王介甫三家,何也?'南轩曰:'三家不论互体,故云尔。然杂物撰德,具于中爻,互体未可废也。'南轩之说虽如此,要之,程氏专治文义,不论象数。三家者文义皆坦明,象数殆于扫除略尽,非特互体也。"②程颐之所以推崇王弼、胡瑗、王安石三家的易学,主要是因为这三家在解《易》时不论互体、不重象数,而是着重讨论文义,这与程颐治《易》思想是十分吻合的。

王安石治经之所以重视精义、摒弃考证,是因为在他看来,精义不明直接导致的就是圣门之学不传、异端之学四起。他在《谢除左仆射表》一文中明确说道:"窃以经术造士,实始盛王之时,伪说诬民,是为衰世之俗。盖上无躬教立道之明辟,则下有私学乱治之奸氓。然孔氏以羁臣而兴未丧之文,孟子以游士而承既没之圣,异端虽作,精义尚存,逮更煨烬之灾,遂失源流之正,章句之文胜质,传注之博溺心,此淫辞诐行之所由昌,而妙道至言之所为隐。"③王安石认为,如汉学那样只注重章句传注而忽略精义妙道,这不能将圣门之学的要义发扬光大,而只能导致异端猖獗、淫诐成风。因此,要想传承圣门之学,必然要从精义妙道入手。王安石这种思想的形成显然是基于对当时佛老等异端之

---

① 程颢、程颐:《程氏遗书》卷十九,《二程集》,第248页。
② 陈振孙:《直斋书录解题》卷一,第9—10页。
③ 王安石:《谢除左仆射表》,《王文公文集》卷十八,第207页。

学大肆其道现象的反思和总结,在他看来,北宋接续汉唐名物考证之学而来,儒学精义无人讲求,这直接导致圣门之学不明,佛老等异端四起。他治经之所以讲究阐释经义,也是为了光大圣门要义。他的这种观点深刻影响了以后的学风,王应麟《困学纪闻》中说:"至《三经义》行,视汉儒之学若土梗。"①可以说,王安石在很大程度上引领了宋代学术的走向,宋明理学的发端亦受其影响。

二、德以礼为体

王安石之所以在解释《系辞》中的九卦的时候,将《系辞》原文所说的德用礼代替,是因为在他看来,德隐于内而不可见,只有通过具体有形的礼才能体现出来,因此他选择用礼加以说明,这样可以更为形象地诠释九卦的实质。王安石强调"德以礼为体",在《易象论解》这篇文章中,他说:"德以礼为体,故于《履》也,'君子以辨上下,定民志'。"②这里所说的体,指的是德因之而表现出来的实体,德本无形,只有通过具体的礼仪规范才能彰显,因此《象传》里面说"君子以辨上下,定民志",这正是说明内在之德需要通过行之于尊卑上下的具体礼节度数来体现。

前人在解释《履卦·象传》里面"君子以辨上下,定民志"这句话时,往往是侧重强调上下尊卑之分,如孔颖达曰:"天尊在上,泽卑处下,君子法此履卦之象,以分辩上下尊卑,以定正民之志意,使尊卑有序也。"③虞翻曰:"君子,谓乾。辩,别也。乾天为上,兑泽为下。谦坤为民,坎为志。谦时坤在乾上,变而为履。故'辩上下,定民志也'。"④胡瑗曰:"乾,天也;兑,泽也。夫天本在上,今居于上;泽本在下,今居于下。是尊卑分定,而各得其所也。故君子于此时,以人之饱食暖衣逸居而无教,则近于禽兽也。是以作为礼制以节之,教之辨别其民之上下,安定民之心志。"⑤这些说法虽然彼此有差异,但是皆没有将内在

---

① 王应麟:《困学纪闻》卷八,第 1094 页。
② 王安石:《易象论解》,《临川先生文集》卷六十五,第 698—699 页。
③ 王弼、韩康伯注,孔颖达疏:《周易注疏》卷三,第 76 页。
④ 李鼎祚:《周易集解》卷三,第 52 页。
⑤ 胡瑗:《周易口义》卷三,第 135—136 页。

之德通过外在之礼彰显出来的思想。而王安石则认为,辨上下、定民志,这是礼,是德之所以能够昭显的途径。这种"德以礼为体"的观念是比较有新意的。

同样,在解释《晋卦·象传》里面"君子以自昭明德"这句话时,王安石也用礼来说明。他说:"非礼勿履,德之所以昭也,故于《晋》也,'君子以自昭明德'。"①意即君子所言所行皆合乎礼,这样便能使内在之德昭显于外。他的这种解释,仍是将礼看作人之德性表现于外的方式。这种理解与前人有所不同,前人在解释"君子以自昭明德"一句时,往往将"昭"解作"照",如郑玄曰:"地虽生万物,日出于上,其功乃著,故君子法之,而'以明自昭其德'。"②虞翻曰:"君子谓观乾。乾为德,坤为自,离为明。乾五动,以离日自照,故'以自昭明德'也。"③孔颖达曰:"'自昭明德'者,昭亦明也,谓自显明其德也。周氏等为'照'以为自照己身。《老子》曰:'自知者明。'用明以自照为明德。"④皆是将"自昭明德"解释为自照己身、自我省察之义。胡瑗另辟蹊径,将"自昭明德"解释为贤人君子通过仁政将自身之德昭显于天下之义,他说:"言贤人君子法此之象,是以进修其德,博学、审问、明辨、笃行,然后位朝廷之上,使仁义施于天下,功业垂于后世,以自昭显其至明之德也。"⑤胡瑗的解释与王安石的解释较接近,同样是将"自昭明德"理解为将自身德性昭显于外,区别于此前所理解的自我省察之义,但是胡瑗认为这需要通过施行仁政来体现,而王安石则认为需通过礼来体现,非礼勿履才能使德性昭显,这是他以礼释《易》的思维特点。

在《周礼义》中,王安石也表述过类似的思想。他在解释《周礼·春官宗伯》中"司服"一节时说:"盖一阴一阳之谓道,道之在天,日月以运之,星辰以纪之;其施于人也,仁莫尚焉,无为而仁者,山也;仁而不可知者,龙也;仁藏于不可知,而显于可知者,礼也;礼者,文而已,其文可知者,华虫也;凡此皆德之

① 王安石:《易象论解》,《临川先生文集》卷六十五,第698—699页。
② 郑玄:《周易郑注》卷四,第48页。
③ 李鼎祚:《周易集解》卷七,第119页。
④ 王弼、韩康伯注,孔颖达疏:《周易注疏》卷六,第149页。
⑤ 胡瑗:《周易口义》卷六,第318页。

上,故绘而在上。"①《周礼·春官宗伯》中"司服"一节本来是叙述王在不同的祭祀场合所服的不同服饰,在这里,王安石对礼服所体现的深层道德内涵进行了分析,他将道、仁、礼结合起来讨论。首先,他认为道在天表现为日月星辰的运转规律,在人则体现为仁,这就将天道与人道通过道德的路径联系了起来,而不是将天道看作一种超然神秘、无道德属性的实体;其次,仁虽然是存在于人的一种道德属性,但它是藏于不可知的,而非一种有形可见的实体;仁虽然不是有形可见的,但是它通过礼可以表现出来,礼使仁显于可知的途径。在这里王安石说"礼者,文而已",是指礼之节文而言,由于《周礼·春官宗伯》这一处讨论的是祭祀服饰的问题,因此此处的节文体现为服饰纹案,但是就王安石在其他地方的论述来看,礼之节文不仅包括礼服、礼器等实物,还包括举止言行中的礼仪规范,这些皆是仁之外在的体现。

三、道德与仁义礼智

王安石不仅认为人之德性需要通过礼来昭显,也认为道同样需要通过可见的德业来体现。在王安石的时代,由于受到佛老的影响,很多人将道看作超越神秘的实体,是与日常生活无关的存在物,因此在求道的途径上,也往往讲究寂灭湛静、槁木死灰的修行方式。王安石对于这种方式是非常反对的。他主张道一定要通过德业来体现,在《大人论》这篇文章中他说:

> 孔子曰:"显诸仁,藏诸用,鼓万物而不与圣人同忧,盛德大业,至矣哉。"……神之所为,当在于盛德大业。德则所谓圣,业则所谓大也。世盖有自为之道而未尝知此者,以为德业之卑,不足以为道,道之至,在于神耳,于是弃德业而不为。夫为君子者,皆弃德业而不为,则万物何以得其生乎?故孔子称神而卒之以德业之至,以明其不可弃。盖神之用在乎德业之间,则德业之至可知矣。故曰神非圣则不显,圣非大则不形。此天地之全,古人之大体也。②

---

① 程元敏:《三经新义辑考汇评(三)——周礼》,第317页。
② 王安石:《大人论》,《王文公文集》卷二十九,第339页。

当时有一种观点认为道之表现只在于神,是不可测度、飘渺无形的,因此对于道德伦理、外在功业都持鄙弃的态度。王安石指出,虽然道之至体现为神,但神也是通过德业才能表现出来的,神之用正是在乎德业,《系辞》中孔子论神最后归结为盛德大业,就是这个道理。这说明王安石对于当时所流行的将道与人事割裂为二的学术倾向是不赞同的,而试图在道与德业之间建立起一种联系。

王安石认为,《周易》这部书完整地体现了圣人之道,然而,《系辞》曰"蓍之德圆而神,卦之德方以智",其中将卦之德归为智,而没有归为神,正是因为道在人事层面是通过具体可见的智来体现的。他说:"《易》曰:'蓍之德圆而神,卦之德方以智。'夫《易》之为书,圣人之道于是乎尽矣,而称卦以智不称以神者,以其存乎爻也。存乎爻,则道之用见于器,而刚柔有所定之矣。……且《易》之道,于《乾》为至,而《乾》之盛,莫盛于二、五,而二、五之辞皆称'利见大人',言二爻之相求也。夫二爻之道,岂不至于神矣乎?而止称大人者,则所谓见于器而刚柔有所定尔。盖刚柔有所定,则圣人之事业也;称其事业以大人,则其道之为神、德之为圣,可知也。"①之所以将卦之德归为智而非神,是因为卦是通过爻来体现的,卦存乎爻,即是道之用见于器的表现。以乾卦为例,乾卦是《易》道之至,而乾卦之二、五爻又是乾卦之盛,这二爻本来是至神的,但是爻辞却只用"大人"来诠释,这即是至神之道通过可见之器来昭显的例子。因此说,将道表现出来,使刚柔有所定,这是圣人的事业,"人之道虽神,而不得以神自名,名乎其德而已"②,道在人的层面不可用神来说明,而是用德来说明。

那么,德的具体内容是什么?至神之道是如何与人事之德业联系起来的呢?王安石认为,德是通过仁义礼智来体现的。他在写给韩求仁的书信中具体地阐释了道、德、仁、义、礼、智之间的关系,他说:

> 道之在我者为德,德可据也。以德爱者为仁,仁譬则左也,义譬则右

---

① 王安石:《大人论》,《王文公文集》卷二十九,第339页。
② 王安石:《大人论》,《王文公文集》卷二十九,第338页。

也。德以仁为主,故君子在仁义之间,所当依者仁而已。……礼,体此者也;智,知此者也;信,信此者也。孔子曰"志于道,据于德,依于仁",而不及乎义、礼、智、信者,其说盖如此也。扬子曰:"道以道之,德以得之,仁以人之,义以宜之,礼以体之,天也。合则浑,离则散,一人而兼统四体者,其身全乎。"老子曰:"失道而后德,失德而后仁,失仁而后义,失义而后礼。"扬子言其合,老子言其离,此其所以异也。韩文公知"道有君子有小人,德有凶有吉",而不知仁义之无以异于道德,此为不知道德也。①

王安石将德解释为"道之在我者",这在天道与人之德性之间建立起了一个可以沟通的桥梁,这种解释方式成为整个宋代都比较通用的解释方式,南宋朱熹即在其著述中多次用到过。另外,王安石主张以德爱者为仁,这就在德与仁之间建立起了一种联系,但需要注意的是,他并没有直接将德解释为仁,而是认为以德爱者才是仁,这与后来的宋明理学家将德直接看作是仁的做法有所不同,这说明王安石是较早试图在德与仁义礼智之间建立联系的人,其理论体系尚不成熟,但是却在一定程度上影响了宋代学术的发展方向。

王安石强调"礼,体此者也;智,知此者也;信,信此者也",即是说,礼、智、信都是以仁为对象,礼是能够在实践中体现出仁,智是洞悉何为仁,信是相信仁为人所实有。基于这种观点,王安石解释了经典中只言仁而不言义、礼、智、信的原因,如《论语》中孔子所说的"志于道,据于德,依于仁",其中没有提及义、礼、智、信,即是因为义、礼、智、信四者是包含在仁之内的。这种以仁涵盖义、礼、智、信的做法是很多宋代学者都采纳的,如与王安石同时代的程颐即提出过仁包四者的思想,他在解释《彖传》中"大哉乾元!万物资始乃统天"一句时说:"四德之元,犹五常之仁,偏言则一事,专言则包四者。"②这即是说,元亨利贞之元,同仁、义、礼、智、信之仁一样,既可以是与其他几者相并列的范畴,也可以包含其他几者,这便是偏言与专言的区别。

朱熹对于仁包四者的思想大加发挥,将其与理学的本体论、宇宙论、人性

---

① 王安石:《答韩求仁书》,《王文公文集》卷七,第80页。

② 程颐:《周易程氏传》卷一,《二程集》,第697页。

论结合起来,构建了庞大的理论系统。他认为理是宇宙的本体,理降而在人即是性,性即是仁、义、礼、智。虽然王安石也表述过"道之在我者为德"的思想,但是他并没有明确的生成论的思想,没有形成人道之仁、义、礼、智来源于天道的观念,更没有建构起理气系统来说明天道与人道之间的联系,相比之下,王安石只是站在反对将道看作超越神秘之物的立场,初步尝试将道与人之德性联系到一起,但是其理论尚未如朱熹理学那样系统和完备。朱熹不仅从生成论的角度说明了仁、义、礼、智的来源问题,还发挥了仁包四者的思想,如说:"仁,浑沦言,则浑沦都是一个生意,义礼智都是仁;对言,则仁与义礼智一般。"①仁既是与义礼智并列之德,也可以包含义、礼、智,但这里朱熹用生意来说明仁,这便将天道之生生纳入了对仁的解释当中,而不同于王安石那种纯道德层面的理解。此外,朱熹还认为义、礼、智都是仁所发出的:"仁者,仁之本体;礼者,仁之节文;义者,仁之断制;知者,仁之分别。犹春夏秋冬虽不同,而同出于春:春则生意之生也,夏则生意之长也,秋则生意之成,冬则生意之藏也。"②与王安石对仁、义、礼、智信的解释不同,朱熹的仁、义、礼、智思想带有明显的"生意"的观念,在他那里义礼智仿佛是从仁流出,是仁在不同阶段的体现,正如春、夏、秋、冬四时一样。这其实是将宇宙论与人性论结合起来讨论的结果。而在王安石的思想中,宇宙论的色彩并不是很明显,他仍是从人性论和伦理学的角度来讨论仁、义、礼、智,但他尝试在道、德与仁、义、礼、智之间建立联系的努力,无疑在一定程度上引导了其后学者的思考方向,可以说,王安石的思想为整个宋代学术奠定了主要基调。

从道、德与仁、义、礼、智相联系的观点出发,王安石反驳了韩愈以道德为虚位的说法。韩愈在《原道》一文中说:"博爱之谓仁,行而宜之之谓义,由是而之焉之谓道,足乎己而无待于外之谓德。仁与义为定名,道与德为虚位。故道有君子小人,而德有凶有吉。"③韩愈认为,道是按照仁义去行,德是指自身可以做到仁义而无假于外力。在他看来,仁与义是具有特定属性的范畴,是定名;而道与德并不具有任何属性,没有任何实质的内容,只是对仁义的遵从与

---

① 黎靖德编:《朱子语类》卷六,《朱子全书》第十四册,第247页。
② 黎靖德编:《朱子语类》卷六,《朱子全书》第十四册,第249页。
③ 韩愈:《原道》,马其昶校注:《韩昌黎文集校注》卷一,第13页。

掌握,因此是虚位。韩愈所说的道并非天道之义,也不具有任何本体意味,因此他也就没有把仁义看作从天道而来的思想。王安石对这种观点是不认同的,他引用扬子与孟子的话,借以说明道德与仁义自古以来就是统一的,道德即是仁义,有着明确的善恶属性,而非空洞无物的范畴。韩愈以道德为虚位,将道德与仁义割裂,这其实是不识道德的表现。唐宋之际,由于佛老的影响,很多学者将道看作不含有任何善恶属性的超越之物,韩愈虽然力敌佛老,但是他把道看作没有内容的虚体,这仍是不容易与佛老所说的道划清界限,从而不能有效地将天道拉回人道的层面进行探讨,避免佛老所带给学术界的危害。王安石试图沟通道、德与仁、义、礼、智,将仁、义、礼、智看成道在个体身上的体现,这其实是符合整个宋代学术的发展方向的,只是后来的宋明理学家在天人之间通过"理"这个范畴来连接,发展出更精密的理气体系。

第五章　司马光的以礼治国思想

司马光(1019—1086),字君实,自号迂叟,世称涑水先生,卒赠太师、温国公,谥文正,北宋史学家、文学家。司马光一生以礼为修身齐家治国的最高理念,主张为政应以传承先王礼乐之教为根本,他撰修《资治通鉴》即是以这一思想为基础。从北宋整体的学术背景来看,司马光的思想更接近于传统儒学的思想脉络,比较重视礼对于国家政治和社会结构的功能,而较少关注礼对于个人心性修养的作用,因而与北宋时期的主流学术思潮如新学、理学等相去较远。可以说,司马光的思想是传统儒家政治哲学的一个完结,而他同时代的新学、理学则开启了后世心性之学的先河。

第一节　礼为纲纪

一、纲纪分名

司马光在《资治通鉴》开头即用很长的篇幅对礼之实质、功能进行了论述,在他的观念中,礼主要是指纲纪,而纲纪是通过分与名来体现的。他说:

> 天子之职莫大于礼,礼莫大于分,分莫大于名。何谓礼? 纪纲是也;何谓分? 君臣是也;何谓名? 公、侯、卿、大夫是也。夫以四海之广,兆民之众,受制于一人,虽有绝伦之力,高世之智,莫敢不奔走而服役者,岂非以礼为之纲纪哉! 是故天子统三公,三公率诸侯,诸侯制卿大夫,卿大夫治士庶人。贵以临贱,贱以承贵。上之使下,犹心腹之运手足,根本之制

支叶;下之事上,犹手足之卫心腹,支叶之庇本根。然后能上下相保而国家治安。故曰:天子之职莫大于礼也。①

司马光认为,对于最高统治者来说,礼是治理社会的主要途径,这里的礼不是指具体的礼仪规范,也不是如理学家所说的敬畏,而是指统治者对于权力所在范围的管理与控制,如天子掌管三公、三公掌管诸侯、诸侯掌管卿大夫、卿大夫掌管士庶人,通过这种层层监管的方式来达到社会安定与大治的效果。这种上级对下级的管理就如同心腹指使手足、根本统治枝叶一样,是一个有机的生命体,国家的长治久安即依赖于此。显然,司马光所说的礼是指社会控制而言。

司马光说"礼莫大于分",又说"何谓分? 君臣是也",这是什么意思呢? 他接下来继续论述:

文王序《易》,以乾坤为首。孔子系之曰:"天尊地卑,乾坤定矣,卑高以陈,贵贱位矣。"言君臣之位,犹天地之不可易也。《春秋》抑诸侯,尊周室,王人虽微,序于诸侯之上,以是见圣人于君臣之际,未尝不惓惓也。非有桀、纣之暴,汤、武之仁,人归之,天命之,君臣之分,当守节伏死而已矣。是故以微子而代纣,则成汤配天矣;以季札而君吴,则太伯血食矣。然二子宁亡国而不为者,诚以礼之大节不可乱也。故曰:礼莫大于分也。②

分即是指君臣之分,而在司马光看来,君臣之分就如同天地那样不可动摇。他引用经典加以说明,认为《周易》以乾坤为首,就是为了说明君臣之分;《春秋》抑诸侯而尊周室,也是为了说明君臣之分。在历史上,微子与季札宁可亡国也不肯践君位,这正是君臣之分不可乱的体现。除非在上者有桀纣之暴,在下者有汤武之仁,否则君臣之分是不可轻易变更倒置的。"礼莫大于分"正是强调对于统治者而言,掌握君臣之分使其不乱,这是进行社会控制的

① 司马光:《资治通鉴》卷一《周纪一》,第1页。
② 司马光:《资治通鉴》卷一《周纪一》,第1页。

要务,是统治者应重点关注的内容。

君臣之分具体是通过什么来体现的呢? 司马光认为是通过名与器来体现的,"夫爵位尊卑之谓名,车服等威之谓器"①,名与器皆是特定阶层与权力的象征,不可错乱,否则上下之分即失序。他说:

> 夫礼,辨贵贱,序亲疏,裁群物,制庶事。非名不著,非器不形。名以命之,器以别之,然后上下粲然有伦,此礼之大经也。名器既亡,则礼安得独在哉? 昔仲叔于奚有功于卫,辞邑而请繁缨,孔子以为不如多与之邑。惟名与器,不可以假人,君之所司也。政亡,则国家从之。卫君待孔子而为政,孔子欲先正名,以为名不正则民无所措手足。夫繁缨,小物也,而孔子惜之;正名,细务也,而孔子先之。诚以名器既乱,则上下无以相保故也。夫事未有不生于微而成于著。圣人之虑远,故能谨其微而治之;众人之识近,故必待其著而后救之。治其微,则用力寡而功多;救其著,则竭力而不能及也。《易》曰"履霜,坚冰至",《书》曰"一日二日万几",谓此类也。故曰:分莫大于名也。②

司马光强调,礼的本质即是分辨贵贱亲疏,而贵贱亲疏是通过名与器来体现的,因此名与器是"礼之大经",是保证上下有序的标志,不可轻易与人。他举了《左传》里面仲叔于奚的例子,仲叔于奚是新筑的大夫,曾救过卫国的上卿孙桓子,于是卫人赏之以邑,仲叔于奚推辞,反而请求曲县、繁缨,得到了允许。曲县是诸侯所用之乐,繁缨是诸侯之服饰,通过请求这两件东西,仲叔于奚实际上是将自己放到了与诸侯平等的位置上,因此孔子评论这一事件时说"惜也! 不如多与之邑。唯器与名,不可以假人",意思是,宁可多封邑给仲叔于奚,也不能把曲县、繁缨这些象征身份之物给他。《论语·子路》记载:"子路曰:'卫君待子而为政,子将奚先?'子曰:'必也正名乎!'"子路问孔子什么是为政之要务,孔子答曰正名,即是端正爵位身份,使之各得其所,而不会出现

---

① 司马光:《论麦允言给卤簿状》,《司马光集》卷一六,第492页。
② 司马光:《资治通鉴》卷一《周纪一》,第1—2页。

上下错乱的情况。曲县、繁缨这些虽然都是小物,但是却体现了等级是否有序、名分是否合当,因此孔子予以重视。

司马光对礼所做的这些解释,是由《资治通鉴》开篇所记载的三家分晋之事所引发。三家分晋是指春秋末年,晋国被韩、赵、魏三家瓜分的事件,史学界以此作为东周时期春秋与战国的分界点。韩、赵、魏三家本来是晋国的正卿,但是晋哀公四年(前453),三家联合瓜分了智氏领地,晋国政权从此便由三卿所掌握。这种逾礼悖道的行为,本来应该受到周天子的讨伐,但是周天子不但没有讨伐,反而于晋烈公十七年(前403)册封韩、赵、魏为独立的诸侯国,这即是《资治通鉴》开篇所记"初命晋大夫魏斯、赵籍、韩虔为诸侯"之事。将韩、赵、魏册封为诸侯这件事加剧了周王室的动荡,从此以后诸侯国之间的争战、吞并屡屡发生。而在司马光看来,这并不是韩、赵、魏三家逾礼,而是周天子自身坏礼所导致的。他说:

> 今晋大夫暴蔑其君,剖分晋国,天子既不能讨,又宠秩之,使列于诸侯,是区区之名分复不能守而并弃之也。先王之礼于斯尽矣。或者以为当是之时,周室微弱,三晋强盛,虽欲勿许,其可得乎? 是大不然。夫三晋虽强,苟不顾天下之诛而犯义侵礼,则不请于天子而自立矣。不请于天子而自立,则为悖逆之臣。天下苟有桓、文之君,必奉礼义而征之。今请于天子而天子许之,是受天子之命而为诸侯也,谁得而讨之。故三晋之列于诸侯,非三晋之坏礼,乃天子自坏之也。[1]

根据司马光的观点,三家分晋,周天子非但不征讨,反而册封诸侯,这是典型的混淆名分的举动,导致先王之礼丧失殆尽。本来,三晋所做之事是悖礼的,即使当时的周天子无力讨伐,也定有桓、文之类的贤君起来讨伐,但是周天子册封三晋为诸侯,这便为三晋的悖礼行为进行了合理化的解释,由此天下之人不再以先王之礼为规范,反而求诸杀伐吞并,这是周王室加速衰落的根本原因。司马光在《通鉴》中以此为起点记述史实,正是旨在警戒统治者为政一定

---

[1] 司马光:《资治通鉴》卷一《周纪一》,第2页。

要谨守名分,不仅自己要合于名分,治理下级时也要根据其名分之所宜来赏罚,失礼是导致国家衰亡的原因。南宋学者尹起莘认为司马光在《通鉴》篇首记载三晋之事是极具深意的,他说:"三晋之事,《通鉴》取为篇首,且深以礼与名分为言……王制自此而尽,此亦古人造端立本之意,盖深察司马氏之用心。"①由此也可以看出,司马光所说的礼其实是一种上下等级各安其位的社会秩序,对于统治者来说,合礼的行为则体现为公正地按照等级制度来执法和维系社会秩序。

由于司马光认为礼是指纲纪,因此他强调合礼即是人人各安其分,不同身份等级之人的根本职责并不相同,每个人能够按照自己名分的要求尽到自己的责任,这就是合礼的表现。他在解释《文言》中"嘉会足以合礼"这句话时说:"'嘉会足以合礼',君明、臣忠、父慈、子孝、兄友、弟恭、夫义、妇顺,上下皆美,际会交通,然后成礼。"②这即是说,君臣父子兄弟夫妇每个人都能在人伦关系中尽到职责,使上下井然有序、有条不紊,这便是"嘉会足以合礼"的含义。前人在解释"嘉会足以合礼"时往往有很多角度,这主要是因为大家对"嘉"字的理解有所不同。隋代何妥将嘉解释为嘉礼,他说:"礼是交接会通之道,故以配通。五礼有吉凶宾军嘉,故以嘉合于礼也。"③他认为嘉即是指五礼当中的嘉礼,而嘉礼是人际会通的主要途径。孔颖达将嘉解释为嘉美,他说:"'嘉会足以合礼'者,言君子能使万物嘉美集会,足以配合于礼,谓法天之'亨'也。"④意即君子能够使万物嘉美并集会,这是合于礼的体现。司马光也是将嘉解释为美,但他所说的美是指人人各安其分,如此交际会通,然后成礼。在司马光的思想中,如果每个人各尽其责,社会就会达到大治,"尊卑有序,各安其分,则上安而民治"⑤。他理想的社会蓝图是上下各安其分、万物各得其所,"大顺谓上下各安其分,大利谓万物各得其所。无者不为,而自成人者为之,然后成利同其际,使之无闻隙,皆圣人神心之所为也"⑥。可见,社会纲纪

---

① 尹起莘:《资质通鉴纲目发明》,朱熹:《资治通鉴纲目》,第10页。
② 司马光:《易说》卷一,第5页。
③ 李道平:《周易集解纂疏》卷一,第42页。
④ 王弼、韩康伯注,孔颖达疏:《周易注疏》卷一,第36页。
⑤ 司马光:《古文孝经指解》,第12页。
⑥ 司马光:《法言集注》卷三,第34页。

的有条不紊是司马光所关注的重点,他的政治与学术思想也是以此为根基的。

二、实与文

自《论语》里面便多有关于礼之实与礼之文的讨论,礼之实又称作礼之本。如《八佾》篇曰:"林放问礼之本。子曰:'大哉问!礼,与其奢也,宁俭;丧,与其易也,宁戚。'"《里仁》篇曰:"子曰:'能以礼让为国乎?何有?不能以礼让为国,如礼何?'"《阳货》篇曰:"子曰:'礼云礼云,玉帛云乎哉?乐云乐云,钟鼓云乎哉?'"《左传》里也有关于礼之实与礼之文的讨论,如昭公三年(前539)载:"晋侯谓女叔齐曰:'鲁侯不亦善于礼乎?'对曰:'鲁侯焉知礼!'公曰:'何为?自郊劳至于赠贿。礼无违者,何故不知?'对曰:'是仪也,不可谓礼。礼所以守其国,行其政令,无失其民者也。'"昭公二十五年(前517)又载:"子太叔见赵简子,简子问'揖让周旋之礼',对曰:'是仪也,非礼也。'"这里的仪即是指礼之外在节文度数,这些节文度数并非真正的礼,而只是仪。这说明,在当时普遍有着过于注重外在仪文器物而忽视礼之内在实质的流弊,因此礼之实文之辨便成了当时的一大话题。由《论语》和《左传》所引发,后世学者也常常讨论礼之实与礼之文的问题,礼之文相对易于理解,即指行礼时外在的仪节、服饰、器物等,而关于礼之实则历来有着不同的解释。

《孟子·离娄上》曰:"仁之实,事亲是也;义之实,从兄是也;智之实,知斯二者弗去是也;礼之实,节文斯二者是也。"其中将礼之实解释为仁义之节文,也就是人伦关系之规范,但这里的实并非与文相对的实,而只是泛指礼之性质、功能。《礼记》当中多次提到礼之本,但说法不一,如《昏义》篇曰:"昏礼者,礼之本也。"孔颖达疏曰:"夫妇昏姻之礼,是诸礼之本。所以昏礼为礼本者,昏姻得所,则受气纯和,生子必孝,事君必忠。孝则父子亲,忠则朝廷正,故《孝经》云:'丧则致其哀,祭则致其严。'是昏礼为诸礼之本也。"①这里的本也并非与文相对的本,而是发端、根基之义,意即婚礼是人伦关系的起点和根本。《礼器》篇中将本与文相对,曰:"先王之立礼也,有本有文。忠信,礼之本也。

---

① 郑玄注,孔颖达疏:《礼记正义》卷六十一,第1620页。

义理,礼之文也。无本不立,无文不行。"郑玄注:"言必外内具也。"①这里即从内外之别的角度来分辨本与文,但是将本与文分别归结为忠信与义理,这并非十分典型的本末关系,因此后世学者较少从这个角度进行发挥。郑玄在注释《论语·阳货》中"礼云礼云,玉帛云乎哉"这句话时说:"玉,圭璋之属。帛,束帛之属。言礼非但崇此玉帛而已,所贵者,乃贵其安上治民。"②其中虽未言礼之实,但"礼云礼云,玉帛云乎哉"这句话本身旨在说明礼之实,所以郑玄的诠释也正是针对礼之实而言,在他看来,礼之实即是安上治民,这是从政治功能的角度来理解的。晋代杜预在注释《左传·昭公二十五年》"为政事、庸力、行务,以从四时"这句话时体现了与郑玄相似的思想,他说:"在君为政,在臣为事,民功曰庸,治功曰力,行其德教,务其时要,礼之本也。"③这也是将为政与治国看作礼之本。孔颖达在解释《左传·昭公二十七年》"礼之可以为国也久矣,与天地并"这句话时说:"有天地即有人民,有人民即有父子、君臣。父子相爱,君臣相敬,敬爱为礼之本,是与天地并兴。"④这是从上下等级关系的角度来理解礼之本,将上下等级关系的稳定和谐看作为国之要。上面的论述有着一个大致的倾向,就是将礼之实、礼之本用以维系人伦、政治,而在当时的等级社会中,人伦与政治是密不可分的。

宋代学者对于礼之实与礼之文也有着不同的讨论。王安石曰:"先王之制丧礼,不饮酒,不食肉,不御于内,以致其哀戚者,所谓礼之实,而其行之在我者也。不论其人之贵贱,不视其世之可否,而使之同者也。……或不言而事行,或言而后事行,或身执事而后行者,所谓礼之文,而其行之在物者也。论其人之贵贱,视其世之可否,而为之节者也。"⑤在这里,王安石将礼之实解释为一种永恒的不随时空改变的规律,而将礼之文解释为在特定社会环境中才有的仪文,这说明他试图用普遍与特殊来区分礼之实与礼之文,只不过他所说的礼之实仍是指具体可见的礼仪行为,而非抽象的规律。相比之下,程颢将礼之

①　郑玄注,孔颖达疏:《礼记正义》卷二十三,第717页。
②　何晏集解,皇侃义疏:《论语集解义疏》卷九,第246页。
③　杜预注,孔颖达正义:《春秋左传正义》卷五十一,第1454页。
④　杜预注,孔颖达正义:《春秋左传正义》卷五十二,第1479页。
⑤　王安石:《对疑》,《王文公文集》卷三十二,第382页。

实归结为理,这是迥异于前人、带有显著理学色彩的解释。他说:"礼者,理也,文也。理者,实也,本也。文者,华也,末也。理是一物,文是一物。文过则奢,实过则俭。奢自文所生,俭自实所出。故林放问礼之本,子曰:'礼,与其奢也宁俭。'言俭近本也。"①他认为,礼包含理与文,理是礼之实、礼之本,文是礼之华、礼之末,这里的理指的是道理、准则,其中包含了奢与俭的问题,是一个更为普遍和抽象的范畴。显然,他将礼之实与文分别归结为抽象与具体,这是与其理学所建构的理气二分的思维模式有着相同的主旨。程颢之弟程颐也将理与礼之本结合起来讨论,他在解释《周易·履卦》时说:"履,礼也。礼,人之所履也。为卦天上泽下,天而在上,泽而处下,上下之分,尊卑之义,理之当也,礼之本也,常履之道也,故为履。"②上下尊卑因为是理之当,因此是礼之本。然而,程颐很少使用理为礼之本这种说法,而更为强调礼即是理,认为礼与理本身就是一物。不过,强调礼即是理,这只能说明礼是合于天理的,而没有指出礼的具体内容。在礼之具体内容上,程颐多认为礼是敬,如说:"敬即便是礼,无己可克。"③受到程颐的影响,程门弟子多以敬为礼之实、礼之本,如吕大临曰:"礼者,敬而已矣,君子恭敬,所以明礼之实也。"④范祖禹曰:"礼之本在于敬,乐之本在于和。言而履之,礼也;行而乐之,乐也。"⑤尹焞曰:"礼之本在于敬,乐之本在于和。寓礼于玉帛,寓乐于钟鼓,事其末而不知其本,岂所谓礼乐也哉?"⑥虽然古代儒家经典中也有以敬释礼的先例,但传统上对礼的定义极多,因此以敬释礼并未成为主流。司马光即很少以敬释礼,即使对于经典中以敬释礼的先例,他也是从其他角度来解释,如《孝经》中说:"礼者敬而已矣。"司马光解释说:"将明孝而先言礼者,明礼孝同术而异名。"⑦这就完全没有从敬的角度解释礼。可以说,正是由于理学家普遍以敬释礼的做法以及他们所提出并发展的主敬工夫,使得以敬释礼在后世成为礼学诠释的一个

① 程颢、程颐:《程氏遗书》卷十一,《二程集》,第125页。
② 程颐:《周易程氏传》卷一,《二程集》,第749页。
③ 程颢、程颐:《程氏遗书》卷十五,《二程集》,第143页。
④ 吕大临:《礼记解》卷一,陈俊民辑校:《蓝田吕氏遗著辑校》,第192页。
⑤ 朱熹:《论孟精义》卷九上,《朱子全书》第七册,第580页。
⑥ 朱熹:《论孟精义》卷九上,《朱子全书》第七册,第581页。
⑦ 司马光:《古文孝经指解》,第12页。

主流。

在司马光看来,礼之实是分辨上下等级的,这种思想比较接近于北宋之前的学者关于礼之实的看法,而与理学家的看法殊异。在《务实》这篇文章中,司马光说:"辨贵贱、立纲纪,礼之实也。……实之不存,虽文之盛美,无益也。……统纪不明,名器紊乱,而彫缋文物,修饰容貌,其于礼也,不亦远乎!"①司马光认为礼的主要功能是分辨贵贱等级、维护社会纲纪,这是礼之实,而仪节条文、容貌服饰这些都是礼之文,如果纲纪错乱、名分倒置,即使外在之文再华美,也是没有意义的。他的这种政治理念体现在他对于很多经典的诠释中,如他经常引用《履卦·象传》中"君子以辨上下,定民志"这句话,而他的解释是:"窃以国家之治乱本于礼,……《周易·履》之《象》曰:'君子以辨上下,定民志。'故天子之令必行于诸侯,诸侯之令必行于卿大夫士,卿大夫士之令必行于庶人。使天下之势如身之使臂,臂之使指,莫不率从。《诗》曰:'勉勉我王,纲纪四方。'此礼之本也。"②这完全是从纲纪等级的角度来进行的诠释,这种诠释很贴近《象传》本来的含义,也比较符合传统儒家从社会政治的角度理解礼之功用的特点。与之相比,王安石对于这句话的诠释则侧重强调礼对于个人德性修养的作用,他说:"德以礼为体,故于《履》也,'君子以辨上下,定民志'。"③意思是内在不可见的德性需要通过外在之礼来体现,辨上下、定民志是内在之德的反映。可见他注重的不是上下等级本身的内容,而是外在之礼对于个人德性的作用,这种对于个人心性的关注实际上就已经具有了新儒家的色彩,而与司马光旨趣相异。又如,司马光视扬雄《太玄》若圭臬,认为它深得《易》之本旨,"藉使圣人复生,视《玄》必释然而笑,以为得己之心矣"④,而对于《太玄》之体例,他便是以纲纪来解释的。《太玄》本为模仿《周易》体例而成,分一玄、三方、九州、二十七部、八十一家、七百二十九赞,以模仿《周易》之两仪、四象、八卦、六十四重卦、三百八十四爻,而司马光则用上下纲纪来解释这种体例:"玄者天子之象也,方者方伯之象也,州者州牧之象

---

① 司马光:《务实》,《司马光集》卷一九,第547—548页。
② 司马光:《谨习疏》,《司马光集》卷二二,第603—604页。
③ 王安石:《易象论解》,《临川先生文集》卷六十五,第698—699页。
④ 司马光:《读玄》,扬雄撰,司马光集注:《太玄集注》,第1页。

也,部者一国之象也,家者一家之象也。上以统下,寡以制众。而纲纪定矣。"①将玄、方、州、部、家解释成上下等级,认为这是纲纪的体现,这显示出司马光的诠释特色。这些皆表明,司马光的思想更接近于传统儒家以礼为政治朝纲的观念,而不同于宋学从心性的角度理解礼乐的倾向。

值得注意的是,司马光十分重视礼之文,这与历来因为矫枉过正而片面强调礼之实的传统有所不同。在《务实》中司马光说"统纪不明,名器紊乱,而彫缋文物,修饰容貌,其于礼也,不亦远乎",从此处看,统纪、名器似乎都属于礼之实的范围,但实际上,司马光只是强调名器所反映的等级秩序是礼之实,在他看来名器本身则属于礼之文。他在解释《太玄·文》中所说的"尚文昭如,车服庸如"这句话时说:"尚文昭如,圣王贵上礼文,昭然明辨也。车服庸如,言以车服表显贤者之功庸也。用文之大,莫过于此。《舜典》曰:'敷纳以言,明试以功,车服以庸。'"②车服即是名器,圣王看重车服,这是崇尚礼文的表现。礼文为什么可贵呢?因为它是等级身份的体现,而等级身份是与贤德相配的。他在上奏英宗皇帝的《王广渊第三劄子》里面说道:"孔子称:'唯器与名不可以假人。'今之章服,所谓器也,职名,所谓名也。二者皆无用之物,然而天下贵之者,为其非贤材则不能得之故也。"③司马光强调,名器本身是无用之物,但是它们是赏赐给贤才之物,是贤才身份的象征,所以天下贵之。正因如此,司马光十分看重名器,认为名器是不可随意赐人的。在《王广渊第三劄子》里面,他指出了宋英宗皇帝赏赐过频的问题,他说:"唐宣宗重惜章服,不轻以与人,有司制绯紫衣以备赐予,经年不用三两领,故当时服绯紫者,人以为贵。夫名器者,譬如珠玉,若使之易得如瓦砾,尚安足贵乎?近岁两次覃恩,服绯紫者已为泛滥。今又如陈铸、王广渊辈皆赐章服,是使今后受赐服者皆以为耻,不以为荣也。且陛下使广渊出补外官者,必已知其奸邪之迹也。今又复以职名章服宠之,是劝人使效广渊所为也,臣窃恐非国家之福。"④名器本应与贤德相配,是国家爱惜贤才的表现,但是若赏赐过频,则流于泛滥,不再能为世人

① 扬雄撰,司马光集注:《太玄集注》卷一,第2页。
② 扬雄撰,司马光集注:《太玄集注》卷四,第98页。
③ 司马光:《王广渊第三劄子》,《司马光集》卷三七,第843页。
④ 司马光:《王广渊第三劄子》,《司马光集》卷三七,第843—844页。

树立一个好的模范，反倒容易使纲纪秩序为之错乱，特别是如果连王广渊等狡诈奸邪之人也予以赏赐，这便使名器廉如瓦砾，非但不能给天下之人起到好的表率作用，反而使天下之人效尤王广渊等奸邪之迹。因此，司马光再三引用孔子"唯器与名不可以假人"这句话来说明名器的重要意义，在他看来"二者，人主所以保畜其臣，而安治其国家，不可忽也"①。

宋代学者对于名器的讨论甚少，即使有所讨论，也没有像司马光这样将其置于如此重要的地位。由于宋明理学的兴起，宋代学者往往言必称理气心性，认为宇宙的本原是理，而形下之器不过是理在人类社会的体现，这种观点虽然并没有直接否定形下之器的重要性，但是显然将抽象的理看作更高的存在。朱熹在《答吴公济》这篇书信中说道："来书云，夫子罕言之者，正谓民不可使知，恐闻之而生惑。熹谓圣人于死生鬼神虽不切切言之，然于六经之言、格物诚意之方、天道性命之说，以至文为制度之间、名器事物之小，莫非示人以始终幽明之理，盖已无所不备。"②根据吴公济的看法，孔子之所以罕言性与天道，正是为了不使民知之，恐其闻而生惑。这显然是在批评朱熹平日过多讨论理气心性的做法。但朱熹认为，圣人虽然没有直接讨论死生鬼神、理气心性，但是六经当中所记载的格物诚意、天道性命乃至文为制度、名器事物，无不是在揭示那些不可见、但是更为根本的道理。在这里，朱熹将文为制度、名器事物看作末而非本，认为六经中记载这些是为了说明理气心性，这便淡化了制度名器的重要性。不过，朱熹认为制度名器可以反映理气心性等深层的道理，这是在他看来制度名器的意义之所在。在司马光那里，名器是治国之本，是维护上下秩序的工具，因此是十分珍贵的；而在朱熹看来"名器事物之间，非以为义理之本原"③，名器与义理并非直接相关的，因此并非十分重要。司马光与朱熹关于名器的不同看法实际上反映了传统儒学与宋明理学的根本关注点的不同。

---

① 司马光：《论麦允言给卤簿状》，《司马光集》卷一六，第492页。
② 朱熹：《答吴公济》，《晦庵先生朱文公文集》卷四十三，《朱子全书》第二十二册，第1960页。
③ 朱熹：《四书或问》卷二，《朱子全书》第六册，第640页。

三、内与外

礼之文不仅是上下等级的表现,也是内在之德的表现。司马光之所以看重外在仪文器物,除了因为它们反映了社会纲纪秩序,还在于它们是个人内在之德得以显明的途径。因此,他不仅看重名器这种礼文之大者,也看重服饰仪节这种礼文之细者。当然,这不是说司马光只看重礼之文而忽略礼之实,他对于礼之实也是十分重视的,如他在解释《太玄·礼》次三的时候说:"三为思末而当夜,饰外貌而无内实者也。故曰'画象成形,孚无成'。女叔齐谓鲁昭公'屑屑焉习仪以亟',不可谓礼。"①这即是强调内在之实是行礼的关键。但是,司马光认为外在仪文也十分有意义,相对于历代侧重强调内在之实而不强调外在之文的传统来说,司马光的这一思想倾向有着特别之处。

《论语》《左传》等古代典籍中记载了很多批评时人以仪为礼、徒慕礼文的典故,因此历代的学者在讨论礼之实与礼之文时往往偏重一端,以礼之实为鹄的,而不看重外在仪文。司马光则认为,外在仪文器物不仅是内在德性的表现,也反过来对于个人的成德有所帮助。他在《资治通鉴》卷八十《晋纪二》中记载了晋武帝葬元皇后之事:

> 八月,戊申,葬元皇后于峻阳陵。帝及群臣除丧即吉,博士陈逵议,以为:"今时所行,汉帝权制;太子无有国事,自宜终服。"尚书杜预以为:"古者天子、诸侯三年之丧,始同齐、斩,既葬除服,谅闇以居,心丧终制。故周公不言高宗服丧三年而云谅闇,此服心丧之文也;叔向不讥景王除丧而讥其宴乐已早,明既葬应除,而违谅闇之节也。君子之于礼,存诸内而已。礼非玉帛之谓,丧岂衰麻之谓乎!太子出则抚军,守则监国,不为无事,宜卒哭除衰麻,而以谅闇终三年。"帝从之。②

这段文字讨论的是太子是否应当为皇后服三年之丧的问题。根据《仪

---

① 扬雄撰,司马光集注:《太玄集注》卷四,第100页。
② 司马光:《资治通鉴》卷八十《晋纪二》,第19页。

礼》的记载,子为父、臣为君、妻为夫、父为长子都是服三年之丧,三年实为二十七个月,二十七个月之后才除去丧服。为母服丧的情况分两种:父卒的情况下,为母服三年之丧;父在的情况下,为母服一年之丧。秦汉之际,统治者扩大了三年之丧的应用范围,在很多场合下都主张行三年之丧。汉文帝时改变了这一制度,以日易月,改三年之丧为三月之丧,如《汉书·文帝纪》载要求葬毕"服大红十五日,小红十四日,纤七日,释服"。后来则变成葬毕即除去丧服,如《三国志·魏志·武帝纪》载:"葬毕,皆除服。"晋代承继汉魏之制,葬毕皆除服,如《晋书·帝纪三》载:"初,帝虽从汉魏之制,既葬除服。"晋武帝时元皇后卒,帝及群臣即是葬毕便除去丧服,换上吉服。博士陈逵认为,既葬除服是汉代为了便于治理朝政而设立的权宜之制,如今太子没有国事,理应遵守古礼,为母服丧三年。尚书杜预则认为,古人所谓的三年之丧只是心丧,并不是以丧服居三年,《尚书》记高宗谅闇三年、《晋书》记叔向讥景王宴乐已早的例子,皆说明时人并没有真正服丧三年。杜预强调,礼贵乎内,外在服饰器物并不重要,因此太子心丧三年即可。最终这场辩论的结果是晋武帝采纳了杜预的观点。

在《资治通鉴》中,司马光对三年之丧的问题也发表了自己的看法,他说:"三年之丧,自天子达于庶人,此先王礼经,百世不易者也。汉文师心不学,变古坏礼,绝父子之恩,亏君臣之义;后世帝王不能笃于哀戚之情,而群臣谄谀,莫肯厘正。至于晋武独以天性矫而行之,可谓不世之贤君;而裴、傅之徒,固陋庸臣,习常玩故,不能将顺其美,惜哉!"[1]在司马光看来,三年之丧是先王所定之礼,应当百世不易,汉文帝以日易月改变古礼,这是破坏人伦的做法,后世帝王亦不能恢复三年之丧,这是由于他们不能笃于哀戚之情,只有晋武帝天性至孝,因此主张三年之丧。可见,司马光认为内心若能笃于哀戚,就一定会服三年之丧,不服三年之丧归根结底是因为内心哀戚之情不足。针对杜预强调礼贵乎内的观点,他说:"规矩主于方圆,然庸工无规矩,则方圆不可得而制也;衰麻主于哀戚,然庸人无衰麻,则哀戚不可得而勉也。《素冠》之诗,正为是

---

① 司马光:《资治通鉴》卷七十九《晋纪一》,第3页。

矣。杜预巧饰《经》、《传》以附人情,辩则辩矣,臣谓不若陈逖之言质略而敦实也。"①以规矩和方圆为例,规矩的存在是为了方圆,从重要性来说是以方圆为主,但是在现实的操作层面,没有规矩,方圆便不能制成。丧服也是一样,丧服的存在是以哀戚之情为主,但是丧服反过来也会使哀戚之情有适当的流露途径,并且能够使居丧之人因为得见丧服而勉于哀戚、尽至孝情。因此司马光反对杜预的说法,主张恢复三年之丧。

司马光十分强调内在之情一定要有外在器物相配,他在制作《书仪》时曾主张恢复丧礼中的赗禭之礼,赗禭是《仪礼》中所记为丧家赠送衣物货财的礼节,在宋代该礼节已经不存。司马光在《书仪》中论述曰:"孔子遇旧馆人之丧,入而哭之,哀出,使子贡脱骖而赗之,曰:'予恶夫涕之无从也。'盖君子行礼,情与物必相副,苟吊哭虽哀,而无赗禭以将之,亦君子所耻也。"②司马光引用了《礼记·檀弓上》里面所记载的孔子为旧馆人吊丧之事,孔子去卫国时遇到了旧馆人的丧事,便入而哭之,出来之后,令子贡把随行的马匹赠送给丧家,因为他"恶夫涕之无从",即是说悲痛之情不应没有相配之物来体现,这说明在孔子看来,内在之情是需要有外在的器物相匹配的。因此司马光说"情与物必相副",内在之情一定要与外在之物相配,否则,尽管吊哭至哀,但是没有赗禭随之,也是君子所以为耻的。当然,在强调外在之物的同时,司马光也主张内在之情应与之相符。他引用《后汉书·王丹传》的例子加以说明:"王丹友人丧亲,河南太守陈遵为护丧事,赗助甚丰。丹乃怀缣一匹,陈之于主人前,曰:'如丹此缣,出自机杼。'遵闻而有惭色。然则物丰而诚不副,亦君子所不为也。《古记》曰'不以靡没礼,不以菲废礼',此之谓也。"③陈遵的赗助虽然丰厚,但是情谊却不如王丹真诚,司马光以此说明情与物应当相宜,财物过多或过少都是不合礼的体现。

司马光不仅重视礼仪场合的服饰器物,也重视行礼过程中的威仪度数。他说:"夫礼非威仪之谓也,然无威仪则礼不可得而行矣。乐非声音之谓也,

---

① 司马光:《资治通鉴》卷八十《晋纪二》,第19页。
② 司马光:《司马氏书仪》卷五,第11—12页。
③ 司马光:《司马氏书仪》卷五,第12页。

然无声音则乐不可得而见矣。譬诸山,取其一土一石而谓之山则不可,然土石皆去,山于何在哉! 故曰:'无本不立,无文不行。'"①即是说,威仪是礼之表现,不通过威仪,礼则无法行于世,礼之本是要通过礼之文来呈现的。在他看来,言行举止合于礼仪,这是统治者化民成俗的根本法则。他说:"玉以象君子之德,环以象周旋无缺也。君子德义可尊,作事可法,容止可观,进退可度,以临其民,故曰'带其钩鞶,锤以玉环',言以礼自约束,周旋无缺也。带与环皆周之象。"②玉象征君子品德高尚,环象征君子周旋无缺,二者皆有着深刻的道德内涵,在位者应当以此约束自己,培养德性,修饰举止,这样以临其民才能使民敬畏。司马光强调,在位者一定要有威仪,有威仪则民畏而爱之,这样就会达到不严而治的效果。他说:"孔雀有文章,雁有行序,皆威仪之象。阶谕进而登位也。四为下禄而当昼,君子居位以临其民,有威可畏,有仪可象,其下畏而爱之,则而象之,是以政教不肃而成,不严而治也。"③司马光继承了《左传》当中关于威仪的思想。《左传·襄公三十一年》卫北宫文子曰:"有为而可畏谓之威;有仪可象谓之仪。君有君之威仪,其臣畏而爱之,则而象之,故能有其国家,令闻长世。臣有臣之威仪,其下畏而爱之,故能守其官职,保族宜家。顺是以下皆如是;是以上下能相顾也。"这里所说的威仪并不是指用严刑厉法来震慑民众,使之畏惧,而是指统治者本身做到言行合礼、容止可观,这样民众就自然会服膺且效法之。这种威仪也并不是指虚假的周旋揖让,而是指在内在德性与之相配的情况下,外在举止能够做到合礼有度。这实际上是一种寓治于礼的思想,即认为在位者能够按照礼仪规范的要求去做,则上行下效,民众自然就能做到不逾礼法,从而达到天下大治。可以认为,在司马光的观念中,外在的礼文器物首先是内在之德的一种体现。此外,这些礼文器物又是统治者用以治国的途径,"'德言盛,礼言恭',德愈盛,礼愈恭,致恭以存其位,保其富贵"④,礼既是内在之德的表征,也是稳固其位的保障,因此外在礼文器物有着十分重要的意义。

---

① 司马光:《资治通鉴》卷一百九十二《唐纪八》,第515页。
② 扬雄撰,司马光集注:《太玄集注》卷一,第8页。
③ 扬雄撰,司马光集注:《太玄集注》卷四,第100页。
④ 司马光:《易说》卷五,第14—15页。

第二节 以礼治国

一、以史为鉴

司马光认为礼是治国之本,"隆礼贵义者其国治,简礼贱义者其国乱"①,"治天下而不用礼乐,犹天笔而书,无舌而言也"②。除了在《资治通鉴》开篇用很大篇幅论述了何为礼及礼的作用之外,他还在《资治通鉴》其他卷很多处引述了荀子、贾谊、董仲舒、班固、欧阳修论礼乐治国的话。在其他著述中,司马光也反复强调以礼治国的重要性。

皇祐六年(1054),司马光知谏院,在上奏给仁宗皇帝的《谨习疏》中,他用很长的篇幅论述了礼对于历代兴衰成败的作用。在他看来,三代直至汉末皆是以礼治国的朝代,他说:

> 昔三代之王皆习民以礼,故子孙数百年享天之禄。及其衰也,虽以晋、楚、齐、秦之强,不敢暴蔑王室,岂有力不足哉? 知天下之不已与也。于是乎翼戴王命以威怀诸侯,而诸侯莫敢不从,所以然者,犹有先王之遗风余俗未绝于民故也。其后日以衰薄,下陵上替。晋平公之世,鲁子服回如晋,还,谓季孙意如曰:"晋之公室将遂卑矣。六卿强而傲,将因是以习。习实为常,能无卑乎!"其后赵、魏、韩氏卒分晋国,习于君臣之分不明故也。降及汉氏,虽不能若三代之盛王,然犹尊君卑臣,敦尚名节,以行义取士,以儒术化民。是以王莽之乱,民思刘氏而卒复之。赤眉虽髃盗,犹立宗室以从民望;王郎矫托名氏,而燕、赵响应。董卓之乱,袁绍以诛卓为名,而州郡云合。曹操挟献帝以令诸侯,而天下莫能与之敌。操之心岂不欲废汉而自立哉! 然没身不敢为者,畏天下之人疾之也。③

---

① 司马光:《资治通鉴》卷六《秦纪一》,第57页。
② 扬雄撰,司马光集注:《太玄集注》卷三,第28页。
③ 司马光:《谨习疏》,《司马光集》卷二二,第604—605页。

三代是实行礼乐教化的年代,统治者懂得尊君卑臣的道理,使上下各安其分、各得其所,因此政权稳定长久,王室数百年不息。后来虽然势力衰落,但是由于君臣名分之所在,仍是人莫敢犯,诸侯从之,这皆是明于礼治的结果。直至三家分晋,以下凌上,君臣礼乱,名分错位,这为后来的数年动荡埋下了种子。汉代虽然不如三代兴盛,但是仍然遵守尊君卑臣的治术,使君臣名分稳固不乱,虽然每有叛乱如王莽、董卓,但民众心之所向仍是刘氏宗室,因此乱臣贼子始终未得天命。

相比之下,魏晋以降则是礼崩乐坏的时代,先王之礼至此沦为荡然:

> 自魏、晋以降,人主始贵通才而贱守节,人臣始尚浮华而薄儒术,以先王之礼为糟粕而不行,以纯固之士为鄙朴而不用。于是风俗日坏,入于偷薄,叛君不以为耻,犯上不以为非,惟利是从,不顾名节。至于有唐之衰,麾下之士有屠逐元帅者,朝廷不能讨,因而抚之,拔于行伍,授以旄钺。其始也,取偷安一时而已,及其久也,则众庶习于闻见,以为事理当然,不为非礼,不为无义。是以在上者惴惴焉畏其下,在下者睽睽焉伺其上。平居则酒肉金帛,甘言屈体,以相媚悦;得间则铦锋利刃,狼心诡计,以相屠脍。成者为贤,败者为愚,不复论尊卑之序,是非之理。陵夷至于五代,天下荡然,莫知礼义为何物矣。是以世祚不永,远者十余年,近者四五年,败亡相属,生民涂炭。①

在司马光看来,魏晋之后,君臣礼乱,尊卑错置,社会上不再以上下之节为恪守的传统,而是崇尚浮华,鄙弃先王之礼,这导致叛君犯上之事屡屡发生。唐代也未能持守尊君卑臣的传统,即是有以下犯上之事,统治者也没有加以讨伐,这便给天下之人树立了一个负面的典型,使天下之人竞相越礼而无所忌惮。时至五代,终于天下大乱,生民涂炭,究其原因,皆是没有恪守先王之礼的缘故。

在《谨习疏》中,司马光历数各个朝代的兴衰成败,旨在鞭策当时的统治

---

① 司马光:《谨习疏》,《司马光集》卷二二,第605页。

者以礼治国,明于尊卑贵贱,以保证社会的稳定有序。他接着论述道:

> 及大宋受命,太祖、太宗知天下之祸生于无礼也,于是以神武聪明,躬勤万几,征伐刑赏,断于圣志,然后人主之势重,而群臣慑服矣。于是剪削藩镇,齐以法度,择文吏为之佐,以夺其杀生之柄,揽其金谷之富;选其麾下精锐之士,聚诸京师,以备宿卫,制其腹心,落其爪牙,使不得陆梁,然后天子诸侯之分明,而悖乱之原塞矣。于是节度使之权归于州,镇将之权归于县。又分天下为十余路,各置转运使,以察州县百吏之臧否,复汉部刺史之职,使朝廷之令必行于转运使,转运使之令必行于州,州之令必行于县,县之令必行于吏民,然后上下之叙正,而纪纲立矣。于是申明军法,使自押官以上,各有阶级,以相临统,小有违犯,罪皆殊死,然后行伍之政肃,而士用命矣。此皆礼之大节也,故能四征不庭,莫不率服,汛扫九州,以涉禹之迹。至于真宗,重之以明德,继二圣之志,夙夜孜孜,宣布善化,销铄恶俗,以至于今,治平百年,顽民殄绝,众心咸安。此乃旷世难成之业,陛下当战战栗栗,守而勿失者也。①

在这段中,司马光论述了北宋建国以来三个方面的成就:首先,太祖、太宗加剧了当时的中央集权,削减了地方的势力,且采取重文轻武的措施,使朝中百官不掌军权,这就强化了人主之势,使臣民慑服,是统治者明于先王之礼的体现;其次,地方上采用上级对下级层层监控的模式,如由朝廷分派转运使到各州,对各州进行监控,各州又分别对其中各县进行监控,各县对其中吏民进行监控,这样一来,纲纪分明,有条不紊;最后,严明军法,在军队中实行阶级监控的政策,对以下犯上的行为严加惩治,因而使军中秩序粲然有伦。这三方面的成就皆是明于礼治的结果,也是北宋建国以来太平百年的原因。司马光以此鞭策宋仁宗励精图治、守而勿失。

司马光还十分强调以礼治军。军队的纲纪直接关系国家的稳定,因此他主张治军一定要严格按照等级秩序进行,决不能有丝毫的姑息迁就。他在上

---

① 司马光:《谨习疏》,《司马光集》卷二二,第605—606页。

秦皇帝的《论阶级劄子》中说:"治军无礼,则威严不行。礼者,上下之分是也。唐自肃、代以降,务行姑息之政,是以藩镇跋扈,威侮朝廷,士卒骄横,侵逼主帅,下陵上替,无复纲纪。以至五代,天下大乱,运祚迫蹙,生民涂炭。祖宗受天景命,圣德聪明,知天下之乱生于无礼也,乃立军中之制,曰:'一阶一级,全归伏事之仪。敢有违犯,罪至于死。'于是上至都指挥使,下至押官、长行,等衰相承,粲然有叙。若身之使臂,臂之使指,莫敢不从。故能东征西伐,削平海内,为子孙建久大之业,至今百有余年天下太平者,皆由此道也。"①在他看来,治军要保证上下等级各安其位,避免以下犯上,如果有越礼行为,应当严惩。他举出唐代肃宗、代宗的例子加以说明,认为唐代自肃宗、代宗两位皇帝之后国势开始衰落,而这皆归咎于二人没有严明军礼,对于地方政权的跋扈嚣张姑息纵容,因此导致以下凌上、违法乱纪,这种情况持续到五代,遂造成天下大乱的局面。进而,司马光又对于宋太祖、宋太宗崇文抑武、严明军纪的做法予以赞扬,认为太祖、太宗使军中"小有违犯,咸伏斧质"②的严治之举有效地避免了军中违法乱纪行为的产生,保证了上下等级粲然有序,这是北宋建国以来享有百年太平的原因。

二、重礼轻法

自汉代以来,由于儒家学说被定于一尊,因此先前按照法家精神制定的中国古代成文法也不断地融合进了儒家的要素,如儒家所维护的社会等级秩序及相应的礼制规范和伦理纲常,逐渐成为法令条文中所必然考虑的因素,并且有着礼高于法的趋势。司马光在《通鉴》中记载了很多礼法之争的事件,其中最典型的是关于血亲复仇的例子。《唐纪五十四》载:

　　秋,九月,富平人梁悦报父仇,杀秦果,自诣县请罪。敕:"复仇,据《礼经》则义不同天,征法令则杀人者死。礼、法二事,皆王教之大端,有此异同,固资论辩,宜令都省集议闻奏。"职方员外郎韩愈议,以为:"律无

---

① 司马光:《阶级劄子》,《司马光集》卷三一,第747—748页。
② 司马光:《资治通鉴》卷二百二十《唐纪三十六》,第913页。

其条,非阙文也。盖以不许复仇,则伤孝子之心而乖先王之训;许复仇,则人将倚法专杀,无以禁止其端矣。故圣人丁宁其义于经,而深没其文于律,其意将使法吏一断于法,而经术之士得引经而议也。宜定其制曰:'凡复父仇者,事发,具申尚书省集议奏闻,酌其宜而处之。'则经律无失其指矣。"戊戌,敕:"梁悦杖一百,流循州。"①

根据《礼记·曲礼上》中所说"父之仇弗与共戴天",为父报仇是天经地义、合情合理的,但是法令则规定杀人者死,因此,现实中出现为父报仇的事件应当如何处置,这就是个有争议的问题。梁悦是唐宪宗年间人,为父报仇杀死秦果,这件事凸显了礼与法的博弈,以至于官方很难裁决,不得不招集众议。韩愈认为,法令中没有说明复仇应当如何处置,是因为如果不许复仇,则令孝子伤心,且违背先王教导;如果许复仇,则势必令杀人事件滋生,难以禁止。因此他主张,凡是遇到复仇之事,应当招集众议,酌情处理。梁悦事件最后的结果是没有判处死刑,而是杖一百并流放。这件事是汉代以来礼法之争的一个典型,它体现了现实中礼、法两套系统之间的权衡。

由于法令当中逐渐融入礼的内容,因此礼与法的界限并不是泾渭分明的。对于司马光来说,有时候礼与法指的是一回事。如《易说》卷三载:"国家之所以立者,法也。故为工者,规矩绳墨不可去也;为国者,礼乐法度不可失也。度差而机失,纲绝而网紊,纪散而丝乱,法坏则国家从之。呜呼,为人君者可不慎哉! 鲁有庆父之难,齐桓公使仲孙湫视之,曰:'鲁可取乎?'对曰:'不可,犹秉周礼。'周礼所以本也,然则法之于国岂不重哉?"②在这里,司马光显然是把礼乐看作国家之法的,认为治国应当以礼乐法度为基础,在他看来,《左传》中所记载的鲁秉周礼之事即说明礼对于一个国家的重要性,而这里的礼就是指法。但是仔细推敲,司马光在这里所说的礼与法皆是指抽象概括的准则,而不是指具体的条文、法令。治国应当以礼为根本,这里的礼并不是泛指礼经当中所有的规范仪文,而是指名分纲纪,即礼之本。事实上,在他撰修的礼书如《司马

---

① 司马光:《资治通鉴》卷二百三十八《唐纪五十四》,第 196 页。
② 司马光:《易说》卷三,第 11 页。

氏书仪》中,遇到具体的礼令不一致的情况,他并不总是取礼舍令,而是根据时下之所宜而酌情取舍。他在这里所说的法也不是指具体的法令律例,而是指大纲、根本,即认为治国的大纲、根本要以先王礼乐为主,并不是说具体的法令律例要完全采纳古礼的仪节。

那么,对于具体的礼与法,司马光是如何看待的呢? 在涉及具体的法制层面,司马光是倾向于重礼轻法的,他认为礼为本、法为末,法令繁多是衰世之兆。他说:

> 叔向有言:"国将亡,必多制。"明王之政,谨择忠贤而任之,凡中外之臣,有功则赏,有罪则诛,无所阿私,法制不烦而天下大治。所以然者何哉? 执其本故也。及其衰也,百官之任不能择人,而禁令益多,防闲益密,有功者以阙文不赏,为奸者以巧法免诛,上下劳扰而天下大乱。所以然者何哉? 逐其末故也。孝灵之时,刺史、二千石贪如豺虎,暴殄烝民,而朝廷方守三互之禁。以令视之,岂不适足为笑而深可为戒哉! ①

从这段话中可以看出,司马光认为择人而任远比修订法律重要得多,为政要务在于择贤良而任,明于赏罚,而法律制度则是治国之末,如果治国以法制为重,则是舍本逐末的表现,是衰世之兆。这里面隐含了一个推论,即如果能任用贤良,那么即使法律有不足之处,也会得到相应的调整;相反,如果用人不当,那么即使法律很完善,不法之人也总能投机取巧,找到有利于自己的律令而逃避制裁。因此,法虽然也是治国之具,但是却不是最根本的,只有任用善持法之人,才能保证法律的公平运作:"法者天下之公器,惟善持法者,亲疏如一,无所不行,则人莫敢有所恃而犯之也。"②作为统治者,应当以任人唯贤为要务,如果以法制为重点,则难免天下大乱。

司马光之所以认为法多必乱,还因为在他看来,具体的法制是受社会历史环境局限的,而社会历史环境又是不断变化的,所以法制必不能长久,"法久

---

① 司马光:《资治通鉴》卷五十七《汉纪四十九》,第660页。
② 司马光:《资治通鉴》卷十四《汉纪六》,第158页。

必弊,为民厌倦"①。法制到了一定阶段就要随着社会状况的改变而改变,如果以法制为基础来治国,则不能把握圣人之道的大本,"圣人守道不守法,故能通变"②。只有把握了圣人制作法令条文的根本,才能以不变应万变,与时偕行,达到治理的效果。而这个根本即是礼,他在《体要疏》中说:"礼之所去,刑之所取也。"③这显然是发挥了贾谊"夫礼者禁于将然之前,而法者禁于已然之后"④的思想,即把刑与法看作对不合礼之行为的惩罚,所以说刑与法都是以礼为基础的。相比之下,刑与法只能解决一时的问题,而不能从根本上稳固社会:"礼乐可以安固万世,所用者大;刑名可以输劫一时,所用者小。其自然之道则同,其为奸正则异矣。"⑤

司马光这种重礼轻法的思想是有其指向性的,其指向的是王安石所推行的新法。他在上奏宋神宗的《革弊劄子》中说王安石"置提举官,强配青苗,多收免役,以聚货泉;又驱畎亩之人为保甲,使舍耒耜、习弓矢;又置都作院调筋皮角木,以多造器甲;又养保马,使卖耕牛、市驵骏,而农民始愁苦矣"⑥。王安石任宰相期间,曾推行过诸多新法,在财政方面有均输法、青苗法、市易法、免役法、方田均税法、农田水利法等,在军事方面有置将法、保甲法、保马法等。司马光显然认为,王安石不注重先王礼乐教化,而只是在法制上用心,设置诸多法令,其最终的结果是使民愁苦。在司马光看来,治国的根本在于守住先王之道,一次司马光在向宋神宗读《资治通鉴》时,君臣二人讨论了先王之道的问题:"上曰:'使汉常守萧何之法,久而不变,可矣?'光曰:'何独汉也!夫道者,万世无弊。夏、商、周之子孙,苟能常守禹、汤、文、武之法,何衰乱之有乎?'"⑦司马光强调先王之道是亘古不变的,持守之自然能够定国兴邦,后世之人妄自变动先王之道,这是后世动乱的根源。"道者,万世无弊,禹、汤、文、武之法,皆合于道,后世子孙稍稍变易,遂至失道,及遇中兴之君,必当

---

① 司马光:《易说》卷六,第5页。
② 司马光:《易说》卷六,第5页。
③ 司马光:《体要疏》,《司马光集》卷四〇,第905页。
④ 司马光:《资治通鉴》卷十四《汉纪六》,第156页。
⑤ 司马光:《法言集注》卷三,第54页。
⑥ 司马光:《革弊劄子》,《司马光集》卷四九,第1038页。
⑦ 《迩英读资治通鉴录》,《司马光集补遗》卷四,第1680页。

变。……变法者，变以从是也，旧法非则变之，是则不变也。若夫无是无非，一皆变之，以示聪明，此所谓作聪明、乱旧章也。"①司马光认为在旧法有问题的情况下，变法是应当的，但是如果旧法没有问题，后人却标新立异以示聪明，这就会导致一系列的弊端产生。可以说，正是当时推行新法的社会环境促进了司马光对先王之礼的重新思考，并形成重礼轻法的思想。

与法与刑相联系的还有兵，司马光认为兵是凶器，不到万不得已的时候不应当用。他说："夫兵者，凶器，天下之毒、财用之蠹，圣人除暴定乱，不得已而用之耳。自有唐中叶，藩镇跋扈，降及五代，群雄角逐，四海九州，瓜分糜溃，兵相吞噬，生民涂炭，二百余年。太祖受天明命，四征弗庭，光启景祚。太宗继之，克成厥勋，然后大禹之迹，悉为宋有。于是载戢干戈，与民休息，或自生至死，年及期颐，不见兵革。吏守法度，民安生业，鸡鸣狗吠，烟火相望，可谓太平之极致，自古所罕侔矣。"②他列举了自唐代中叶以后社会上战乱频仍的例子，认为这是滥用兵革所造成的，而北宋自建国以来慎用干戈，削弱武力，因此能够享百年太平，甚至有"大禹之迹"。因此司马光主张，除非为了除暴定乱，否则不宜轻易用兵，兵之设只是为了防患，而不是用来积极作战的，"夫兵之设，非以害人，所以养人也"③，即是说，兵革的存在只是为了给人们提供一个相对安全的生活与发展空间，而不是为了杀戮征战。

司马光不仅主张对内慎用兵革，也主张对外勿开边事，意思是，不要轻易对外作战。他认为治国应当首先实行礼乐教化，而不应好战斗狠。他在《资治通鉴》卷七《秦纪二》中记述了燕太子丹派荆轲刺秦王的事件，"论者或谓之贤"，但司马光则以为太子丹这种一时冲动的做法是导致燕国灭亡的直接原因。他说："夫为国家者，任官以才，立政以礼，怀民以仁，交邻以信。是以官得其人，政得其节，百姓怀其德，四邻亲其义。夫如是，则国家安如磐石，炽如焱火。触之者碎，犯之者焦，虽有强暴之国，尚何足畏哉！丹释此不为，顾以万乘之国，决匹夫之怒，逞盗贼之谋，功隳身戮，社稷为墟，不亦悲哉！"④太子丹

---

① 《吕惠卿讲咸有一德录》，《司马光集补遗》卷四，第 1683 页。
② 司马光：《革弊劄子》，《司马光集》卷四九，第 1037 页。
③ 司马光：《秦阬赵军》，《司马光集》卷七三，第 1475 页。
④ 司马光：《资治通鉴》卷七《秦纪二》，第 70 页。

身为燕国太子,应当以修政为要务,增强国家实力,国力增强则外敌自然不敢来犯。而太子丹却逞一时之怒,将国家置于危地,最终导致燕国灭亡,这种好战斗狠的做法是十分不可取的。

在司马光的年代,北宋朝廷也面临着四夷之战,宋神宗年间便有意欲攻打西夏之举。司马光曾于熙宁四年(1071)上奏宋神宗《谏西征疏》,①劝阻神宗对西夏出兵,他说:"夫兵者凶器,圣人不得已而用之。自古以来,国家富强,将良卒精,因人主好战不已,以致危乱者多矣。况今公私困竭,将愚卒懦,乃欲驱之塞外,以捕狡悍之虏,其无功必矣。"②司马光认为人主好战会导致国家危乱,除非不得已,否则不应轻易对外用兵。他强调,治国的首务是使政通人和,只有国家大治才能考虑对外作战,他在熙宁七年(1074)上奏宋神宗的《应诏言朝政阙失事》中指出了当时的六条阙政,其中一条就是"中国未治而侵扰四夷,得少失多"③,意思是当时的北宋社会尚未得到完善的治理,这种情况下与狄作战只能是得少失多。他主张应先治理八事,八事皆备,才能征伐夷狄,他说:"国家先当举百职,修庶政,安百姓,实仓库,选将帅,立军法,练士卒,精器械,八事皆备,然后可以征伐四夷。"④对于夷狄来犯的状况,司马光主张要以守为攻:"方今边计,惟宜谨严守备,俟其入寇,则坚壁清野,使之来无所得,兵疲食尽,可以坐收其弊。"⑤这些思想皆表示司马光的治国思想是以礼乐教化为主,而非诉诸法令兵刑。

三、任、赏、罚

前面说过,司马光主张为政之要在于择任贤良、明于赏罚,而不在于制定诸多的法度,实际上,择人、赏罚是司马光最为看重的政治手段,他在著述当中

---

① 明本、康熙本、四库本于题下注云:"熙宁四年正月一日上。"《续资治通鉴长编》卷二一八熙宁三年(1070)十二月癸未日下载此奏,李焘按语云:"此疏不得其时,……疏称'今夏大旱',盖三年夏也;又称'今春大举',则当是四年春矣。既先称'今夏',即不当更称'今春',疑'今春'字当作'来春'。"此疏或以十一月末,或十二月间上也。
② 司马光:《谏西征疏》,《司马光集》卷四三,第943—944页。
③ 司马光:《应诏言朝政阙失事》,《司马光集》卷四五,第968页。
④ 司马光:《谏西征疏》,《司马光集》卷四三,第944页。
⑤ 司马光:《谏西征疏》,《司马光集》卷四三,第943页。

曾多次论及任、赏、罚的重要性。如他对他在朝期间所经历的几位皇帝给予政治建议时，即是强调要以任、赏、罚为重点，嘉祐八年（1063）他在给宋仁宗的疏中说："夫为政之要，在于用人、赏善、罚恶而已。"①治平元年（1064）给宋英宗的劄子中说："臣愿陛下先其本，后其末，急其大，缓其细。择人而任之，此政之本也；赏善而罚恶，此事之大也。"②熙宁二年（1069）给宋神宗的疏中说："王者之职，在于量材任人、赏功罚罪而已。"③司马光自身任职期间，亦是以任、赏、罚自我鞭策，如嘉祐七年（1062）司马光除天章阁待制兼侍讲、知谏院时曾说："臣窃以为方今国家之得失，生民之利病大，要不过择人、赏罚、丰财、练兵数事而已。"④治平四年（1067）他作中丞时亦说："臣闻修心之要有三：一曰仁，二曰明，三曰武。……治国之要亦有三：一曰官人，二曰信赏，三曰必罚。"⑤可见，司马光以任、赏、罚为政治之本，这是一以贯之的。

　　三者当中，择人而任是最重要的，如果能够正确地选择官吏，那么法制的遗漏其实都可以化解。司马光在《三勤论》这篇文章中说："扬子曰：'民有三勤：政善而吏恶，一勤也；吏善而政恶，二勤也；政吏骈恶，三勤也。'愚谓勤民者一，未尝有三也。何则？吏者，民之司命。吏良则民斯逸矣，未有吏善而政恶者也，亦未有政善而吏恶者也。度吏之材而任之者，君之政也；形民之力而用之者，吏之政也。吏苟得人，安有谷人不足于昼，丝人不足于夜者乎？故为人君者，谨于择吏而已矣，它奚足事哉！"⑥扬子认为，有三种情况会使民众的生活变得很苦，一是法制善但是官吏恶，二是官吏善但是法制恶，三是法制和官吏皆恶。但是司马光认为，这三者其实是一回事，其根源皆在于官吏选择的失误，官吏善则政善，未有官吏善而政恶者也。因此，君王的主要职责就在于择吏，"为政之要，莫如得人，百官称职，则万物咸治"⑦，"苟非其人，则百事倒

① 司马光：《上皇帝疏》，《司马光集》卷二五，第 654 页。
② 司马光：《上殿劄子》，《司马光集》卷三十，第 731 页。
③ 司马光：《体要疏》，《司马光集》卷四十，第 898 页。
④ 司马光：《上殿谢官劄子》，《司马光集》卷二二，第 602 页。
⑤ 司马光：《作中丞初上殿劄子》，《司马光集》卷三六，第 826—827 页。
⑥ 司马光：《三勤论》，《司马光集》卷七一，第 1447—1448 页。
⑦ 司马光：《乞以十科举士劄子》，《司马光集》卷五三，第 1113 页。

置矣"①。

在择人与立法之间,司马光无疑是认为前者的重要性远远大于后者的。他明确说:"夫宽恤民力,在于择人,不在立法。若守令得人,则民力虽欲毋宽,其可得乎?守令非其人,而徒立苛法,适所以扰民耳。"②如果用人得当,则其人自然能够依法执政,否则,即使法令严苛,也无法对政治起到积极的作用,而只能扰民。司马光正是以此来反对王安石所推行的新法,根据他的观点,王安石只注重法令的设置和推行,而不关注择人而任,这是本末倒置的做法。他在《与王介甫第一书》中说:"自古圣贤所以治国者,不过使百官各称其职,委任而责成功也。"③这即指出古代圣贤皆是以人治为主的事实。继而在《与王介甫第三书》中他又说:"人存则政举,介甫诚能择良有司而任之,弊法自去。苟有司非其人,虽日授以善法,终无益也。"④在这里,司马光指出了王安石没有在用人的事情上花费心思的弊病,他强调如果任人唯贤,则不必推行诸多新法,也能使政治清明、国家富强;如果用人不当,那么法度再追求完美,也是无益于治国的。他在给宋神宗讲《资治通鉴》的时候亦阐述了他对于变法的看法:"荀子曰:'有治人,无治法。'故为治在得人,不在变法也。……苟得其人,则无患法之不善;不得其人,虽有善法,失先后之施矣。当急于求人,而缓于立法也。"⑤这段话清楚地说明,在司马光看来,当务之急是择人而任,而不是变法,因为任人唯贤是保证善法得以施行的基础。这也可以看出,司马光的重点并不是反对新法本身,在他看来,新法是末,其推行与否并不是问题的根本所在,如果用人得当,那么新法可以利于民,否则也只是徒增人民的烦扰。问题的关键在于王安石舍本取末,只汲汲于法制度数这些末利,而忽视最根本的人治。司马光在给王安石的信中用了很大篇幅指明王安石用人不善,不是任人唯贤,而是"与我合则善之,与我不合则恶之"⑥。事实证明,王安石的用人不

---

① 司马光:《三省咨目》,《司马光集》卷六三,第 1314 页。
② 司马光:《论财利疏》,《司马光集》卷二三,第 614 页。
③ 司马光:《与王介甫第一书》,《司马光集》卷六十,第 1256 页。
④ 司马光:《与王介甫第三书》,《司马光集》卷六十,第 1265 页。
⑤ 司马光:《迩英读资治通鉴录》,《司马光集补遗》卷四,第 1681 页。
⑥ 司马光:《与王介甫第一书》,《司马光集》卷六十,第 1258 页。

当确实在很大程度上使新法没有达到预期的效果。

既然择人如此重要,那么择人的标准是什么呢? 司马光首先承认"知人之道,圣贤所难也"①;其次,他主张"取士之道,当以德行为先,其次经术,其次政事,其次艺能"②。他在熙宁二年(1069)上书给宋神宗的《议学校贡举状》中指出了历代取士之弊,他说:

> 窃惟取士之弊,自古始以来,未有若近世之甚者也。何以言之? 自三代以前,其取士无不以德为本,而未尝专贵文辞也。汉氏始置茂才、孝廉等科,皆命公卿大夫、州郡举有经术德行者,策试以治道,然后官之,故其风俗,敦尚名节。降及末世,虽政褒于上,而俗清于下,由取士之术素加奖励故也。魏晋以降,贵通才而贱守节,习尚浮华,旧俗益败。然所举秀、孝,犹以经术取之,州郡皆置中正,以品其才行,一言一动之失,或终身为累,士犹兢兢不敢自放。隋始置进士,唐益以明经等科,而秀、孝遂绝,止有进士、明经二科。皆自投牒求试,不复使人察举矣。进士初但试策,及长安、神龙之际,加试诗赋。于是进士专尚属辞,不本经术,而明经止于诵书,不识义理。至于德行,则不复谁何矣。自是以来,儒雅之风日益颓坏。为士者狂躁险薄,无所不为。积日既久,不胜其弊。于是又设封弥、誊录之法,盖朝廷苦其难制,而有司急于自营也。夫欲搜罗海内之贤俊,而掩其姓名以考之,虽有颜、闵之德,苟不能为赋、诗、论、策,则不免于遭摈弃,为穷人。虽有跖、蹻之行,苟善为赋、诗、论、策,则不害于取高第,为美官。臣故曰取士之弊,自古始以来,未有若近世之甚者,非虚言也。③

司马光认为三代至汉末,统治者取士尚能以德行为本,因此政治清明、风俗醇正;自魏晋以降,则崇尚浮华,风俗有所败坏,但因为尚存秀、孝等科,所以士之德行仍然被看重;直至隋唐,秀、孝科绝,取士不再考察其德行如何,而仅以经术、文辞为重,这就导致了后世道德沦丧、只追求诗词歌赋的弊端。司马

---

① 司马光:《资治通鉴》卷七十三《魏纪五》,第 859 页。
② 司马光:《论举选状》,《司马光集》卷一九,第 549 页。
③ 司马光:《议学校贡举状》,《司马光集》卷三九,第 887—888 页。

光强调,在德与才之间,德无疑是根本,"夫才与德异,而世俗莫之能辨,通谓之贤,此其所以失人也。夫聪察强毅之谓才,正直中和之谓德。才者,德之资也;德者,才之帅也。……才德全尽谓之圣人,才德兼亡谓之愚人,德胜才谓之君子,才胜德谓之小人。凡取人之术,苟不得圣人、君子而与之,与其得小人,不若得愚人"①,才必须是在德的统帅之下才会对国家和社会产生积极的作用,否则不如无才。但是由于社会环境的改变,重新将考核德行列入科举考试的范围已殊难实行,司马光除了谏议皇帝用人唯贤之外,并没有提出具体的取士以德的方案。除了德行,司马光对于经术也很看重,认为"凡取士之道,常以德行为先,文学为后。就文学之中,又当以经术为先,辞采为后"②。与司马光同时期的吕公著曾建议取消科举考试中的诗赋之科,以此避免浮华之风,司马光对此表示支持,主张在科举考试中增加经术的比例,他说:"近世取人,专用诗赋,其为弊法,有识共知。今来吕公著欲乞科场更不用诗赋,委得允当。然进士只试论、策,又似太简。欲乞今后省试除论、策外,更试《周易》、《尚书》、《毛诗》、《周礼》、《仪礼》、《春秋》、《论语》大义,共十道,为一场。其策只问时务。"③不过科举考试真正取消诗赋,是在熙宁期间王安石对科举考试进行改革时才实现的,王安石也重视经术,但是他为科举考试所定的范本是其所作《三经新义》,这又是与司马光对于经术取士的设想大相径庭的,所以在宋哲宗时期为司马光所废除。

与取士直接相联系的是赏罚机制,司马光强调"政之大本,在于刑赏,刑赏不明,政何以成"④,"国家大政在于赏罚明当,若赏罚明当,功无不成"⑤,"若夫选贤而进之,量能而任之,成功者赏,败官者诛,此则人君之职也"⑥。在他看来,任人唯贤是为政的要务,而任人唯贤的下一步就是明于赏罚,这是保证政治清明的根据。人君若能明察秋毫,赏罚适当,则无往而不利。但是,当时的统治者往往在刑罚方面不能秉公执行,而常常有赦罪的行为。司马光多

---

① 司马光:《资治通鉴》卷一《周纪一》,第4页。
② 司马光:《起请科场劄子》,《司马光集》卷五二,第1081页。
③ 司马光:《贡院定夺科场不用诗赋状》,《司马光集》卷二八,第700页。
④ 司马光:《资治通鉴》卷七十九《晋纪一》,第5页。
⑤ 司马光:《请优赏宋昌言劄子》,《司马光集》卷四一,第911页。
⑥ 司马光:《知人论》,《司马光集》卷七十,第1432页。

次指出赦罪并不利于政治，如说："赦者害多而利少，非国家之善政也。"①又说："夫赦者，诚非致治之道。然朝廷若能永无赦令，使有罪者必刑，则人知恐惧，莫敢犯矣。今既数下赦令，而使大罪得免，小罪被刑，经赦者其罪重，不经赦者其罚轻，臧否纠纷，使百姓何所取信哉！"②他明确指出赦罪非善政，原因是它使赏罚机制紊乱，使犯罪者没有得到应有的惩罚，因而也就使统治者失信于民，长此以往，则统治者的号令在民众中间就会缺乏执行力，"今立法以禁之于前，而发赦以劝之于后，则凡国家之号令，将使民何信而从乎"③？司马光还从仁政的角度指出轻易赦罪有违于仁，他说："臣窃见方今远方穷民转死沟壑，而屡赦有罪，循门散钱，其于仁也，不亦远乎！"④无故赦免有罪之人，其实是对被迫害之人的不公，这就有违于仁政的宗旨。他还指出了赦罪并不能使有罪之人悔悟，事实是有罪之人被赦之后仍改变不了犯罪的本性，因而很快又因为作奸犯科而重新入狱，他说："臣窃见大赦之后，奸邪不为衰止，今日大赦，明日犯法，相随入狱，此殆导之未得其务也。"⑤因此，赦罪无论是从统治者之威信的角度、仁政的角度，还是对罪犯之影响的角度，都是不可取的，司马光引用荀悦的话说："夫赦者，权时之宜，非常典也。"⑥意思是，赦罪只能作为偶尔的权宜之计来用，而不应成为国之常典。

从传统上看，重视赏罚往往是法家的思想，如商鞅曰："君修赏罚以辅壹教，是以其教有所常，而政有成也。"（《商君书·农战》）因为人情就是好利恶害的："夫人情好爵禄而恶刑罚，人君设二者以御民之志，而立所欲焉。"（《商君书·错法》）韩非子亦提出二柄论，认为赏罚是统治者治国之二柄："明主之所导制其臣者，二柄而已矣。二柄者，刑德也。何谓刑德？杀戮之谓刑；庆赏之谓德。为人臣者，畏诛罚而利庆赏。故人主自用其刑德，则群臣畏其威而归其利矣。"（《韩非子·二柄》）同商鞅一样，韩非子也认为赏罚能够实行的基础

---

① 司马光：《论赦及疏决状》，《司马光集》卷一八，第533页。
② 司马光：《论赦劄子》，《司马光集》卷二四，第636页。
③ 司马光：《论寺额劄子》，《司马光集》卷二四，第634页。
④ 司马光：《务实》，《司马光集》卷一九，第548页。
⑤ 司马光：《资治通鉴》卷二十八《汉纪二十》，第316页。
⑥ 司马光：《资治通鉴》卷二十八《汉纪二十》，第316页。

是臣民具有好利恶害之情："凡治天下,必因人情。人情者有好恶,故赏罚可用。赏罚可用,则禁令可立,而治道具矣。"(《韩非子·八经》)法家这种重视赏罚的思想的理论基础是性恶论,如韩非子就认为"不恃赏罚,而恃自善之民,明主弗贵也"(《韩非子·显学》),即是说如果不通过赏罚这些外在机制来约束臣民的行为,而期待臣民自动趋善避恶,这是不可能的,因为人性本来就是恶的,放任人性的后果就是犯上作乱。与法家不同,道家则认为统治者明确表现出好恶之情,这是国家动乱的根源,如老子说:"天下皆知美之为美,斯恶已。皆知善之为善,斯不善已。"(《老子》第二章)因此,统治者应当不表现出任何好恶:"不尚贤,使民不争;不贵难得之货,使民不为盗;不见可欲,使民心不乱。"(《老子》第三章)政治不应当明察秋毫,而应浑沌不清:"其政闷闷,其民淳淳;其政察察,其民缺缺。"(《老子》第五十八章)

相比之下,儒家对赏罚的论述较少,既没有认为赏罚是治国之本,也没有认为赏罚是动乱之源,因为在儒家看来,赏罚并不是根本的为政手段,如果只在赏罚的问题上大费周折,无异于舍本取末。儒家的关注点始终是在德礼之治的层面,而政、刑在儒家看来并不能从根本上解决社会问题。孔子曰:"道之以政,齐之以刑,民免而无耻;道之以德,齐之以礼,有耻且格。"(《论语·为政》)孟子亦认为仁政应当"省刑罚,薄税敛"(《孟子·梁惠王上》)。儒家的政治理念是主张上下各安其位、各尽其职,如"君君,臣臣,父父,子子"(《论语·颜渊》)。但是,实现这一点的方式并不是通过严明赏罚,而是通过统治者以身作则来影响臣民的方式,如果统治者本身能够达到至善,则完全不必用政、刑,也可使臣民同样达到至善,如孔子曰:"子为政,焉用杀? 子欲善,而民善矣。君子之德风,小人之德草。草上之风,必偃。"(《论语·颜渊》)因此,为政就在于修身,修身则自然能够安民,如果自身不正,则为政无异于空谈:"苟正其身矣,于从政乎何有? 不能正其身,如正人何?"(《论语·子路》)正因在儒家看来,政治的成败取决于统治者自身的德行修养,而不是依赖于外在的法律制度,因此在某种程度上可以说政治即是人治,"其人存,则其政举,其人亡,则其政息""为政在人"(《中庸》)。

司马光以礼为上下等级各安其位、各司其职的思想,以及以择人取士为政治之要务的观念,显然是秉承传统儒家的社会秩序与人治理念而来,但是司马光在一定程度上也吸收了法家的赏罚观,将其运用到人治的领域。在他看来,礼与刑皆是为政所必需的:"礼与刑,先王所以治群臣、万民,不可斯须偏废也。"①针对那些单方面强调德礼而否定刑罚的思想,他反驳道:"若以刑名为非道,何以能禁民使自然而止?"②但需要注意的是,司马光思想中的刑罚是以礼治为前提的,他强调"礼之所去,刑之所取也",即是说刑罚是对礼治的补充和强化,其所约束的对象是对礼的遵守和践行,而不是独立于礼治之外的治国之道。正是从这个角度来说,司马光的赏罚思想是在根本上区别于法家的赏罚思想的。实际上,他明确表示过对法家的不以为然,如说:"用秦之法以求治,犹冬而望生,春而望获;之燕而南,适楚而北,终不能致也。"③这说明司马光认为在秦代占据主导地位的法家思想并不能使政治清明,达到国家大治的效果,相反,用法家的思想治国其实是与预期理想南辕北辙的,因为法家重赏罚的理念并不是以礼为前提的。可见,司马光虽然吸收了法家重赏罚的理念,但仍是以儒家礼治、人治思想为根本出发点来阐释治国之道的。

四、立嗣与濮议

司马光曾参与过北宋朝廷中一些较大的礼制讨论,如仁宗立嗣、英宗期间的濮议等,这些讨论皆涉及国家政治形势,对当时的朝廷有着深刻的影响。首先是立嗣的事件。至和三年(1056),仁宗龙体违和,由于仁宗无子嗣,因此朝廷上下对于立嗣之事十分忧心。司马光早在庆历三年(1043)所作的《贾生论》中就阐释过立嗣对于国家朝政的重要性,他说:"夫治天下之具,孰先于礼义者? 安天下之本,孰先于嗣君者? 礼义不张,虽复四夷宾服,疆场不耸,当如内忧何? 储嗣失教,虽复诸侯微弱,四方无虞,其谁能守之? 然贾生以此二者列之于后,以为余事,舍国家之纪纲,遗天下之大本,顾切切然以列国、外夷为虑,皆涕泣之,可谓悖本末之统,缪缓急之序。谓之知治体,何哉?"④他认为嗣

---

① 司马光:《策问第七道》,《司马光集》卷七二,第 1470 页。
② 司马光:《法言集注》卷三,第 32 页。
③ 司马光:《法言集注》卷五,第 56 页。
④ 司马光:《贾生论》,《司马光集》卷七十,第 1425 页。

君是将来要继承王位之人,是天下之本,因此对于嗣君的教育是为政之要务,而贾谊所关注的重点并不在教育嗣君身上,只是在征服四夷、削弱诸侯之上,这是有悖于本末的方式。在司马光看来,明礼义、正君心是治国之本,是应当首先考虑的内容。

因此,仁宗迟迟未立嗣之事,令司马光十分忧虑,因为这关系国家安危。至和三年(1056)六月十九日,他在上奏给仁宗关于建储之事的第一状中说道:"试以前古之事迹之,治乱安危之几,何尝不由继嗣哉! 得其人则治,不得其人则乱;分先定则安,不先定则危。此明白之理,皎如日月,得失之几,间不容发,于朝廷至大至急之务,孰先于此!"①建储之事,最开始是由范景仁提出,司马光听说之后,很快也上书仁宗,催促仁宗尽快设立储君。他强调,自古以来凡是太子设立不当,皆会引起关于王位之争,建储实在是关系国家稳定之大事。由于仁宗本人无皇嗣,因此司马光建议立同宗之人为嗣,他说:"臣闻礼:'大宗无子,则同宗为之后。''为之后者,为之子也。'故为人后者事其所后,礼皆如父,所以尊尊而亲亲也。……谨择宗室之中聪明刚正孝友仁慈者,使摄居储贰之位,以俟皇嗣之生,退居藩服。倘圣意未欲然者,或且使之辅政,或典宿卫,或尹京邑,亦足以安天下之心。"②司马光根据《仪礼》中"何如而可为之后? 同宗则可为之后"的说法,认为仁宗可以在宗室之中挑选德行兼备之人做储君,使之辅政,以安民心。仁宗并未对这次上书有所回应。八月,司马光再次上书给仁宗,讨论建储之事。他指出,有的人认为当下国家之急务在于水灾泛滥,有的人认为是穀帛窘乏,有的人认为是戎狄侵盗,但其实这些都不是当务之急,"当今最大最急之患,在于本根未建,众心危疑"③。仁宗仍未回应此状。九月,司马光又上书,强调"当今之务,无此为大,无此为急"④,并指出建储虽然是忌讳之事,但是却为国家长远考虑,"凡国家之弊,在于乐因循而多忌讳,不于治安之时,豫为长远之谋,此患难所从而生也"⑤。像司马光这

① 司马光:《请建储副或进用宗室第一状》,《司马光集》卷一六,第504页。
② 司马光:《请建储副或进用宗室第一状》,《司马光集》卷一六,第505页。
③ 司马光:《请建储副或进用宗室第二状》,《司马光集》卷一六,第507页。
④ 司马光:《请建储副或进用宗室第三状》,《司马光集》卷一六,第510页。
⑤ 司马光:《请建储副或进用宗室第三状》,《司马光集》卷一六,第509页。

样为建储之事焦急的,在当时的朝廷中大有人在。经过众臣的不断请示和催迫,病中的仁宗表示会给予考虑。可是仁宗病好之后,此事又搁置了。嘉祐六年(1061),司马光又上《建储劄子》,复述"国家至大至急之务,无先于此"①,这道劄子终于得到了仁宗的垂听,仁宗表示很快就会宣告立嗣一事。可是过了将近一个月,仍未有动静。于是司马光又上书请示,重申"'为人后者,为之子也',著于礼律,皆有明文"②,希望仁宗能够从宗室当中选出一位德才兼备之人作为养子,待他日皇子降生,再正式立皇子为太子。大概仁宗发现祈皇子终无望,遂于嘉祐七年(1062)立堂兄赵允让之子宗实为嗣,即后来的英宗。

　　嘉祐八年(1063),仁宗逝世,英宗继位,改号治平。英宗继位次年,宰相韩琦等人就向英宗提议请求有关部门讨论英宗生父濮安懿王的名分问题。英宗批示,等过了仁宗大祥再议。治平二年(1065)四月九日,韩琦等再次提出这一议题,于是,英宗出诏将议案送至太常礼院,交两制以上官员讨论。由此引发了一场持续18个月的论战,这就是北宋史上有名的"濮议"。司马光对此的观点是,英宗当称生父濮安懿王为皇伯,而非皇考。他说:

　　　　臣等谨案《仪礼·丧服》:"为人后者。"传曰:"何以三年也? 受重者必以尊服服之。为所后者之祖父母妻、妻之父母昆弟、昆弟之子若子。"若子者,言皆如亲子也。又:"为人后者为其父母报。"传曰:"何以期也? 不贰斩也。何以不贰斩也? 持重于大宗者,降其小宗也。"又:"为人后者为其昆弟。"传曰:"何以大功也? 为人后者降其昆弟也。"以此观之,为人后者为之子,不敢复顾私亲。圣人制礼,尊无二上,若恭爱之心分施于彼,则不得专壹于此故也。……濮安懿王虽于陛下有天性之亲、顾复之恩,然陛下所以负扆端冕,富有四海,子子孙孙万世相承者,皆先帝之德也。臣等愚浅,不达古今,窃以谓今日所以崇奉濮安懿王典礼,宜一准先朝封赠期亲尊属故事,高官大国,极其尊荣,谯国太夫人、襄国太夫人、仙游县君

---

① 司马光:《建储劄子》,《司马光集》卷二十,第562页。
② 司马光:《建储》,《司马光集》卷二十,第566页。

亦改封大国太夫人,考之古今,实为宜称。①

司马光的主要依据是《仪礼·丧服》中的规定,其中明确说明为人后者应当以所后者之亲为亲,而对于其本生家庭成员在各方面都要降等,因此司马光强调,为人后者不敢复顾私亲。司马光还从常理的角度说明英宗不应追认生父为皇考,因为若不是仁宗使他继承王位,那么他根本就没有富有四海的机会。所以于礼于情,英宗都不应当追濮王为皇考,而只应称皇伯。

与司马光意见一致的有王珪、吕诲、范纯仁、吕大防、赵鼎、赵瞻、傅尧俞等二十余人,而中书韩琦、欧阳修等人则主张应称濮王为皇考,理由是"据《仪礼·丧服记》云'为人后者,为其父母报',又据开元、开宝《礼》皆云'为人后者,为其所生父齐衰不杖期,为所后父斩衰三年'。是所生、所后皆称父母,而古今典礼皆无改称皇伯之文。……皇伯之称既非典礼,出于无稽,故未敢施行"②。可见,韩琦、欧阳修所依据的也是礼经,只是认为礼经中称呼为人后者的亲生父母亦是父母,这说明为人后者是可以称呼自己的亲生父母为父母的,而不必改称。针对这种观点,司马光反驳道:"今欲言为人后者为其父母之服,若不谓之父母,不知如何立文?此乃政府欺罔天下之人,谓其皆不识文理也。"③意思是,礼经中只是用父母来指谓为人后者的亲生父母,并不是要求为人后者必须称亲生父母为父母,他认为中书对此的理解完全是不识礼经原旨的。

尽管诸说纷纭,在濮议一事当中,真正起到决定性作用的却是曹太后的态度。本来,曹太后是站在王珪、司马光一边,反对英宗称濮王为皇考的,她曾亲自起草诏书,指责韩琦等人。但是后来曹太后却莫名其妙地同意了韩琦、欧阳修等人的说法,并在欧阳修所起草的诏书上签押,使濮议一事最终画上句号。

---

① 司马光:《翰林学士王珪等状》,《司马光集》卷三三,第785页。明本、乾隆本、四库本题作《与翰林学士王珪等议濮安懿王典礼状》。王珪《华阳集》卷四五亦收入此文,然考《续资治通鉴长编》卷二〇五载"初议崇奉濮安懿王典礼,翰林学士王珪等相顾不敢先发,天章阁待制司马光独奋笔立议。议成,珪即敕吏以光手藁为案。其议曰"云云。则此议确为司马光所草。

② 欧阳修:《濮议》卷一,《欧阳修全集》,第1848页。

③ 司马光:《濮王劄子》,《司马光集》卷一九,第801页。

至于曹太后为何态度陡转,至今未得详情。事情结束后,原先的反对派人物吕诲、范纯仁、吕大防、赵鼎、赵瞻、傅尧俞等人被责降贬职,司马光闻听之后,即上书劄子请求收回责令,请求未被应允后,司马光即连上四道劄子请求英宗将自己一同责降,他说:"臣与傅尧俞等七人同为台谏官,共论濮王典礼。凡尧俞等所坐,臣大约皆曾犯之。今尧俞等六人已蒙圣恩尽得外补,独臣一人尚留阙下。使天下之人皆谓臣始则唱率众人,共为正论;终则顾惜禄位,苟免刑章。臣虽至愚,粗惜名节,受此指目,何以为人? 非徒如是而已,又使讥谤上流,谓国家行法有所偏颇。臣是用昼则忘餐,夕则忘寝,入则愧朝廷之士,出则惭道路之人,貌然一身,措之无地。虽知违犯天威,负罪愈重,岂敢更复朝参供职?伏望圣慈曲垂矜察,依臣前奏,早赐责降。"①他首先承认自己与所贬六人有着同样的错误,其次指出如果只留下他一人在朝廷供职,会使天下之人认为国家行法有所偏颇。但是司马光的请求未蒙应允。

五、以礼治家

司马光不仅主张以礼治国,也主张以礼治家。他强调家庭的有序与和谐是国家太平的保证,"父父、子子、兄兄、弟弟、夫夫、妇妇,六亲和睦,交相爱乐,而家道正,正家而天下定矣"②。因此,家庭教育的意义直接关系国家和社会的稳定,是治国所必须考虑的因素。那么,治家应当依据什么准则呢? 司马光认为"夫治家莫如礼"③。他曾编撰过《温公家范》《司马氏书仪》《居家杂仪》《涑水家仪》等介绍家族伦理和家庭礼仪的书。其中,《温公家范》对家庭中的父母、子女、夫妻、兄弟姊妹、舅姑等成员的角色和职责进行了详细说明;《司马氏书仪》对日常生活中所经常涉及的礼仪场合,如冠、昏、丧、祭等的仪式规范进行了规定;《居家杂仪》附于《司马氏书仪》之后,同时又有单行本传世;《涑水家仪》是在《居家杂仪》的基础上增加了一些"子事父母""妇事舅姑""子受父母之命"等方面的具体礼仪,比《居家杂仪》显得更丰富。这些著作对当时及后世的社会产生了很大影响,成为家庭教育的范本。

---

① 司马光:《第四劄子》,《司马光集》卷三五,第816页。
② 司马光:《家范》卷一,第2页。
③ 司马光:《家范》卷一,第3页。

在《温公家范》中，司马光指出，很多人治家只是为后代积累财富，企图通过增加地产获利来使后代丰衣足食、安康无忧，而不知以礼法教育子孙，这其实并不能真的有利于后代，反而很可能使其招致祸端。他说："为人祖者莫不思利其后世，然果能利之者鲜矣。何以言之？今之为后世谋者，不过广营生计以遗之。田畴连阡陌，邸肆跨坊曲，粟麦盈囷仓，金帛充篚笥，慊慊然求之犹未足，施施然自以为子子孙孙累世用之莫能尽也。然不知以义方训其子，以礼法齐其家。自于数十年中勤身苦体以聚之，而子孙于时岁之间奢靡游荡以散之，反笑其祖考之愚不知自娱，又怨其吝啬，无恩于我，而厉虐之也。始则欺绐攘窃，以充其欲；不足，则立券举债于人，俟其死而偿之。观其意，惟患其考之寿也。甚者至于有疾不疗，阴行鸩毒，亦有之矣。然则向之所以利后世者，适足以长子孙之恶而为身祸也。"①只为子孙后代积累财富，而不教之以礼法，则子孙"自幼及长，惟知有利，不知有义"②，不仅会很快挥霍掉家产，而且更有甚者会为了继承家产而毒害父母，这皆是不以礼法治家的结果。在司马光看来，以礼教育子孙、培养其美好的德行，这自然就能带来丰衣足食的结果，否则即使积累再多的财富，如果子孙无德，也终会导致败落的结果，"使其子孙果贤耶，岂蔬粝布褐不能自营，至死于道路乎？若其不贤耶，虽积金满堂，奚益哉"③。因此，圣人教育子孙皆是通过德与礼。以三代为例，三代之所以能够承平百世，就是因为圣人以礼传家，"圣人遗子孙以德以礼，贤人遗子孙以廉以俭。舜自侧微积德至于为帝，子孙保之，享国百世而不绝。周自后稷公刘、太王、王季、文王，积德累功，至于武王而有天下。其《诗》曰：'诒厥孙谋，以燕翼子。'言丰德泽，明礼法，以遗后世而安固之也。故能子孙承统八百余年，其支庶犹为天下之显，诸侯棋布于海内。其为利岂不大哉"④。

司马光所说的治家之礼，与他所说的治国之礼其本质是一样的，就是使每个成员各安其位、各尽其责。他说："凡为家长，必谨守礼法以御群子弟及家众，分之以职，谓使之掌仓廪、厩库、庖厨之类。授之以事，谓朝夕所干及非常之

---

① 司马光：《家范》卷二，第9页。
② 司马光：《家范》卷二，第9页。
③ 司马光：《家范》卷二，第9页。
④ 司马光：《家范》卷二，第9—10页。

事。而责其成功。"①而家长的职责在于协调安排家庭成员、分配职责等。在《温公家范》中,他引用了古代礼书如《礼记》《颜氏家训》等来具体阐释了不同家庭成员的责任与义务,并运用了大量的历代美德典故来强化家庭成员的角色。值得注意的是,在所有的家庭关系中,司马光对夫妇的关系尤为看重,在他看来,夫妇的关系在某种程度上体现了君臣的关系,是人伦之大者:"天地设位,圣人则之,以制礼立法,内有夫妇,外有君臣。妇之从夫,终身不改;臣之事君,有死无二。此人道之大伦也。苟或废之,乱莫大焉!"②因此,闺门之教是十分重要的,它虽然看起来似乎只是一隅,却是天下之法的根基:"宫中之门其小者谓之闺,礼者所以治天下之法也,闺门之内其治至狭,然而治天下之法举在是矣。"③司马光在《资治通鉴》中引匡衡之语:"室家之道修,则天下之理得,故《诗》始《国风》,《礼》本冠、婚。始乎《国风》,原情性以明人伦也;本乎冠、婚,正基兆以防未然也。故圣王必慎妃后之际,别适长之位,礼之于内也。……《传》曰:'正家而天下定矣。'"④从经典来看,《诗经》从《国风》开始,《礼经》从冠婚开始,这皆是把婚姻看作人伦之始、治家之本,而这又是治国平天下的前提,因此婚姻之教是十分重要的。

在司马光看来,婚姻对于王室来说尤为重要,"后妃之际,实治乱之本"⑤,而对于后宫的治理,应当以礼为主,这里所说的礼即是指等级制度。他在英宗即位之初曾上书《后宫等级劄子》,劝英宗以等级之制治理后宫,他说:"臣闻王化之兴,始于闺门,故《易》基《乾》、《坤》,《诗》首《关雎》。前世皆择良家子以充后宫,位号等级,各有员数。祖宗之时,犹有公卿大夫之女在宫掖者。其始入宫,皆须年十二三以下,医工诊视,防禁甚严。近岁以来,颇堕旧制。……今陛下即位之初,百度惟新,嫔嫱之官,皆阙而未备。臣谓宜当此之时,定立制度,依约古礼,使后宫之人共为几等,等有几人。若未足之时,且虚其员数,既足之后,不可更增。……传之子孙,为万世法。此诚治乱之本,祸福之原,不可

---

① 司马光:《司马氏书仪》卷四,第 4 页。
② 司马光:《资治通鉴》卷二百九十一《后周纪二》,第 896 页。
③ 司马光:《家范》卷一,第 3 页。
④ 司马光:《资治通鉴》卷二十九《汉纪二十一》,第 319 页。
⑤ 司马光:《后妃封赠劄子》,《司马光集》卷二五,第 643 页。

以为细事而忽之。"①他建议英宗以古礼治理后宫，按照等级安排妃嫔，每个等级设立固定的人数，以此传之后世，为万世法。司马光认为，后宫的治理关系国家的安危，是不可忽视的。正因如此，他对于后宫当中的逾礼之事十分关注。嘉祐年间，仁宗设立后宫封赠制度，将皇后与妃设为同等，司马光闻之即上书《后妃封赠劄子》，指出这种做法不合礼。他说："臣伏闻学士院新定后宫封赠父祖制度，皇后与妃皆赠三代。臣窃以为不可。夫礼之所慎，在于尊卑之分，别嫌明微。……皇后敌体至尊，母仪四海，六宫之内，无与等夷。妃品秩虽贵，而皇后犹为女君。今封赠之典混而为一，臣实惧焉。虽陛下圣明，宫壸之政贵贱有伦，必无僭逼之忧，然非所以别嫌疑、防萌兆、垂法度、示子孙也。"②皇后与妃封赠制度相同，这就泯灭了等级制度原有的差别，使贵贱同等，礼制废坏，这不仅使后宫秩序错乱，更重要的是它给天下后世树立了不好的榜样，开启了僭越之端。因此，司马光十分看重每一处等级差别，认为这是治家与治国的根本手段，是保证社会有序的主要方式。

第三节　以礼修身

　　司马光思想中的礼主要是与等级制度、社会政治联系在一起的，而从心性角度、个人修身角度所讨论的情况并不多见，虽然他也强调礼与心性情相关联，并认为"进德必由礼"③，但是以心性论礼并非司马光思想中的主要方面。在他看来，圣门是不提倡性命之学的，沉溺于性命之学的最终结果就是流入老庄，而老庄之学与尧舜周孔之学相去甚远，是典型的异端邪说，因此应当尽量远离。他说："且性者，子贡之所不及；命者，孔子之所罕言。今之举人，发言秉笔，先论性命，乃至流荡忘返，遂入老庄。……彼老庄弃仁义而绝礼学，非尧舜而薄周孔，死生不以为忧，存亡不以为患，乃匹夫独行之私言，非国家教人之

---

① 　司马光：《后宫等级劄子》，《司马光集》卷二七，第 687 页。
② 　司马光：《后妃封赠劄子》，《司马光集》卷二五，第 643 页。
③ 　司马光：《易说》卷六，第 15 页。

正术也。"①司马光反对学者沉溺于性命之学,主要因为性命之学高深精微,非圣人不能洞察,如果学者以性命之学入手,则容易因迷失而走向异端,他说:"天道精微,非圣人莫能知。今学者未能通人理之万一,而遽从事于天,是犹未尝操舟而欲涉海,不陷溺者其几矣。"②司马光还指出,由于老庄的影响,当时的学界普遍有好高之风,"窃见近岁公卿大夫好为高奇之论,喜诵老庄之言,流及科场,亦相习尚。新进后生,未知臧否,口传耳剽,翕然成风。至有读《易》未识卦爻,已谓《十翼》非孔子之言;读《礼》未知篇数,已谓《周官》为战国之书;读《诗》未尽《周南》、《召南》,已谓毛、郑为章句之学;读《春秋》未知十二公,已谓三《传》可束之高阁。循守注疏者,谓之腐儒;穿凿臆说者,谓之精义"③。可见,司马光对于宋学受老庄至深的现实十分警惕,而倾向于回归传统的汉学,他甚至主张"将来程试若有僻经妄说,其言涉老庄者,虽复文辞高妙,亦行黜落",以此避免"正始、永嘉之弊"④。他认为圣人之教是从小处近处开始的,"人情莫不好大好高,而德常小行常卑,若仰观圣人之道,则知己所守之下矣"⑤。新学通常认为不把握精义而只拘泥于章句注疏的传统,这是导致圣门之学为异端所取代的根本原因;而理学则认为洒扫应对等形而下者即是理,理即蕴含在日常生活的细节之中。虽然新学与理学思路有异,但是对于心性之学的关注却颇为相同,而司马光之学则始终以回归质朴儒学为鹄的,避免任何理气心性等形而上的建构,这一点与新学、理学是殊异的。

一、性善恶混

司马光的本体论思想主要体现在他所作的《潜虚》一书中,其中说:"万物皆祖于虚,生于气。气以成体,体以受性,性以辨名,名以立行,行以俟命。故虚者物之府也,气者生之户也,体者质之具也,性者神之赋也,名者事之分也,

---

① 司马光:《论风俗劄子》,《司马光集》卷四五,第 974 页。
② 司马光:《原命》,《司马光集》卷六八,第 1402 页。
③ 司马光:《论风俗劄子》,《司马光集》卷四五,第 973—974 页。
④ 司马光:《论风俗劄子》,《司马光集》卷四五,第 974 页。
⑤ 司马光:《法言集注》卷二,第 18 页。

行者人之务也,命者时之遇也。"①这即是说,虚是万物的本原,万物皆是从虚而来,万物之体是由气所构成,而万物之性则是由神所赋。在这里司马光没有明确说明神的含义,但是从他的论述来看,性与体有着不同的构成,性的来源不是气,而是神。不过,这并不意味着司马光如理学家那样,明确将性与体看作源于二本,即理与气,②在司马光的思想中,万物的本原应只有一个,即是虚,气与神应皆是从虚而来。虚也就是天,所以由虚而产生的性与《中庸》所说的"天命之谓性"并不矛盾。司马光认为,性是兼善恶而有的,即使圣人也有恶,愚人也有善,只是对圣人而言善能胜恶,而对愚人而言却是恶能胜善,他在《善恶混辨》一文中说:"夫性者,人之所受于天以生者也,善与恶必兼有之。是故虽圣人不能无恶,虽愚人不能无善,其所受多少之间则殊矣。善至多而恶至少,则为圣人;恶至多而善至少,则为愚人;善恶相半,则为中人。圣人之恶不能胜其善,愚人之善不能胜其恶,不胜则从而亡矣,故曰'惟上智与下愚不移'。"③

他对孟子的性善论和荀子的性恶论都提出了质疑,他说:"孟子以为仁义礼智皆出乎性者也,是岂可谓之不然乎? 然不知暴慢贪惑亦出乎性也。是知稻粱之生于田,而不知藜莠之亦生于田也。荀子以为争夺残贼之心,人之所生而有也,不以师法礼义正之,则悖乱而不治,是岂可谓之不然乎? 然殊不知慈爱羞愧之心,亦生而有也。是知藜莠之生于田,而不知稻粱之亦生于田也。故扬子以谓人之性善恶混。混者,善恶杂处于身中之谓也。顾人择而修之何如耳,修其善则为善人,修其恶则为恶人。斯理也,岂不晓然明白矣哉! 如孟子之言,所谓长善者也,如荀子之言,所谓去恶者也;扬子则兼之矣。韩文公解扬子之言,以为始也混而今也善恶,亦非知扬子者也。"④他认为孟子和荀子都只看到了一面,而不知善恶皆是性之所有,只有扬子的性善恶混说比较全面地概

---

① 司马光:《潜虚序》,《司马光集补遗》卷十,第 1765 页。

② 如朱熹说:"天地之间,有理有气。理也者,形而上之道也,生物之本也;气也者,形而下之器也,生物之具也。是以人物之生,必禀此理然后有性,必禀此气然后有形。"(《答黄道夫》,《晦庵先生朱文公文集》卷五十八,《朱子全书》第二十三册,第 2755 页。)

③ 司马光:《善恶混辨》,《司马光集》卷七二,第 1460 页。

④ 司马光:《善恶混辨》,《司马光集》卷七二,第 1460—1461 页。

括了性的本质。

司马光对扬雄十分推崇,认为"战国以降,百家蜂午,先王之道,荒塞不通。独荀卿、扬雄排攘众流,张大正术,使后世学者坦知去从"①。司马光的这种对性善恶混说的提倡及对扬雄学说的认可,与王安石是十分相似的,这皆反映出北宋前期学术思想的主流倾向。《四库全书总目》卷九十一《子部一》中曰:"至朱子作《通鉴纲目》,始书莽大夫扬雄死。雄之人品著作,遂皆为儒者所轻。若北宋之前,则大抵以为孟、荀之亚。"这说明在司马光的时代,扬雄仍是十分受重视的,被看作仅次于孟、荀的贤人。不过,司马光对于孟子却是颇有非议,他曾作《疑孟》一文,指出《孟子》书中很多悖理之处。他对于孟子的否定固然在很大程度上是与当时"非孟"或"疑孟"的潮流相符的,如当时李觏、苏轼等人就有过非孟与疑孟的言论,但究其本源,主要还是旨在驳斥王安石的尊孟思想。元代学者白珽在其《湛渊静语》一书中载:"或问文节倪公思曰:'司马温公乃著《疑孟》,何也?'答曰:'盖有为也。当是时王安石假孟子大有为之说,欲人主师尊之,变乱法度,是以温公致疑于孟子,以为安石之言未可尽信也。'"②这说明司马光之所以驳斥《孟子》,主要是为了证明王安石基于《孟子》而阐发的变法思想是不正确的,其目的是出于政治的考虑。纵观司马光对诸子的态度,乃是推尊扬子,否定孟子,而以老庄申韩为异端。③

司马光继承了扬子的思想,认为人性不仅是善恶兼具的,而且善恶会不断地交战于内心,使人在选择的时候犹豫不决。《太玄·中》次二曰:"神战于玄,其陈阴阳。《测》曰:神战于玄,善恶并也。"司马光解释说:"'人以心腹为玄'。阴主恶,阳主善。二在思虑之中而当夜,其心不能纯正,见利则欲为恶,顾义则欲为善,狐疑犹豫,未知适从,故曰'神战于玄,其陈阴阳'也。子夏出见纷华盛丽而悦,入闻夫子之道而乐,二者交战于中。子夏战胜,故为大贤,不胜则为小人矣。"④他以子夏为例,子夏一方面喜好纷华盛丽之物,另一方面又渴慕夫子之道,这说明即使对于贤人来说,其内心也有善、恶二者的争战;但是

① 司马光:《乞印行荀子杨子法言状》,《司马光集》卷一六,第493页。
② 白珽:《湛渊静语》卷二,中华书局1985年版,第29页。
③ 如《法言集注》卷三曰:"尊道德礼乐,黜老庄申韩。"(第23页)
④ 司马光:《太玄集注》卷一,第5页。

子夏之所以能成为大贤,就在于他能够择善去恶,使内心之善战胜恶。因此,司马光主张,人应当通过不断地学习,使善渐长,使恶渐消,最终达到圣贤之境。他说:"不学则善日消而恶日滋,学焉则恶日消而善日滋,故曰'惟圣罔念作狂,惟狂克念作圣'。必曰圣人无恶,则安用学矣? 必曰愚人无善,则安用教矣? 譬之于田,稻粱藜莠,相与并生,善治田者,耘其藜莠而养其稻粱,不善治田者反之。善治性者,长其善而去其恶,不善治性者反之。"①由于人性是善恶混有的,所以为学就有着非常重要的意义,如果只承认性是纯善或纯恶的,则会泯灭为学的价值。正因为人是善恶兼有的,所以每个人都有着成为圣贤的潜质,只要不断地学习,在实践中锻炼择善去恶,就会达于圣贤之境。

那么,为学的方法是什么呢? 或者说,为学应当学习什么内容呢? 司马光认为,为学就是要学习礼义,知晓礼义便能分辨善恶,否则,连善恶都不能分辨的话,更无从谈择善去恶。他说:"凡人不学则不知礼义,不知礼义则善恶是非之所在皆莫之识也,于是乎有身为暴乱而不自知其非也,祸辱将及而不知其危也。"②根据他的说法,人不通过后天对礼义的学习,就不能知晓和分辨善恶是非,这似乎是否定了人有先天的良知。但是司马光主张性善恶混,则性中必定是有着先天的良知的。实际上,司马光确实明确说明人性当中是有先天的良知的,他在注释扬子《法言》中"视听言貌思,性所有也,学则正,否则邪"一句时说:"五事人皆有之,不学则随物而迁,不得其正。"③这即是承认视、听、言、貌、思五者是性中本来就有的,只不过,在司马光的思想体系中,这种先天的良知只是为人可以向善做了铺垫,而对于人积极主动的选择则不具有支配作用,也就是说,司马光并不强调人性中先天能知的成分,而是将对于善恶是非的知晓完全归结为后天的学习。

司马光思想中的恶主要是指人之过度的欲望,在他看来,学习礼义、按照礼义的要求去做,这可以使人之过度的欲望得到节制,从而达到从善去恶的效果。他说:"履者,何人之所履也? 人之所履者何礼之谓也? 人有礼则生,无礼则死。礼者,人所履之常也。其曰'辨上下,定民志'者何? 夫民生有欲,喜

---

① 司马光:《善恶混辨》,《司马光集》卷七二,第1460页。
② 司马光:《家范》卷六,第34页。
③ 司马光:《法言集注》卷一,第4页。

进务得,而不可厌者也。不以礼节之,则贪淫侈溢而无穷也。是故先王作为礼以治之,使尊卑有等,长幼有伦,内外有别,亲疏有序,然后上下各安其分,而无觊觎之心,此先王制世御民之方也。"①人皆有贪得无厌的本性,先王治礼即是要通过上下等级的设立来节制人们的欲望,使人们不要逾越自己的职分。可见,司马光所说的善恶主要是基于政治立场而言的,善即是安于自身的位分,恶即是僭越凌上,知晓善恶是非即是知晓自身所应处在的位置,因此,对礼的学习和实践即是人择善去恶的途径。司马光思想中的善恶大抵仍是指外在行为上的取舍,而与内在之恻隐、羞恶、辞让、是非关系较疏,他在谈论礼对于个人的作用时,也是侧重把人放到上下等级中来衡量不同等级之礼对于个体的约束,而很少强调礼仪对个人心性的涵养作用及对于个体行为的指导作用。简言之,他总是倾向于从政治的角度来谈论礼对于安上治民的意义,而较少谈论礼对于个人修身的意义,这正是传统礼学与新学、理学视野下之礼学的区别。

二、礼顺人情

司马光对情也有所讨论。他曾作过一篇题为《情辨》的文章,其中阐释了情与道的关系。当时一些人由于受到佛老的影响,往往将道看作是超越人情世事的玄妙之物,认为任何由世事而发的喜怒哀乐都是没有达于道的表现。如当时一个叫应几的人不幸丧子,他十分悲哀,但他认为悲哀是没有得道的结果,如果得道的话就不应该悲哀,他说:"是何益哉! 昔者吾尝闻于有道者矣,曰:'死而悲哀者情也。死生有时,长短有命,知其物理之常,不足悲者道也。故其始也,悲不自制,情胜道也。及其久也,悲日益衰而理可以夺,道胜情也。'予常以为知言。"②司马光对这种观点不以为然,他反驳说:"是非有道者之言也。夫情与道一体也,何尝相离哉? 始死而悲者,道当然也;久而寖衰者,亦道当然也。故始死而不悲,是犲狼也;悲而伤生,是忘亲也。犲狼不可,忘亲亦不可,是以圣人制服,日远日轻,有时而除之。若此者非它,皆顺人情而为之

---

① 司马光:《易说》卷一,第30页。
② 司马光:《情辨》,《司马光集》卷七二,第1459页。

也。夫情者水也,道者防也;情者马也,道者御也。水不防则泛溢荡潏,无所不败也;马不御则腾走奔放,无所不之也。防之御之,然后洋洋焉注夫海,骎骎焉就夫道。由是观之,情与道何尝交胜哉!"①司马光认为,道与情是一体的,而不是分离的,丧子而哀是人之常情,也是道的体现,圣人制定丧礼丧服,正是根据人情的自然流露而来,是对人情的顺应。在这里,司马光显然是将先王之礼与道等同起来,而先王之礼又是基于人情所制定的,因此人情与道是合而为一的,这与应几等人将道看作超越玄妙之物的思想有着根本的不同。另外,司马光又认为道对于情有约束的作用,能够使之避免过分的流露。总结而言就是,在司马光的观念中,道礼,道即是源于人情,反过来又对人情有制约的作用。

人情不仅是与道是一体的,而且与天理也是一体的。司马光所说的天理与理学家所说的天理并不完全相同,司马光所说的天理主要指宇宙与社会的等级秩序。在他看来,人类社会的纲纪和等级皆是天理的表现,也是人情的需要,他说:"昔者圣人顺天理,察人情,知齐民之莫能相治也,故置师长以正之;知群臣之莫能相使也,故建诸侯以制之;知列国之莫能相服也,故立天子以统之。天子之于万国,能褒善而黜恶,抑强而辅弱,抚服而惩违,禁暴而诛乱,然后发号施令,而四海之内莫不率从也。《诗》云:'勉勉我王,纲纪四方。'"②社会上的纲纪与等级并非矫揉造作而成的,而是顺应人情的产物,人情自然需要等级秩序,如果等级秩序错乱,争端就会兴起,社会就会动荡,因此,先王之礼是不可动摇的,"先王制礼皆本诸天地,酌之人情,譬如四支百体,不可移也。移之则纲纪纷乱,争端并兴,于承选可以见其验矣"③。

正因在司马光看来,圣人制礼是为了顺应人情,所以他在制作礼书的时候,也是在很大程度上考虑到世俗民情,以社会上常见的惯例为准。如在男女初婚年龄的问题上,本来根据《大戴礼记·本命》应当是"男三十而娶,女二十而嫁",但是司马光考虑到社会上早婚之风盛行,若是强制延长婚龄,很多人必然会触犯法令,所以他在《书仪》中将男女婚龄设定为"男子年十六至三十,女子十四至二十",他对此的解释是:"按《家语》:'孔子十九娶于宋之亓官氏,

① 司马光:《情辨》,《司马光集》卷七二,第 1459 页。
② 司马光:《资治通鉴》卷二百四十四《唐纪六十》,第 272 页。
③ 司马光:《宗室袭封议》,《司马光集》卷四二,第 937 页。

一岁而生伯鱼,伯鱼年五十先孔子卒。'然则古人之娶未必皆三十也,礼盖言其极至者,谓男不过三十,女不过二十耳,过此则为失时矣。今令文:'凡男年十五,女年十三以上,并听婚嫁。'盖以世俗早婚之弊不可猝革,又或孤弱无人可依,故顺人情立此制,使不丽于刑耳。若欲参古今之道,酌礼令之中,顺天地之理,合人情之宜,则若此之说当矣。"①他将《大戴礼记》中所说的"男三十而娶,女二十而嫁"解释为最大的婚龄期限,而不是指必然的初婚年龄。他根据《孔子家语》中记载孔子十九而娶的例子来说明古代男子并非皆等到三十岁才娶。他认为礼即是要"顺天地之理,合人情之宜",既然世俗之人情是趋于早婚,那么就肯定有其道理,如孤弱无亲之人,只能早婚。因此制礼也应当顺应人情,以人情为准。

司马光几乎没有将性与情结合起来讨论,唯有在《古文孝经指解》中有一处他说道:"夫人之所以能胜物者,以其众也;所以众者,圣人以礼养之也。夫幼者非壮则不长,老者非少则不养,死者非生则不藏。人之情莫不爱其亲,爱之笃者,莫若父子,故圣人因天之性,顺人之情而利导之,教父以慈,教子以孝,使幼者得长,老者得养,死者得藏,是以民不夭折,弃捐而咸,遂其生日以繁,息而莫能伤,不然民无爪牙羽毛以自卫,其殄灭也必为物先矣。故孝者生民之本也。"②在这里,司马光认为礼是"因天之性""顺人之情",这似乎是将性与情看作一致的。然而,司马光思想中的性虽然有善的一面,但也有恶的一面,就善的一面而言,性与情是一致的,皆是合于道与礼的;但是就恶的一面而言,性就与道、礼背道而驰了,因此与情也必然是不一致的。需要注意的是,司马光很少从善恶的角度讨论情,或者说,他仅从善的一面讨论情,如他认为父慈子孝皆是情,而对于人之悖逆逾礼的行为,他则认为是性中之恶所导致。在他看来,情是自然而发的,是天然合理的,圣人制礼也是以此为基准,而性则涉及个人在行为处事中的自我选择,因此是兼善恶而有之的。

在性情的问题上,新学与理学讨论颇多,而新学与理学皆倾向于认为性情是一致的,且性体情用。王安石在其思想成熟期所作的《性情》一文中说:"性

---

① 司马光:《司马氏书仪》卷三,第1页。
② 司马光:《古文孝经指解》,第17页。

情一也。世有论者曰'性善情恶'，是徒识性情之名而不知性情之实也。喜、怒、哀、乐、好、恶、欲未发于外而存于心，性也；喜、怒、哀、乐、好、恶、欲发于外而见于行，情也。性者情之本，情者性之用，故吾曰性情一也。"①从这里可以看出，当时关于性情的一个流行观点是性善情恶，但是王安石认为情是性之所发，性与情是体用的关系，因而也就是一致的。由于他主张性情一也，因此在他看来，情之善恶完全取决于性之善恶。程颐也认为情出于性："有性便有情。无性安得情？"②且情与性在善恶的问题上是一致的："或问：'性善而情不善乎？'子曰：'情者性之动也，要归之正而已，亦何得以不善名之？'"③由于程颐主张天命之性是至善无恶的，而不善主要是才所导致，因此在情的问题上他也避免用恶来形容，而只是以不正来概括。朱熹也主张性体情用，他继承了张载心统性情的思想，认为"性是体，情是用，性情皆出于心，故心能统之"④。但是对于理学家来说，他们一方面主张性本善，另一方面又主张性体情用，这就无法解释那些发而不中节的情是何来源，因为毕竟就常识来看，情决非纯善无恶的，这是理学家在性情问题上的一个疏漏。而对司马光来说，性情问题从根本上就不是他的关注之所在，所以他也从未仔细分析过性情的关系如何，总体而言，在他的思想中性与情是分离的，情更多情况下指的是风俗民情，而非个人主观的喜、怒、哀、乐、爱、恶、欲，因此必然是合理的、无关善恶的，而性则指个体所具有的向善或向恶的倾向与能力，因此是善恶兼有的。

三、礼乐中和

司马光还将礼乐与《中庸》中所说的"中和"联系起来，他说："夫礼乐有本、有文：中和者，本也；容声者，末也；二者不可偏废。先王守礼乐之本，未尝须臾去于心，行礼乐之文，未尝须臾远于身。兴于闺门，著于朝廷，被于乡遂比邻，达于诸侯，流于四海，自祭祀军旅至于饮食起居，未尝不在礼乐之中；如此数十百年，然后治化周浃，凤凰来仪也。苟无其本而徒有其末，一日行之而百

---

① 王安石：《王文公文集》卷二十七，第 315 页。
② 程颢、程颐：《程氏遗书》卷十八，《二程集》，第 204 页。
③ 程颢、程颐：《程氏粹言》卷二，《二程集》，第 1257 页。
④ 黎靖德编：《朱子语类》卷九十八，《朱子全书》第十七册，第 3304 页。

日舍之,求以移风易俗,诚亦难矣。"①在这里,司马光将中和看作礼乐之本。前面说过,司马光是以辨贵贱、立纲纪为礼之本的,其实这并不矛盾,辨贵贱、立纲纪是指礼在社会政治层面的功能而言的,而中和主要是指礼乐对于个体的作用而言,只是对于司马光来说,前者是他所关注的主要方面。不过,司马光对于礼乐与中和也有所讨论,他认为礼乐之本即是内心的中和,如果内心没有中和,而只是在外在的玉帛钟鼓上做文章,那么对于移风易俗也是影响很小的。

司马光所说的中和是指不偏不倚、恰如其分,也就是《中庸》中所强调的合于中道。他说:"阴阳之道,在天为寒燠雨旸,在国为礼乐刑赏,在心为刚柔缓急,在身为饥饱寒热。此皆天人之所以存,日用而不可免者也。然稍过其分,未尝不为灾。是故过寒则春霜夏雹,过燠则为秋华冬雷,过雨则为淫潦,过则为旱。礼胜则离,乐胜则流,赏僭则人矫溢,刑滥则人乖叛。太刚则暴,太柔则懦;太缓则泥,太急则轻。饥甚则气虚竭,饱甚则气留滞,寒甚则气沉濡,热甚则气浮躁。此皆执一而不变者也。善为之者,损其有余,益其不足,抑其太过,举其不及,大要归诸中和而已矣。故阴阳者,弓矢也;中和者,质的也。弓矢不可偏废,而质地不可远离。《中庸》曰:'中者,天下之大本也;和者,天下之达道也。致中和,天地位焉!'由是言之,中和岂可须臾离哉!"②即是说,不论是礼乐刑赏、刚柔缓急,皆应损其有余,益其不足,使其合于中道,这是《中庸》的主旨之所在。

当时由于受佛老文学的影响,一些学者往往从虚无的角度来解释中和,如韩秉国即是将"中"解释为内心之虚明,他说:

> "中"之说有二:对外而为言,一也;无过与不及,一也。喜怒哀乐之未发,漠然无形,及其既发,然后见其中节与不中节也,故"喜怒哀乐之未发谓之中,发而中节谓之和"。人之心虚则明,塞则暗,虚而明则烛理而无滞,应物而不穷。喜怒哀乐之发有不中节乎?中节则无过与不及矣,有

---

① 司马光:《资治通鉴》卷一百九十二《唐纪八》,第514页。
② 司马光:《答李大卿孝基书》,《司马光集》卷六一,第1271—1272页。

不和乎？在《易》之卦，虚其中曰《离》，为日、为南方、为火。王弼解"《复》，其见天地之心"，云："天地以本为心者也，雷动风行，运变万化，寂然至无，是其本也。"春萌夏长，秋落冬闭，日月之行，星斗之运，此天地之迹可见于外者也。张宫置吏，发号施令，事功之修举，民物之茂遂，此圣人治天下之迹可见于外者也。若其所以迹者，盖莫得而拟议也。凡物莫不有本，此又众本之所自出，故曰大本。凡物不得其节，则过与不及，施于用则为蔽塞，为睽乖，为不行，为患难，无此四者和矣，故曰达道。明乎此者，其见天地圣人之心乎！①

韩秉国认为，"中"有两层含义，一是相对于外在而言的内心之中，二是指无过与不及。无过与不及显然是指外在而言，而外在的中节又是取决于内心的虚明，因此，内心之虚明是大本。他引用王弼对《周易·复卦》"复，其见天地之心"一句的解释，来说明寂静漠然是天地之心的本然状态，外在可见的宇宙运行与社会功业皆是从天地之心这个大本而出，所以寂静漠然之心才是最根本的。韩秉国的这种思想显然是受到了当时所流行的佛老思想的影响。

针对韩秉国的言论，司马光先后写了两封书信作答，他指出，首先，"所谓虚者，非空洞无物之谓也，不以好恶利害蔽其明是也"，儒家和佛老皆言虚，但是佛老认为虚是指空洞无物，而儒家则认为虚是虚明，即不以私欲遮蔽明德，因此，"凡曰虚、曰静、曰定云者，如《大学》与荀卿之言，则得中而近道矣；如佛老之言，则失中而远道矣"。其次，司马光指出，韩秉国引用王弼的话来证明其观点，是没有说服力的，因为"辅嗣好以老庄解《易》，恐非《易》之本指，未足以为据也"，即使万物是从虚无而出，那么"然既有，则不可以无治之矣"②。很快，司马光又给韩秉国写了第二封书信，其中总结了二人在中的问题上的分歧，他说："今光与秉国皆知中庸之为至德而信之矣，所未合者，秉国以无形为中，光以无过与不及为中。此所谓同门而异户也。夫喜怒哀乐之未发，常设中于厥心，岂有形于外哉？……《中庸》所谓中者，动静云为无过与不及也。"③

① 韩秉国:《秉国论》,《司马光集》卷六三,第1310页。
② 司马光:《答韩秉国书》,《司马光集》卷六三,第1306—1308页。
③ 司马光:《答秉国第二书》,《司马光集》卷六三,第1311页。

二人的分歧主要在于,韩秉国认为中是指内心的虚明无形,而在韩秉国看来,司马光所说的中主要指外在的无过与不及。针对这一点,司马光强调,他所说的中是兼内外而言的,喜怒哀乐未发之时,也是需要无过与不及的涵养,《中庸》所说的中是兼动静而言的,动静皆应无过与不及,而非虚明无物。

司马光关于中和思想的最大特点还在于他认为中和可以养生,他的这一思想主要体现在他与范景仁来往的几封书信及他所作的《中和论》一文中。范景仁即范镇,与司马光是至交,元丰年间,二人曾有若干封书信往来讨论中和养生的问题。从司马光的信中可以得知,司马光对于中和问题的关注从年轻时就开始了,他提起任贡院点检官时试进士一事,曰:"常记昔者与景仁同在贡院充点检官主文,试进士《民受天地之中以生论》。当是时,场中秉笔者且千人,皆以为民之始生,无不禀天地中和之气也。其文辞之美固多矣,以愚观之,似皆未得刘康公之指,常欲私出鄙意而论之。因循汩没,卒不能就,于今三十五年矣。"①"民受天地之中以生"一语出自《左传·成公十三年》,司马光任贡院点检官期间曾以这个命题来考进士。根据他的说法,当时的进士多从生成论的角度来诠释这个命题,即把中解释为天地中和之气,把"民受天地之中以生"解释为人禀受天地中和之气而生成,司马光对这种解释不以为然。

在给范景仁的书信里,他对这个命题给予了解释,并且按照他的说法,他的这种解释受到范景仁传给他的养生之道的启发而来。他说:

> 因景仁教以养生之道,敢试言之。康公之言曰:"民受天地之中以生,所谓命也。是以有动作礼义威仪之则,以定命也。能者养之以取福,不能者败之以取祸。今成子惰弃其命矣。"盖所谓生者,乃生存之生,非始生之生也。夫中者,天地之所以立也,在《易》为太极,在《书》为皇极,在《礼》为中庸。其德大矣至矣,无以尚矣。上焉治天下,下焉修一身,舍是莫之能矣。就其小小者言之,则养生亦其一也。何以知之? 夫人之有疾也,必自于过与不及而得之。阴阳风雨晦明,必有过者焉;饥饱寒燠劳逸喜怒,必有偏者焉。使二者各得其中,无疾矣。……是以圣人制动作礼

---

① 司马光:《答景仁论养生及乐书》,《司马光集》卷六二,第1289页。

义威仪之则,所以教民不离于中。不离于中,所以定命也。能者则养其中以享福,不能者则败其中以取祸。是皆在己,非在它也。《诗》云:"人而无礼,胡不遄死。"《记》曰:"人有礼则生,无礼则死。"人无礼则失中,失中则弃命矣。①

　　按照司马光的解释,生并不是生成的意思,而是生存之义。他将范景仁所教给他的养生思想与中的思想结合起来,认为"民受天地之中以生"指的是通过中的方式来养生,这是很多经典所共同强调之旨,只不过《周易》将其称作太极,《尚书》称作皇极,《礼记》称作中庸,其实这些都是指人应当在行为处事中达到无过与不及,以此来保养身心。他强调,中庸之德至大,不仅可以治天下,更可以修身,因此养生这种至小之事也必然包含在其中。他还举例说明,不论是自然界的阴阳、风雨、晦明,还是人自身的饥饱、寒燠、劳逸、喜怒,只要能合于中道,不偏于一端,则都能免于疾病。而在司马光看来,这种合于中道的途径就是礼,圣人教民动作威仪,这可以使民不离于中,可以从身心上对民起到养生的作用,因此,由于不能达于中而招致祸患的人,其实是自己没有按照养生的要求去做而已。他引用《诗经》和《礼记》中的话说明人有礼则生、无礼则死,但其实《诗经》和《礼记》中的原意并非是从身心健康的角度而言的,而只是说明在当时的状况下遵守礼仪规范则能安然于世,否则会受到制裁,司马光从养生的角度来解释礼的作用,这是受到了景仁养生思想的影响。
　　但是,范景仁对于司马光以养生释中和的思想并不以为然,他回信中说自己"心未尝不平,气未尝不和,犹不免于病"。对于范景仁的回应,司马光又写信说道:

　　　夫治心以中,此舜、禹所以相戒也;治气以和,此孟子所以养浩然者也。孔子曰:"爵禄可辞也,白刃可蹈也,中庸不可能也。"然则中和者,圣贤之所难。而来示谓光"心未尝不平,气未尝不和,犹不免于病",此言过矣。以光方于古人,乃下之下者也。于圣贤之道,曾不能望其藩篱,然亦

————————————
① 司马光:《答景仁论养生及乐书》,《司马光集》卷六二,第1289—1290页。

知中和之美,可以为养生作乐之本。譬如万物,皆知天之为高,日之为明,莫不瞻仰而归向之,谁能跂而及之邪? 向所以荐于左右者,欲与景仁黾勉共学之耳,安能遽入其域邪? 至于景仁,夫冬为酒所困,发于耳,发于牙,是亦过中之所为也。①

司马光认为范景仁之所以未尝免于病,还是因为他没有达到中和的缘故,而不是中和不足以养生的原因。他认为中和可以治心、养气,这即是《尚书》和《孟子》中所阐释的道理,但是中和之所难,对于圣贤亦如是,范景仁未能致中和而患病,这是情之所然。他还举例说范景仁饮酒致病即是过于中和所导致,这说明中和的确是身体健康的保证。

针对司马光的这些说法,范景仁又回信加以反驳。首先,他认为司马光将孟子所说的浩然之气与养生结合起来的做法不对,因为"孟轲养浩然之气,言荣辱祸福不能动其心,非除病之谓也",意思是,孟子所说的浩然之气是针对意志与心态而言的,而非指身体的健康状况。对于这一观点,司马光又写信回复道:"夫志,气之帅也,苟不以中和养其志,气能浩然乎? 苟气不浩然,则荣辱祸福交攻之,终日戚戚,陨获充诎,能无病乎? 孔子曰'仁者寿',又曰'大德必得其寿'。彼仁与德,舍中和能为之乎?"②这即是说,中和是通过养志的方式来养气的,而气又是决定荣辱祸福的因素,因为如果气不能达到中和,而是终日戚戚,患得患失,则会致病。孔子说"仁者寿"及"大德必得其寿"正是将意志与养生结合起来,而仁与德都是通过中和才能达到,因此中和是与养生相关联的。除了这个问题,范景仁还反驳了司马光认为他饮酒致病是过于中和的观点,他说:"向之病,诚犹饮食过中,是过饮食之中,非中和也。"意思是,他之所以生病是因为饮食过中,而饮食之中与中和并不是一回事。司马光在同一封信中答复道:"不知饮食之中非中和,更为何物也。光所愿者,欲景仁举措云为,造次颠沛,未始不存乎中和,岂于饮食独舍之乎?"③司马光强调,饮食之中正是中和,中和体现在一切行为举措当中,饮食只是其中之一。纵观司马

① 司马光:《与范景仁书》,《司马光集》卷六二,第 1292—1293 页。
② 司马光:《答范景仁书》,《司马光集》卷六二,第 1295 页。
③ 司马光:《答范景仁书》,《司马光集》卷六二,第 1296 页。

光的所有论述,皆是旨在说明一点,即中和是存在于大至宇宙天地、小至饮食养生等一切事物当中的,"夫和者,大则天地,中则帝王,下则匹夫,细则昆虫草木,皆不可须臾离者也。……人苟能无失中和,则无病,岂待已病然后除之邪? 夫养生用中和,犹割鸡用牛刀,所益诚微,然生非中和,亦不可养也"①。既然中和作用如此之大,因此养生这种微小之事,自然也是中和所能支配的。可见,养生的思想最初虽然是范景仁教给司马光的,但实际上却是司马光将其发挥,与中和、礼乐结合起来讨论的。

司马光关于礼乐、中和与养生的观点,与王安石比较相似,王安石也曾把礼乐与中和联系起来,并认为礼乐可以养人之性,他说:"生与性之相因循,志之与气相为表里也。生浑则蔽性,性浑则蔽生,犹志一则动气,气一则动志也。先王知其然,是故体天下之性而为之礼,和天下之性而为之乐。礼者,天下之中经;乐者,天下之中和。礼乐者,先王所以养人之神,正人气而归正性也。……衣食所以养人之形气,礼乐所以养人之性也。礼反其所自始,乐反其所自生,吾于礼乐见圣人所贵其生者至矣。世俗之言曰'养生非君子之事',是未知先王建礼乐之意也。"②在这里,王安石指出性与生是息息相关、相互影响的,这就如同孟子所说的志与气的关系;圣人制礼作乐是为了养人之性,但是养性与养生从根本上来说是一回事,因此礼乐其实是起到了养生的作用,这是圣人、贵人之生的体现,那些认为"养生非君子之事"的观点实际上是没有把握圣人制礼作乐的宗旨。从历史上看,以礼乐、中和与养生相结合的传统一直都有,以中和解释礼乐的例子主要见于《礼记》,如"夫礼所以制中也"(《仲尼燕居》)、"乐以和其声"(《乐记》)。以礼乐可以养生的例子有《荀子·强国》中所说:"故人莫贵乎生,莫乐乎安,所以养生安乐者莫大乎礼义。"将中和与养生相结合更是比较常见,如董仲舒曰:"能以中和养其身者,其寿极命。"(《春秋繁露·循天之道》)荀悦曰:"养性禀中和,守之以生而已。"(《申鉴·俗嫌》)司马光同时代的文彦博在被宋神宗询问为何年迈仍然康健时说:"无他,臣但能任意自适,不以外物伤和气,不敢使过,当年酌中,恰好即止。"(《石

---

① 司马光:《答范景仁书》,《司马光集》卷六二,第 1295 页。
② 王安石:《礼乐论》,《王文公文集》卷二十九,第 333—334 页。

林燕语》)这说明王安石、司马光将礼乐中和与养生相结合,实际上也是受到了古代传统一直以来的影响。

第四节　《书仪》

在司马光的所有礼书著作中,《书仪》是内容最丰富、影响最深远的一部。此书作于元丰年间,是司马光晚年的一部著作。全书共十卷,除了第一卷收录了表奏、公文、私书、家书等之外,其余几卷皆是记载冠、婚、丧的礼仪,其中卷二后附"深衣制度",卷四后附"居家杂仪",卷十后附"影堂制度"。书仪这种体裁原指旧时士大夫私家关于书札体式、典礼仪注的著作,"早在西晋时期就出现了这种类型的书仪,如著名书法家索靖的《月仪》,就是按月编写、供不同月份使用的往来书信格式。后来,书仪类著作逐渐向综合性方向发展,其内容也变得十分广泛,几乎成了当时士大夫的生活指南或行为准则,这种综合性质的书仪又叫吉凶书仪,唐代郑余庆的《大唐新定吉凶书仪一部并序》是这方面的代表。郑氏书仪共30卷,其中关于各种书信格式的内容仍然占有较大的比例,而且有关具体礼仪的内容显得相当宽泛,设计了从国家礼仪到日常礼仪的各种层次。与此相比,司马光的《书仪》虽然仍属于吉凶书仪的范畴,但与郑氏书仪已有了明显的区别。……司马光《书仪》已由早期书仪以讲书式为主转变为以讲礼仪为主,而且也不再像郑氏书仪那样各种礼仪面面俱到,而是着重介绍民间日常应用的家庭礼仪,它的性质实际上已成为一部重要的家礼著作。……后来朱熹作《家礼》时,一半以上的文字都援引自《书仪》,足见《书仪》对后世家礼的影响。"①司马光《书仪》不仅对日常居家所要注意的礼节有具体的介绍,还详细记录了社会上重大礼仪场合,如冠、婚、丧的仪节,对家庭教育和社会风俗都有重要的意义。司马光十分看重风俗教化,他认为"教化,国家之急务也,而俗吏慢之;风俗,天下之大事也"②。《书仪》正是起到了教

---

① 王立军:《宋代的民间家礼建设》,《河南社会科学》2002年第2期。

② 司马光:《资治通鉴》卷六十八《汉纪六十》,第798页。

化民众、改善风俗的作用。从《书仪》的写作方式中,我们也可以看出司马光对于古礼与今礼、礼经与令文之间关系的看法。

一、以《仪礼》为本

《书仪》的大体结构是本于《仪礼》,在各个礼仪的主要流程上大致是遵循《仪礼》的安排,但是在此基础上有着很大幅度的简化。由于《礼记》中的很多篇章是对《仪礼》的解释,因此《书仪》也多引用《礼记》的文字。除了《仪礼》《礼记》,《书仪》中还借鉴了《开元礼》《颜氏家训》和《刘岳书仪》等礼书的内容及当时所颁布的令文如《天圣令》《元丰令》等。当然,在适于时人之用的情况下,司马光往往是以《仪礼》为准的。如在启殡是否朝庙的问题上,《仪礼》是设有朝庙之礼的,《书仪》中引了《仪礼》的原文及郑注和《礼记》的解释,《既夕礼》曰:"迁于祖,用轴。"注曰:"盖象平生将出,必辞尊者。"《檀弓》曰:"丧之朝也,顺死者之孝心也,其哀离其室也,故至于祖考之庙而后行。殷朝而殡于祖,周朝而遂葬。"而《开元礼》是没有这一环节的,这说明启殡朝庙这一仪节并非丧礼中的必要环节。然而,司马光在《书仪》仍是遵循了《仪礼》的安排,设置了朝庙这一仪节。由于在他的时代士大夫已无家庙,因此他在《书仪》中设影堂以代之,于是朝庙的仪节就改在了影堂当中。《书仪》中规定曰:"启殡之日,夙兴,执事者纵置席于影堂前阶上及听事中央,仍帷其听事。"又解释为什么置席与帷,因为"席所以藉柩也,帷之为有妇人在焉"①。这是基于《仪礼》仪节并进行改造的结果。又如,在祔庙的问题上,历来也有不同的规定,商代是练之后祔,周代是卒哭之后祔,唐代《开元礼》则规定禫之后祔,本来三者皆无不可,但是司马光还是遵从了周制,采用了《仪礼·士虞礼》中卒哭而祔的说法。这些皆表明,在几种礼制皆可行的情况下,司马光是倾向于遵从《仪礼》的。

但是,司马光并非一味地主张墨守古礼,而是认为道是随时变易的。他曾作过《机权论》一文,以说明机与权的重要性。机是指事物的端倪:"机者,弩之所以发矢者也。机正于此,而的中于彼,差之至微,失之甚远,故圣人之用机

---

① 司马光:《书仪》卷七,第10页。

也似之。"权是指衡量事情的轻重缓急,采取合宜之计:"权者,铨也,所以平轻重也。圣人之用权也,必将校轻重,商缓急。彼重而此轻,则舍此而取彼;彼缓而此急,则去彼而就此。取舍去就之间,不离于道,乃所谓权也。"他认为机与权皆是仁义的体现:"机者仁之端也,权者义之平也。"①这说明在司马光看来,机与权皆是仁义所必需的内容,皆是仁义的组成部分。他举了伊尹放逐太甲、微子去商归周、周公诛灭管蔡的例子,来说明权变的必要性,他说:"伊尹放太甲,微子去商归周,周公诛管、蔡,是皆知权者也。夫数君子岂不知放君、叛宗、戮亲之为不善哉? 诚以放君之责轻,而沦丧大业之祸重;叛宗之讥薄,而保存宗祀之孝深;戮亲之嫌小,而倾覆周室之害大,故去彼而取此也。"②按照常理,伊尹放太甲是放逐君王,微子去商归周是叛离宗族,周公诛管、蔡是杀戮至亲,这皆是有违于礼法的,但是三人之所以这么做,是为了更高的利益,因此这些做法是权宜,而不是悖理。司马光认为,正是这些权宜之计,使得仁义能够大行其道,"夫圣人之用权也如此,故国家安而仁义立也"③,可见权也是仁义的必需。在现实的政治中,他也是依据这个原则来指导事务。如在治平期间他曾劝谏英宗改变郊礼的时间,他说:"今灾变至大,国用不足,臣谓不可不小有变更。若因兹天谴,随时损益,以九月、十月之间于大庆殿恭谢天地,亦足以展纯洁之诚,昭寅畏之志。减省大费,安慰众心,事无便于此者。"④当时由于国用不足,若按照惯例进行郊礼,会加重国家开支负担,因此司马光主张应当对传统之礼进行损益,改变郊礼的时间,这不是对天不敬的表现,反而减少开支、安慰民心正是顺天意的举动。可见,司马光并非一味主张返古因循,而是十分重视时下之需的。

相对于其他礼书,司马光的《书仪》已经是对古礼有较大的变革,而在很大程度上采用了当时的俗礼。《书仪》中很多处有着"今从俗"的字样,虽然大体的环节是本于《仪礼》,但是由于社会环境的变迁,《仪礼》的很多内容已经不适于时下之所用,因此司马光引用了很多当时社会上盛行的礼俗作为礼制

---

① 司马光:《机权论》,《司马光集》卷七一,第1442—1443页。

② 司马光:《机权论》,《司马光集》卷七一,第1443—1444页。

③ 司马光:《机权论》,《司马光集》卷七一,第1445页。

④ 司马光:《乞改郊礼劄子》,《司马光集》卷三四,第803页。

的标准。朱熹曾对北宋期间的各家礼书有所评论,当时有礼部侍郎高闶所作的《高氏送终礼》,朱熹认为高氏之礼在考察古礼方面比司马光的《书仪》更为仔细,但是在具体环节上不如《书仪》敦实:"大抵高氏考古虽详而制仪实踈,不若温公之悫实耳。"①此外,还有二程与张载的礼书,朱熹认为相对于司马光《书仪》,二程与张载的礼书更贴近古礼,而《书仪》则古今参用,比较切于实际之用,他说:"二程与横渠多是古礼,温公则大概本《仪礼》而参以今之可行者。要之,温公较稳。其中与古不甚远,是七八分好。……大抵古礼不可全用,如古服古器,今皆难用。"②朱熹亦主张古礼不可完全因循,因为时代变迁,古礼中的服饰器物等都不适于今用。在他看来,司马光《书仪》在大体上本于《仪礼》,而在具体的细节上则更多采用当时的服饰、器物、风俗,这比二程与张载的礼书更具有实用性。因此,朱熹主张看礼书应当先看司马光的《书仪》,一来因为《书仪》切于实用,二来《书仪》是本于《仪礼》,所以在读《书仪》的同时也会对古礼有所了解。他说:"欲看《礼》,且看温公《书仪》,盖他是推古礼为之,其中虽有得失,然于今日便可得用,如冠昏丧祭之类,皆可行。若能先看此,则古礼少间亦自易理会。"③朱熹不仅主张读礼书应当以《书仪》为先,他在作《家礼》时也是以《书仪》为本,根据《书仪》而增损之,由此可以看出司马光《书仪》对后世的影响。

二、参考《开元礼》

《书仪》构成的另一个重要来源是唐代的《开元礼》,司马光在《书仪》中采用了很多《开元礼》的礼制。在《仪礼》《礼记》与《开元礼》之间,司马光舍前者而取《开元礼》的例子,多见于服饰问题上。如在丧礼之初的"复"这一环节,应为死者准备何种衣物,《礼记》与《开元礼》的说法不同,《书仪》则选择《开元礼》中所记载的服饰为标准:"按《杂记》、《丧大记》:'复衣,诸侯以衮,夫人以揄狄,内子以鞠衣。'今从《开元礼》:'上服者,有官则公服,无官则襕衫

---

① 朱熹:《答程正思》,《晦庵先生朱文公文集》卷五十,《朱子全书》第二十二册,第2322页。

② 黎靖德编:《朱子语类》卷八十四,《朱子全书》第十七册,第2883页。

③ 朱鉴撰:《朱文公易说》卷一八,第314页。

或衫,妇人以大袖或背子,皆常经衣者。'"①这显然是根据古今服饰的不同,而以现今的服饰为准。又如,在丧礼中的礼容问题上,司马光也是遵从《开元礼》的制度,如:"《问丧》:'亲始死,笄纚徒跣,扱上衽。'注:'亲始死去冠,二日先去笄纚,括发也。上衽,深衣之裳前。'《开元礼》:'初终。男子易以白布衣,披发徒跣。妇人易以青缣衣,披发不徒跣。为人后者为本生父母,素冠不徒跣。女子已嫁者,髽。齐衰以下,丈夫素冠,妇人去首饰,内外皆素服。'按:笄纚,今人平日所不服,被发尤哀毁无容,故从《开元礼》。"②在这里,笄纚的问题属于古今异制的问题,因为笄纚是古代常用而今不用之物;但是司马光之所以选择《开元礼》,还因为《开元礼》规定披发而不是括发,这便是从人情角度所进行的考虑了。括发是《仪礼》与《礼记》中的仪文,指束发,而司马光认为披发更能体现哀痛之情,所以选择《开元礼》。这说明司马光在《仪礼》《礼记》与《开元礼》之间进行选择时,不仅考虑古今服饰制度问题,还考虑其对现今人情的符合程度。

在堂室方面,由于古今建筑也有着很大的变化,因此司马光在很多情况下也是遵循《开元礼》。如在丧礼中各成员的座次问题上,《仪礼·士丧礼》中规定了五服之亲的座次:"主人入,坐于床东。众主人在其后,西面。妇人侠床,东面。"郑注:"众主人,庶昆弟也。妇人,谓妻妾子姓也,亦嫡妻在前。"又曰:"亲者在室。"注:"谓大功以上父兄姑姊子侄在此者。"又曰:"众妇人户外北面,众兄弟堂下北面。"注:"众妇人、众兄弟,小功以下。"而《礼记·丧大记》则具体规定了有命夫命妇在的情况下的座次:"既正尸,子坐于东方,卿大夫父兄子姓立于东方,有司庶士哭于堂下,北面。夫人坐于西方内,命妇姑姊妹子姓立于西方外,命妇率外宗哭于堂上,北面。"注:"世妇为内命妇,卿大夫之妻为外命妇,外宗姑姊妹之女。"又曰:"大夫之丧,有命夫命妇则坐,无则皆立。士之丧皆坐。"《开元礼》则异于《仪礼》与《礼记》的规定:"主人坐于床东,众主人在其后,兄弟之子以下又在其后,俱西面南上。妻坐于床西,妾及女子在妻之后,兄弟之女以下又在其后,俱东面南上。藉藁坐内外之际,南北隔以行

---

① 司马光:《书仪》卷五,第2页。
② 司马光:《书仪》卷五,第3—4页。

帷。祖父以下于帷东北壁下,南面西上;祖母以下于帷西北壁下,南面东上。皆舒席坐。外姻丈夫于户外之东,北面西上;妇人于主妇西,南面东上。皆舒席坐。若内丧,则尊行丈夫外亲。丈夫席位于前堂若户外之左右,皆南面。宗亲户东西上。外亲户西东上。凡丧位,皆以服精粗为序。"不论是成员身份还是座次方位,皆相对于《仪礼》《礼记》有所变化。司马光则曰:"今堂室异制,难云如古,但仿《开元礼》为哭位。"①这是从便于今用的角度而做出的选择。

另外,还有些礼制是《仪礼》中所没有而《开元礼》中新增的,如祭后土的礼仪,司马光从人情的角度考虑,选择了《开元礼》的规定,在丧礼卜宅的环节中增设了祭祀后土的仪节。《书仪》卷七《丧仪三》中曰:"设后土氏神位于中壤之左,南向。"司马光另外注释曰:"古无此,《开元礼》有之。"②但是在《书仪》卷八中,司马光从《礼记》当中追溯了祭后土之礼的渊源,他说:"祭后土,《既夕礼》无之,《檀弓》曰:'有司以几筵舍奠于墓左。'注:'为父母形体在此,礼其神也。'今从《开元礼》。"③《檀弓》中在墓左设几筵的仪节,在司马光看来与《开元礼》中祭后土的仪节比较类似,但他还是遵从了《开元礼》,盖因祭后土已成为当时比较盛行的礼节。虽然祭后土之礼取自《开元礼》,但在具体的祭祀环节上,《书仪》并没有完全照搬《开元礼》的仪节,而是根据当时的实际情况而有所变易,《书仪》中规定祭后土的仪节为:"置倚卓、盥盆、帨架、盏注、脯醢,既不能如此,只常食两三味。皆如常日祭神之仪。但不用纸钱。告者与执事者皆入,卜者不入。序立于神位东南,重行西向北上,立定,俱再拜。告者盥手、洗盏,斟酒进,跪酹于神座前,俯伏兴,少退北向立。搢笏执词,进于神座之右,东面跪念之,曰:维年月朔日,子某官姓名,敢昭告于后土氏之神,今为某官姓名,主人也。营建宅兆,神其保佑,俾无后艰,谨以清酌醢醢,祗荐于神。尚飨,讫,兴复位,告者再拜出,祝及执事者皆西向再拜,彻馔出。主人归殡前,北面哭。"④《开元礼》中对于祭后土时的器物陈设也有具体的说明,而《书仪》只说"皆如常日祭神之仪",相对简化。此外,《书仪》还考虑到当时社会的实际

① 司马光:《书仪》卷五,第7—8页。
② 司马光:《书仪》卷七,第4页。
③ 司马光:《书仪》卷八,第6页。
④ 司马光:《书仪》卷七,第4页。

情况,如对于贫寒不备之家,他主张"只常食两三味",对于当时惯用纸钱的流弊,他特别说明"不用纸钱",这皆显示出他立足于现实状况而制礼的准则。

三、参考令文

北宋期间所颁布的令文也是司马光作《书仪》时所参考的一个因素。北宋建国之初用的是唐令,太宗淳化三年(992),曾将唐《开元二十五年令》加以校勘,做了个别文字的修改,定为《淳化令》,在内容上并没有改动。至天圣七年(1029)始修成《天圣令》,这是第一部真正的宋代令。天圣十年(1032)"镂版施行",其编修原则是"取唐令为本,先举见行者,因其旧文,参以新制定之。其今不行者亦随存焉"(《宋会要辑稿·刑法一》),这说明《天圣令》是在唐令的基础上修订而成的。《天圣令》原书为三十卷,现存明抄本只保存了后十卷,虽然是明钞本,却基本上保存了《天圣令》当年制订和颁行时的原貌。《天圣令》修订后过了近六十年,至宋神宗元丰年间又修订了《元丰令》,以取代《天圣令》,这是北宋的第二部令。《元丰令》共五十卷,今皆不存,其内容已难得其详。司马光撰修《书仪》正值元丰,他所参考的令文应当包括《天圣令》和《元丰令》在内,而以后者为主。"令是关于国家制度的规定。《唐六典》卷六曰:'律以正刑定罪,令以设范立制,格以禁违正邪,式以轨物程事。'也就是说,令是关于国家体制和基本制度的规范,违反了这一规范,才用律来调节处理。从这一意义来说,律只是扮演了服务于令的工具性的角色,令才是律令体系的中心。"①这说明令是当时社会普遍遵守的行为准则,是受到法律保护的制度体系。

在通常情况下,司马光是倾向于认为古礼是高于令文的,如在《宗室袭封议》中他说:"令文皆约古礼为之,安有与古不同之理? 借使不同,朝廷方宪章稽古,亦当舍令而从礼,岂可弃礼而就令也?"②在这里,司马光明确认为令文是源于古礼的,在令文与古礼之间出现分歧的情况下,应当舍令而从礼。《宗室袭封议》这篇文章是讨论宗室世袭制的,根据古礼,宗室是应由嫡子世袭,

---

① 戴建国:《试论宋〈天圣令〉的学术价值》,张伯元主编:《法律文献整理与研究》,第163页。
② 司马光:《宗室袭封议》,《司马光集》卷四二,第936页。

当时的令文称:"诸王、公、侯、伯、子、男,皆子孙承嫡者传袭。若无嫡子及有罪疾,立嫡孙;无嫡孙,以次立嫡子同母弟;无母弟,立庶子;无庶子,立嫡孙同母弟;无母弟,立庶孙。曾孙以下,准此。"①这段令文规定宗室当以嫡子、嫡孙传袭,但是没有提到是否要以嫡曾孙传袭,而只是说无嫡孙则以嫡子同母弟传袭。这就有一个问题:在有嫡曾孙的情况下,应当是嫡曾孙传袭,还是嫡子同母弟传袭呢? 当时对这个问题有着不同的看法,韩忠彦认为应当传嫡子母弟而非嫡曾孙,他的理由是,令文中所说的"无嫡孙同母弟,则立庶孙"指的就是在有嫡曾孙而无嫡孙同母弟的情况下,应当舍嫡曾孙而传庶孙,因为"王视庶孙恩亲等也,庶孙比曾孙行尊而属近也"②,意思是对于王来说,自己的嫡孙和庶孙与自己的亲近程度是等同的,而曾孙则远了一层,所以应当传庶孙而非嫡曾孙。而司马光则认为,"圣人制礼之意,必使嫡长世世承袭者,所以重正统而绝争端也"③,所以令文也应当是与古礼的原意相符的。他解释道:"令文所谓'子孙承嫡者传袭',言嫡子、嫡孙相继不绝,虽经百世,皆应传袭也。若不幸而绝,则有立嫡子同母弟以下之事,非谓有嫡曾孙舍之不立而立嫡子之母弟也。"④意即令文指的是应当以嫡系为主而传袭,若嫡系不幸断绝,则考虑嫡子同母弟以下事,因此并无舍嫡曾孙而传嫡子同母弟的规定。可见,在宗室传袭这个问题上,司马光是倾向于遵从古礼的。

但是,在《书仪》中,司马光并非皆是舍令取礼,有时他也是充分考虑令文的适用性。如在婚嫁年龄的问题上,他说:"古礼男三十而娶,女二十而嫁。按《家语》:'孔子十九娶于宋之亓官氏,一岁而生伯鱼,伯鱼年五十先孔子卒。'然则古人之娶未必皆三十也,礼盖言其极至者,谓男不过三十,女不过二十耳,过此则为失时矣。今令文:'凡男年十五,女年十三以上,并听婚嫁。'盖以世俗早婚之弊不可猝革,又或孤弱无人可依,故顺人情立此制,使不丽于刑耳。若欲参古今之道,酌礼令之中,顺天地之理,合人情之宜,则若此之说当

---

① 司马光:《宗室袭封议》,《司马光集》卷四二,第 934 页。
② 司马光:《宗室袭封议》,《司马光集》卷四二,第 936 页。
③ 司马光:《宗室袭封议》,《司马光集》卷四二,第 934 页。
④ 司马光:《宗室袭封议》,《司马光集》卷四二,第 936 页。

矣。"①古礼规定男三十而娶、女二十而嫁,而司马光时代的令文则规定男十五而娶、女十三而嫁,针对这一分歧,司马光采取了折中的方式,他将古礼中男三十而娶、女二十而嫁解释为男不超过三十、女不超过二十,而非指男等到三十、女等到二十。之所以做这种折中,是因为北宋社会早婚风俗盛行,难以猝革,且考虑到很多孤苦伶仃之人需要早婚以解决生存问题,因此从人情的角度出发,应当在一定程度上遵从礼令的规定。于是,司马光在《书仪》中将男女婚嫁的年龄规定为"男子年十六至三十,女子十四至二十",对礼令采取了折中的办法。又如在何种情况下可以成婚的问题上,古礼与令文的规定也不一致。《书仪》卷三引述曰:"《士昏礼》请期之辞'惟是三族之不虞',三族谓父、己、子之昆弟,是期服皆不可以婚也。《杂记》曰:'大功之末可以嫁子。'然则大功未葬亦不可以主昏也。今依律文,以从简易。"②根据《仪礼·士昏礼》的记载,只要父、己、子之昆弟中有期服之丧,则皆不可成婚,而令文则相对简化,比较切合时下之用,因此司马光遵从令文,将其规定为"身及主婚者无期以上丧,皆可成婚"。

还有一些情况下,司马光是综合了古礼和令文的礼制,即分别吸取了二者的内容以互补。如丧礼中关于铭旌的形制,《书仪》分别引用了《仪礼》《礼记》《开元礼》《丧葬令》的说法:"《士丧礼》:'为铭,各以其物,亡则以缁,长半幅,□末,长终幅,广二寸,书铭于末,曰:某氏某之柩。'注:'无旗,不命之士也。末为饰也。'又曰:'竹杠长三尺,置于宇西阶上。'注:'杠,铭橦也。'《檀弓》曰:'铭,明旌也,以死者为不可别已,故以其旗识之。'《开元礼》:'杠之长准其绋,王公以下杠为龙首,仍韬杠。'《丧葬令》:'铭旌长各有尺数。'"③在这里,《仪礼》《礼记》《开元礼》《丧葬令》分别对铭旌的不同部分进行了不同规定,而司马光则综合了这些规定,将铭旌的形制设定为:"以绛帛为之,广终幅,三品以上长九尺,五品以上八尺,六品以下七尺,书曰某官某公之柩,以竹为杠,长准铭旌,置屋西阶上。"这是综合参考了《仪礼》《礼记》《开元礼》《丧

---

① 司马光:《书仪》卷三,第1页。
② 司马光:《书仪》卷三,第2页。
③ 司马光:《书仪》卷五,第9页。

葬令》而设定的更为详细的礼制。

四、参考俗礼

司马光在《书仪》中还采纳了当时的俗礼作为标准。当时的很多俗礼是在民间普遍盛行的,但却是古礼中所没有的,盖因这样的风俗难以变革,因此司马光将其引入礼书的范本。如在婚礼中,当时的风俗是迎亲时女方家要为夫婿准备房间,这个仪节在古礼中是没有的,但是司马光还是遵从了当时的俗礼,规定"前期一日,女氏使人张陈其婿之室",他解释说:"俗谓之铺房,古虽无之,然今世俗所用,不可废也。"①又如,当时婚礼流行新婚戴花,司马光本身认为这种方式有失大雅,但是觉得世俗难以禁止,因此他在《书仪》中规定新婚可以戴花:"世俗新婚盛戴花胜拥蔽其首,殊失丈夫之容体,必不得已。且随俗戴花一两枝、胜一两枚可也。"②又如,古礼中没有婿妇交拜之礼,但是司马光的时代则流行婿妇交拜,于是司马光在《书仪》中说:"古无婿妇交拜之仪,今世俗始相见交拜,拜致恭,亦事理之宜,不可废也。"③又如,在婿妇就座的方位上,古时尚右,所以古礼是婿在西、妇在东,但是司马光的时代尚左,所以婿在东、妇在西,在这一点上,司马光也是主张从俗,他规定:"婿揖,妇就坐,婿东妇西。"并解释说:"古者同牢之礼,婿在西,东面;妇在东,西面。盖古人尚右,故婿在西,尊之也。今人既尚左,且须从俗。"④又如,妇拜舅的位置,古代是拜于堂上,司马光的时代大多是拜于堂下,因此他规定"妇北面拜舅于堂下"⑤。

在丧礼的问题上,司马光也常常采纳当时社会的俗礼。如"主人置杖坐,兀子不设坐,褥或设白褥,茶汤至则不执托子,宾退释杖而送之",这是古礼中所没有的,司马光注释曰:"此皆俗礼,然亦表哀素之心,故从之。"⑥又如,宾向主人吊唁时,古礼是主人拜宾,而今礼则是众子皆拜宾,司马光认为今礼是不

① 司马光:《书仪》卷三,第6页。
② 司马光:《书仪》卷三,第7页。
③ 司马光:《书仪》卷三,第10页。
④ 司马光:《书仪》卷三,第10页。
⑤ 司马光:《书仪》卷四,第2页。
⑥ 司马光:《书仪》卷五,第12页。

合礼的,但是因为难以纠正,所以便以今礼为准,规定"宾东向吊,主人西向稽颡再拜",并注释曰:"秦穆公吊公子重耳,重耳稽颡不拜,以未为后,是故不成拜。今人众子皆拜,非礼也,然恐难顿改。"①又如,在启殡这个环节中,五服之亲应服何种服饰上,古礼与今礼不同,《丧服小记》曰:"男子冠而妇人笄,男子免而妇人髽。"又曰:"缌、小功,虞、卒哭则免。"注曰:"棺柩已藏,嫌恩轻可以不免也。言则免者,则既殡先启之间,虽有事不免。"又曰:"既葬而不报虞,则虽主人皆冠,及虞则皆免。"注曰:"有故不得疾虞,虽主人皆冠,不可久无饰也。皆免,自主人至缌麻。"《开元礼》曰:"主人及诸子皆去冠绖,以邪巾帕头。"《礼记》主张五服之亲皆去冠、袒免,《开元礼》也主张五服之亲皆去冠,但是司马光认为在当时的风俗下,如果五服之亲皆去冠、袒免,则会惊世骇俗,他说:"自启殡至于卒哭,日数甚多,今已成服,若使五服之亲皆不冠而袒免,恐其惊俗,故但各服其服而已。"于是他在《书仪》中规定"五服之亲皆来会,各服其服,入就位哭。"②这是遵从了当时的俗礼。

司马光在作《书仪》时虽然很多地方采纳了当时的礼俗,但是在更多的情况下他是针砭当时的某些风俗的。如当时成婚多看重对方的家产,司马光批判道:"凡议婚姻,当先察其婿与妇之性行及家法何如,勿苟慕其富贵。婿苟贤矣,今虽贫贱,安知异时不富贵乎?苟为不肖,今虽富盛,安知异时不贫贱乎?……妇者,家之所由盛衰也,苟慕一时之富贵而娶之,彼挟其富贵,鲜有不轻其夫而傲其舅姑,养成骄妒之性,异日为患庸有极乎?借使因妇财以致富,依妇势以取贵,苟有丈夫之志气者,能无愧乎?"③当时还有指腹为婚的现象,也是司马光所反对的,他说:"又世俗好于襁褓童幼之时,轻许为婚,亦有指腹为婚者,及其既长,或不肖无赖,或身有恶疾,或家贫冻馁,或丧服相仍,或从宦远方,遂至弃信负约、速狱致讼者多矣。是以先祖太尉尝曰:'吾之男女,必俟既长,然后议婚。婚既通书,不数月必成婚,故终身无此悔。'乃子孙所当法也。"④又如,当时的婚礼流行结发之仪,司马光考察古礼之后认为:"古诗云

---

① 司马光:《书仪》卷五,第13页。
② 司马光:《书仪》卷七,第10页。
③ 司马光:《书仪》卷三,第2页。
④ 司马光:《书仪》卷三,第2页。

'结发为夫妇',言自稚齿始结发以来,即为夫妇,犹李广云'广结发与匈奴战'也。今世俗有结发之仪,此尤可笑。"①即是说,古代结发代表的是一个年龄阶段,而不是如今日婚礼当中的结发之仪,今人实际上是错会了古礼的原意。

　　丧礼中有很多流弊也是司马光所批判的,如作人偶、画像、用佛教仪式等习俗。司马光在《书仪》中曰:"然世俗或用冠帽衣屦装饰如人状,此尤鄙俚不可从也。又世俗皆画影置于魂帛之后,男子生时有画像用之,犹无所谓,至于妇人生时深居闺阃,出则乘辒辌拥蔽其面,既死岂可使画工直入深室揭掩面之帛、执笔望相画其容貌?此殊为非礼勿可用也。又世俗信浮屠诳诱,于始死及七七日、百日、期年、再期除丧饭,僧设道场,或作水陆大会,写经造像,修建塔庙,云为此者,灭弥天罪恶,必生天堂,受种种快乐,不为者必入地狱,剉烧舂磨,受无边波咤之苦。殊不知人生含气血、知痛痒,或翦爪鬇髪从而烧斫之已不知苦,况于死者形神相离,形则入于黄壤,腐朽消灭与木石等;神则飘若风火,不知何之。假使剉烧舂磨,岂复知之?且浮屠所谓天堂地狱者,计亦以劝善而惩恶也,苟不以至公行之,虽鬼可得而治乎?"②他还批判了世俗信风水之说的流俗,他说:"世俗信葬师之说,既择年月日时,又择山水形势,以为子孙贫富贵贱贤愚夭寿尽系于此。又葬师所有之书人人异同,此以为吉,彼以为凶,争论纷纭,无时可决。其尸柩或寄僧寺,或委远方,至有终身不葬,或累世不葬,或子孙衰替,忘失处所,遂弃捐不葬者。凡人所贵身后有子孙者,正为收藏形骸耳。其子孙所为乃如此,曷若初无子孙死于道路,犹有仁者见而瘗之邪耳!彼阴阳家谓人所生年月日时足以定终身禄命,信如此所言,则人之禄命固已定于初生矣,岂因殡葬而可改耶?是二说者自相矛盾,而世俗两信之,其愚惑可谓甚矣!"③这些皆表明,尽管司马光在作《书仪》时会采纳当时的礼俗,但并不是所有的礼俗他都接受,对有些不合逻辑的流弊他是持坚决抵制的态度的。概言之,他在《书仪》中仍是遵循了古礼的原意,对于那些基本符合古礼宗旨,只是表现形式有所不同的习俗如婿妇就座方位等,他是加以采纳的,但是对于完全不合古礼原意的流俗如佛教仪式等,他是持批判态度的。

---

①　司马光:《书仪》卷三,第10页。
②　司马光:《书仪》卷五,第10页。
③　司马光:《书仪》卷七,第2页。

五、从简

《书仪》的一个特点是在古礼的基础上大幅简化。《仪礼》主要是记述古代士族阶层、士以上阶层的礼仪规范，而时至宋代，由于社会的变革，以贵族阶层为主的社会结构已经逐渐被以庶民阶层为主的社会结构所取代，唐代《开元礼》中已经出现了很多庶民之礼，但大体上还是以贵族之礼为主。司马光作《书仪》的时候，所面对的主要是庶民阶层，而庶民家庭不论是在规模上还是在资产上都远远达不到《仪礼》中士族的标准。因此，司马光在很大程度上将《仪礼》进行简化，以适用于当时的庶民社会。

如在冠礼最后的礼宾环节，按照《仪礼》，主人礼宾应当是以一献之礼，即包括献、酢、酬三个环节，其中酬宾是用束帛俪皮，送宾之时还要归宾俎，此外，对众宾及赞者也要行饮酒之礼，这需要相当大的耗费。司马光考虑到当时很多家庭难以承担这样大的开销，因此主张"今虑贫家不能办，故务从简易"①，他将礼宾的环节规定为："主人请礼宾，宾礼辞，许。乃入设酒馔延宾及摈赞，如常仪。酒罢，宾退，主人酬宾及赞者以币，仍拜谢之。"②这里不仅取消了一献之礼，而且也用币代替束帛俪皮和俎，以大多数家庭可以承受的标准为规定。又如，在丧礼中为死者准备的衣物问题上，《仪礼》中按照死者身份等级的不同，衣物的数量也不同，但总体而言数量很多，司马光则认为这种规格非当时庶人之家所能负担得起，所以他主张从简。他说："古者士袭衣三称，大夫五称，诸侯七称，公九称。小敛尊卑通用十九称。大敛士三十称，大夫五十称，君百称。此非贫者所办也，今从简易。袭用衣一称，小大敛则据死者所有之衣及亲友所襚之衣，随宜用之，若衣多不必尽用也。"③这便大大地降低了衣物的规格，使大多数家庭可以承担。

除了家产方面的原因，古礼中还有很多器物用品虽然今人可以承担，但却是当时并不常见的，对于这种情况，司马光往往也是主张用时下常见之物来代替。如古礼中死者的饭含是用粱、稷、稻的，根据不同的等级用不同之物，但是

---

① 司马光:《书仪》卷二，第7页。
② 司马光:《书仪》卷二，第6—7页。
③ 司马光:《书仪》卷五，第14—15页。

司马光则主张用平日所食之米,他说:"古者,诸侯饭用粱,大夫用稷,士用稻,今但用乡土所生平日所食之米可也。"①又如,古礼中很多仪节会用到脯醢,因为脯醢是古人常备之物,但是司马光的年代,大多数家庭已经不常备,因此司马光认为用平日常见的食物来代替即可,他说:"古人常畜脯醢,故始死,未暇别具馔,但用脯醢而已。今人或无脯醢,但中见有食物一两种并酒可也。"②又如,古代吊丧有专门的吊服,但是司马光的时代已无吊服,因此他只主张"凡吊人者必易去华盛之服",并解释曰:"《丧大记》:'小敛,奠。吊者袭裘,加武带绖,与主人拾踊。'孔子羔裘玄冠不以吊,子游吊人袭裘带绖而入,古者吊服有绖,唐人犹著白衫。今人无吊服,故但易去华盛之服,亦不当著公服,若入酹,则须具公服靴笏也。"③这些皆是用简便易行的方式代替古礼仪节的例子,可见司马光治礼是旨在发挥古礼之大意,而不拘泥于礼的具体表现形式,这体现了他勇于变革的精神。

司马光作《书仪》时的从简特征还表现为等级差异的淡化。古礼往往注重区分不同等级、不同亲疏关系,每一个等级、每一层亲疏关系基本上都有不同的礼制作为标志。然而,在司马光的年代,经过长期的变革,社会上的等级阶层已经趋于模糊,体现在司马光《书仪》中即是很多仪节不再按照等级、亲疏来分为不同规格,而是统一于同一形制。如在丧礼中设奠这一环节上,《仪礼·士丧礼》曰:"复者降,楔齿缀足,即奠脯醢醴酒于尸东。"这是士人的礼仪。而唐代《开元礼》规定五品以上如《士丧礼》,六品以下含而后奠,根据等级区分开来。司马光则规定:"今不以官品高下,沐浴正尸,然后设奠,于事为宜。"④将所有人都设为同一个标准,消除了所有的等级差异。又如,在下葬和卒哭的时间问题上,古礼对于不同等级的规定也不同,《礼记·杂记》曰:"士三月而葬,是月也卒哭;大夫三月而葬,五月而卒哭;诸侯五月而葬,七月而卒哭。士三虞,大夫五,诸侯七。"而司马光则规定:"今五服年月敕自王公以下

---

① 司马光:《书仪》卷五,第5页。
② 司马光:《书仪》卷五,第6页。
③ 司马光:《书仪》卷五,第11页。
④ 司马光:《书仪》卷五,第6页。

皆三月而葬、三虞而卒哭。"①也是将所有等级之人都用同一礼制来约束,这体现了司马光治礼的庶民化倾向。我们知道,司马光主张以礼治国时,是强调礼为纲纪分名的,即认为统治者应当根据不同等级之人所用的名器来治理臣下,可见在治国的方面他是很重视等级差别的。但是在《书仪》中,他却是每每有着将不同等级整齐划一的倾向。这表明,司马光制作《书仪》是为了庶民阶层的实用,而从纲纪分名的角度所提出的礼治思想则是出于统治者治国的需要而言,因此两者并非同一层面的问题。

---

① 司马光:《书仪》卷八,第8页。

第六章　张载的知礼成性思想

张载(1020—1077),字子厚,祖籍大梁(今河南开封),生于长安。因久居陕西凤翔府眉县横渠镇,学者多称他为横渠先生。北宋哲学家,理学创始人之一,程颢、程颐的表叔,理学支脉——关学创始人,封先贤,奉祀孔庙西庑第38位。其庙庭与周敦颐庙、邵雍庙、程颐庙、程颢庙合称"北宋五子"庙。张载一生汲汲于恢复古礼,对推行"井田"用力最多,他曾把自己撰写的《井田议》上奏皇帝,并与学生们买地一块,按照《周礼》的模式,划分为公田,私田等分给无地、少地的农民,并疏通东、西二渠"验之一乡"以证明井田制的可行性和有效性。今横渠镇崖下村、扶风午井镇、长安子午镇仍保持着遗迹,至今这一带还流传着"横渠八水验井田"的故事。熙宁十年(1077),张载被召入京,神宗让他担任同知太常职务(礼部副职)。当时有人向朝廷建议实行婚冠丧祭之礼,下诏礼官执行,但礼官认为古今习俗不同,无法实行过去的礼制。唯张载认为可行,并指出反对者的作为"非儒生博士所宜",因而十分孤立,加之病重,不久便辞职西归。当年农历十二月行至临潼,与世长辞。张载著有《崇文集》十卷(已佚),《正蒙》《横渠易说》《经学理窟》《张子语录》等,明嘉靖间吕柟编有《张子钞释》,清乾隆间刊有《张子全书》,后世编为《张载集》。

第一节　礼与理

张载的学说在传统上被看作气一元论,关于太虚与气的理论是他的整个学说的基础。张载说:"太虚不能无气,气不能不聚而为万物,万物不能不散而为太虚。"①"气之聚散于太虚,犹冰凝释于水,知太虚即气,则无无。"②太虚聚而为气,气聚而为万物,万物消散之后回归于太虚,这是宇宙发展变化的基本模式。"根据这一思想,太虚、气、万物都是同一实体的不同状态,这个物质实体'气'在时间上和空间上都是永恒的。根据这一思想,一方面,气的每一种有规定的形态都是暂时的,因而道教的'肉体长生'只是一种幻想。另一方面,宇宙并没有真正的虚空,我们一般所说的头顶之上的虚空也是气的存在形态。气作为实体,永远同一,而没有消灭,因而佛教'空''虚'的教义不过是一种迷妄。张载这一学说的建立,明显的是针对佛道二家而建立的一种儒家的本体论。"③张载认为,佛老之所以主张四大皆空与肉体长生,是因为他们没有真正认识宇宙发展变化的规律。

因此,张载主张要穷理。理是宋明理学的核心范畴,在朱熹看来,理是宇宙的本源和本体,万物都是从理而来。但是在张载的思想中,理还不具有宇宙论的意味,"两宋理学中如朱熹人性论中的理或天理与本体论中的理基本一致,甚至是一个东西。但是,恰恰在张载哲学中,天理主要是伦理学说中的范畴,这种天理的观念出自《礼记·乐记》。仔细研究张载的著作,本体论的理与人性论中所讲天理没有沟通的关系"④。张载所说的理主要是指人类社会当中的伦理,也就是人在社会生活中所应当遵循的道理、准则。张载认为,礼是以理为基础和前提的,理是抽象的道理、准则,而礼则是将这些抽象的道理、准则用可见的形式表现出来,因此若想制礼,必先穷理。他说:"盖礼者理也,须是学穷理,礼则所以行其义,知理则能制礼,然则礼出于理之后。今在上者未能穷,则在后者乌能尽!今礼文残缺,须是先求得礼之意然后观礼,合此理者即是圣人之制,不合者即是诸儒添入,可以去取。今学者所以宜先观礼者类聚一处,他日得理,以意参校。"⑤他主张,礼即是理,圣人制礼是根据人伦纲常的道理,但是后世礼文残缺,因此若想重建礼制,就必须寻求圣人最初制礼所

---

① 张载:《正蒙·太和篇》,《张载集》,第3页。
② 张载:《正蒙·太和篇》,《张载集》,第8页。
③ 陈来:《宋明理学》,第46—47页。
④ 陈来:《关于张载的气观和理观》,《中国近世思想史研究》,第247页。
⑤ 张载:《张子语录下》,《张载集》,第326—327页。

依据的准则,即是理,然后才能根据理来重建礼制。

宋明理学创始人二程也提出过礼即理的命题。《程氏遗书》卷十五载伊川曰:"视听言动,非理不为,即是礼,礼即是理也。不是天理,便是私欲。人虽有意于为善,亦是非礼。无人欲即皆天理。"①在此处,伊川所说的理是指与私欲相对的天理,即客观的道理,他认为视听言动都能够顺应客观的道理,而不是顺应自己的欲望,这就是礼。但是,与张载不同的是,伊川侧重强调行礼的动机,他认为真正的礼是完全客观地顺应天理的行为,而不应掺杂人的任何主观欲望在里面,如果其中有人的主观欲望,那么即使这种主观欲望是要行善,也是非礼的表现。可以看出,这里伊川所说的礼主要不是指具体的仪节度数,而是指人在不掺杂私欲的状态下,顺应客观之理所具有的行为,他侧重的是动机和意念的客观性、公正性,主要是从心理层面来讨论礼,突出了礼的内在性,而不是将礼看作具体的仪节规范。

正因为在伊川看来,礼主要体现为内心的动机和意念,因此在他的理论体系中往往会略过践行具体礼仪规范这一环节,而直接把穷理看作为学与修养的直接路径。《易传》中提出"穷理尽性以至于命",张载很重视这个说法,但是主要是侧重讨论如何通过穷理来尽性,他说:"穷理亦当有渐,见物多,穷理多,从此就约,尽人之性,尽物之性。"②只有通过广泛的穷解事物之理,才能尽人物之性,这里所说的尽性是指明彻宇宙万物的本性,在狭义上则特指认识人的本性。在这个过程中,穷理是手段,尽性是目的,所以他强调"先穷理而后尽性"③。但是,在张载的体系中,穷理并不是直接就会导致尽性,其中还有一个践礼的环节,这个在下一节中会具体讨论。而二程则仅仅强调穷理,认为穷理便是至于命,甚至连尽性的环节都不要。张载不赞同二程这种观点,他认为这失之于太快,而忽略了尽性至命应有的次第。《程氏遗书》卷十载:"二程解'穷理尽性以至于命':'只穷理便是至于命。'子厚谓:'亦是失于太快,此义尽有次序。须是穷理,便能尽得己之性,则推类又尽人之性;既尽得人之性,须是并万物之性一齐尽得,如此然后至于天道也。其间煞有事,岂有当下理会了?

---

① 程颢、程颐:《程氏遗书》卷十五,《二程集》,第144页。
② 张载:《横渠易说·说卦》,《张载集》,第235页。
③ 张载:《横渠易说·说卦》,《张载集》,第234页。

学者须是穷理为先,如此则方有学。今言知命与至于命,尽有近远,岂可以知便谓之至也?'"①在张载看来,穷理并不能直接至于命,需要有中间尽己之性、尽人之性、尽物之性的过程,而这个过程蕴含着学者为学与修身的基本功夫,是将认知层面的知理与修养层面的至于命连接起来的桥梁。不通过切实地做功夫,而仅仅从知理达到至于命是不可行的。

与欧阳修、李觏不同,张载在批判佛老的时候主要不是从外在的礼仪规范着手的,而是从穷理、知理的角度来说明佛老的失误在于他们没有认识到理。张载在确立批判佛老的思想体系之前,曾经一度出入佛老,"访诸释老之书,累年尽究其说,知无所得,反而求之六经"②,因为在对佛老的钻研中无所收获,所以转过来研究儒家经典。在他看来,佛老的失误在于没有认识到宇宙的生成变化都是气的聚散离合,反而把宇宙的自然变化看作心法所生,是见病所致。他说:"释氏不知天命,而以心法起灭天地,以小缘大,以末缘本,其不能穷而谓之幻妄,真所谓疑冰者欤!"③"万物皆有理,若不知穷理,如梦过一生。释氏便不穷理,皆以为见病所致。庄生尽能明理,反至穷极,亦以为梦。故称孔子与颜渊语曰:'吾与尔皆梦也。'盖不知易之穷理也。"④佛老的根本错误是不知理,这里的理指的是儒家所说的理。而不知理又在某种程度上与三代礼乐之教的废坏有关,张载说:"自周衰礼坏,秦暴学灭,天下不知鬼神之诚,继孝之厚,致丧祭失节,报享失虔,狃尚浮屠可耻之为,杂信流俗无稽之论。"⑤正是由于三代礼乐之教的丧失,后世对于天地鬼神缺乏正确的认识,所以才使佛老有了可乘之机。就这一点来说,张载与欧阳修、李觏的看法是一致的。区别在于,欧阳修、李觏主张通过重建礼仪秩序来使社会重新走上正轨,而张载则认为首先要穷理,这是重建礼仪秩序的前提。

---

① 程颢、程颐:《程氏遗书》卷十,《二程集》,第115页。
② 吕大临:《横渠先生行状》,《张载集》,第381页。
③ 张载:《正蒙·大心》,《张载集》,第26页。
④ 张载:《张子语录中》,《张载集》,第321页。
⑤ 张载:《始定时荐告庙文》,《文集佚存》,《张载集》,第365页。

第二节　礼与性

一、知礼成性

前面说到,张载认为在穷理和至于命之间还有着尽性的过程,而这个尽性的过程是通过实践礼仪规范来达到的,他称之为知礼成性。知是指对于理的认知,礼是指对于理的践行,这两方面共同决定了人能否尽性并达到道。张载曰:"圣人亦必知礼成性,然后道义从此出,譬之天地设位则造化行乎其中。知则务崇,礼则惟欲乎卑,成性须是知礼,存存则是长存。知礼亦如天地设位。"①知礼即是《周易·系辞上》里面所说的"知崇礼卑",一是指对道德的认知,二是指对道德的实践,如果只有认知而没有实践,并不能说是真正达到了道义。这实际上是包含了知行的关系。张载曰:"知及之而不以礼性之,非己有也,故知礼成性而道义出,如天地设位而易行。"②针对当时学界好高欲速的学风,张载强调只有知识上的高妙和超绝,并不能真正成性,只有通过不断践行礼仪规范,才能回归自身至善的本性。

在张载看来,礼与性的关系主要是人通过长期的践礼行礼,能够慢慢改变自身的本性,使本性合于理。他说:"学者且须观礼,盖礼者滋养人德性,又使人有常业,守得定,又可学便可行,又可集得义。养浩然之气须是集义,集义然后可以得浩然之气。严正刚大,必须得礼上下达。义者,克己也。"③礼对于人之本性是起到滋养、熏陶的作用,人在践行礼仪规范的过程中不断地学会克己,这样一来人的精神气质就会改变,合于人伦纲常的要求。因此,践礼是需要勉力而为之的,"礼即天地之德也,如颜子者,方勉勉于非礼勿言,非礼勿动。勉勉者,勉勉以成性也"④。

朱熹曾经对张载关于礼与性的讨论提出非议,他认为张载没有突出礼内

---

① 张载:《横渠易说·系辞上》,《张载集》,第191页。
② 张载:《横渠易说·系辞上》,《张载集》,第191页。
③ 张载:《经学理窟·学大原上》,《张载集》,第279页。
④ 张载:《横渠易说·礼乐》,《张载集》,第264页。

在于性这层关系,只是说明了礼在外在的层面上对于性的规范作用。在朱熹看来,张载的这种思想并不能彻底驳倒从前告子、荀子的说法。朱熹曰:"张子言礼为安佚之道,而不言其为性之有也。然既为安佚之道,则其为性之有明矣。学者必以此意推之,然后可以破告子、荀卿之说。"①告子、荀子认为人性当中本来不具有仁义,仁义是经过后天的礼仪教化才形成的,这就将礼仪教化看成反人性的东西。朱子认为,张载没有将礼纳入性的范围,这就无法有力地反驳告子和荀卿之说。

实际上,张载并非没有将礼纳入性的范围。他说:"仁义礼智,人之道也,亦可谓性。"②张载思想中的性分为天地之性和气质之性两种,仁、义、礼、智之性属于天地之性,此外还有气质之性,即具有形质之后而形成的性:"形而后有气质之性,善反之则天地之性存焉。故气质之性,君子有弗性者焉。"③具体说来,气质之性是指具有气质属性的性,如刚柔缓急等:"刚柔缓急,人之气也,亦可谓性。"④大致来说,张载是将气质之性看作有碍于回归天地之性的东西,是"弗性",也就不是真正至善的性。他在论及礼与性的关系时,大多数情况下也是着重指出礼对于气质之性的规范、约束作用,而较少强调礼与天地之性的关系,这就是为什么朱熹批评他没有将礼纳入性的范围。张载并不是机械地将礼看作对人性的逆反和约束,在他的思想中,礼也有使人回归自身至善本性这层含义,如说:"礼所以持性,盖本出于性,持性,反本也。凡未成性,须礼以持之,能守礼已不畔道矣。"⑤在这里,张载表达出一层意思,就是礼能起到使人回归本性的作用,因为礼本来也是出于人之本性的,践习礼仪能够使人不偏离自己的本性。只不过,张载并未深入展开他这种礼顺人性的思想。

对于张载所十分看重的知礼成性观念,朱熹并不苟同。朱熹认为人之本性已是纯然至善,因此无须"成",只须"存"。《朱子语类》卷七十四载:

---

① 朱熹:《孟子或问》卷十一,《四书或问》,《朱子全书》第六册,第979页。
② 张载:《张子语录中》,《张载集》,第324页。
③ 张载:《正蒙·诚明》,《张载集》,第23页。
④ 张载:《张子语录中》,《张载集》,第324页。
⑤ 张载:《横渠易说·礼乐》,《张载集》,第264页。

　　"知、礼成性则道义出"，先生《本义》中引此而改"成"为"存"。又曰："横渠言'成性，犹孟子云践形'，此说不是。夫性是本然已成之性，岂待习而后成邪？他从上文'继之者善也，成之者性也'，便是如此说来，与孔子之意不相似。"①

　　这是朱熹门人沈僴的一段记录。朱熹在《周易本义》中，将知礼成性改为知礼存性，他的理由是，性本来是天然完具的，只须存，而张载说成性则是把性看作后天形成的东西。朱熹认为程颐和张载对《周易·系辞上》这一处的解释都有着这种失误："'成性存存，道义之门。'只是此性，完万善完具，无有欠阙，故曰'成性'。成对亏而言。'成之者性'，则是成就处无非性。犹曰'诚斯立焉'。横渠、伊川说'成性'，似都就人为处说，恐不如此。"②《周易·系辞上》中说"成性存存，道义之门"，在朱熹的理解当中，这里的"成性"是指万善完具之性，它是一个形名结构的词汇；而张载和程颐则把它理解为一个动宾结构的词组，把"成性"理解为使性得以成就之义，这就加进了人为的因素，使性看起来不再是天然完具之物，而是需要后天的努力才可以成形的，这是朱熹所不赞同的。可以看出，朱熹倾向于将性看作万善完具的，反对将性仅仅理解为一种被动的、需要人为塑造之物。

　　正因如此，朱熹称赞程颐在《语录》中用"生生"来解释"存存"的作法，认为程颐在解《易》时对"成性存存"的解释则逊色许多："'知、礼成性而道义出。'程子说'成性'，谓是万物自有成性；'存存'便是生生不已。这是《语录》中说，此意却好。及他解《易》，却说'成其性，存其存'，又似不恁地。"③朱熹不仅将性看作万善完具的，而且认为性是生生不已的，这就突出了性的能动作用。在朱熹的哲学中，性天然具有仁、义、礼、智等德性，人的修为不过是顺应这种仁、义、礼、智之性去做而已，礼乐制度皆是顺应仁、义、礼、智之性而有的产物，是符合人性的，而不是像告子、荀卿所以为的那样，是对人性的逆反。因此，知、礼只是使仁、义、礼、智之性变得更加显明，即所谓存之又存，而不是使

① 黎靖德编：《朱子语类》卷七十四，《朱子全书》第十六册，第2539页。
② 黎靖德编：《朱子语类》卷七十四，《朱子全书》第十六册，第2538页。
③ 黎靖德编：《朱子语类》卷七十四，《朱子全书》第十六册，第2539页。

本来不足之性得以成就。《语类》卷三十六朱熹门人杨道夫录："又问：'知崇如天，礼卑如地，而后人之理行乎？'曰：'知礼成性，而天理行乎其间矣。'"①从这段话中可以看出，杨道夫对"知礼成性"的理解与张载相似，都是以知、礼为成就人之理的途径，但朱熹强调，天理是不待人为来成就的，天理本身是生生不息的，做到了知、礼，天理自然就会显明。可见，朱熹认为天理是内在于人性当中而不是在人性之外的。这里可以看出朱熹与张载的区别。

二、变化气质

张载认为，学者的为学与修养是以变化气质为目的的，变化气质指的是通过长期对礼仪的践习，最终达到动容周旋中礼的境界，这也是圣人的境界。知礼成性和变化气质是分不开的，因此，张载在教学过程中，往往也是将二者并列来进行强调，"学者有问，多告以知礼成性变化气质之道，学必如圣人而后已"②。

具体说来，变化气质是一种居仁由义、自然而然合于礼的状态。张载曰："变化气质。孟子曰：'居移气，养移体'，况居天下之广居者乎！居仁由义，自然心和而体正。更要约时，但拂去旧日所为，使动作皆中礼，则气质自然全好。"③经过长期的居仁由义合礼，人在气质上自然而然就会有所变化，这种气质不是矫揉造作出来的，而是基于内心本性的改变。张载认为，这种修养功夫一开始的时候是需要勉力为之的，但是到后来就可以达到从容不迫，"强学以胜其气习"④，"'君子庄敬日强'，始则须拳拳服膺，出于牵勉，至于中礼却从容，如此方是为己之学"，而这种修养工夫集中体现为《论语·乡党》中所描述的孔子的言行，"《乡党》说孔子之形色之谨亦是敬，此皆变化气质之道也"。⑤

张载强调，变化气质，使自身在外在气象上达到圣人的风范，这是为学与修养的一个十分重要的目的。他说："为学大益，在自求变化气质。不尔，皆

---

① 黎靖德编：《朱子语类》卷三十六，《朱子全书》第十五册，第 1348 页。
② 吕大临：《横渠先生行状》，《张载集附录》，第 383 页。
③ 张载：《经学理窟·气质》，《张载集》，第 265 页。
④ 张载：《张子语录下》，《张载集》，第 330 页。
⑤ 张载：《经学理窟·气质》，《张载集》，第 269 页。

为人之弊,卒无所发明,不得见圣人之奥。"①变化气质并不是为了追求外表的风范,而是如果不能在气质上接近圣人,就无法体会圣人制作礼仪的一些深层的道理。可见,张载主张通过实践来把握和领会圣门之学的大要。在他看来,三代以下,士人大多缺乏追求圣人气象的理想,这就导致学者在为学和修养上都难以达到一个较高的境界。因此,张载在教学的过程中,无不是以达于圣人境界为鹄的,《宋史·张载传》记载张载"与诸生讲学,每告以知礼成性变化气质之道,学必如圣人而后已。以为知人而不知天,求为贤人而不求为圣人,此秦汉以来学者之大蔽也。故其学尊礼贵德,乐天安命,以《易》为宗,以《中庸》为体,以孔孟为法,黜怪妄,辨鬼神。其家昏丧葬祭,率用先王之意而传以今礼"②,通过在提倡生活中不断以圣门之学教导学者,使学者在潜移默化中达于圣人之境。

值得注意的是,张载所说的变化气质是兼内外而言的,外在气质的变化要与内心的变化同步,"学者先须变化气质,变化气质与虚心相表里"③。外在的气质是要与内心的道德修养相匹配的,因此是与虚心相表里。张载认为,礼的根源在于人之内心,他说:"礼非止著见于外,亦有无体之礼。盖礼之原在心,礼者圣人之成法也,除了礼天下更无道矣。……五常出于凡人之常情,五典人日日为,但不知耳。"④在这里,他提到五常与五典皆是出于人的常情,而不是外在的对人的强行约束,因此,若想在言语行为上符合礼仪规范的要求,首先要使内心符合仁义道德的准则。但总而言之,张载是内外并重的,且在他的思维中,内与外似乎有着人为和合的意味,如他说"修持之道,既须虚心,又须得礼,内外发明,此合内外之道也"⑤,而不具有明显的自内而外流出的意思。也就是说,张载强调既要提升内心修养,也要改变外在气质,而没有把外在气质的改变看作内心修养的提升所带来的自然结果。这也就是为什么朱熹批评他没有将礼看作性之有的原因。

---

① 张载:《经学理窟·义理》,《张载集》,第274页。
② 脱脱:《宋史·张载传》,《张载集附录》,第386页。
③ 张载:《经学理窟·义理》,《张载集》,第274页。
④ 张载:《横渠易说·礼乐》,《张载集》,第264页。
⑤ 张载:《经学理窟·气质》,《张载集》,第270页。

　　张载感慨,古时由于人们从小接受礼仪规范的涵养和教化,因此比较容易达于圣人气象,而今礼乐教化丧失殆尽,人们从小就骄纵恣意、无所拘束,所以个体的气质修养从根上就已损坏,长大后自然是很难达于圣人气象。他说:"古人于孩提时已教之礼,今世学不讲,男女从幼便骄惰坏了,到长益凶狠,只为未尝为子弟之事,则于其亲已有物我,不肯屈下,病根常在。"①可见,张载所说的变化气质是需要长期涵泳于礼仪规范之中才能达到的,因此,孩童时代的教育至关重要,这也就是为什么他在讲学之时把变化气质放在首位来强调,因为变化气质不仅在是为学之鹄的,更重要的是,变化气质不是一蹴而就的,而是需要长期的磨炼和熏陶,这要求学者从一开始就力行之。

　　张载所说的变化气质对整个宋明理学的为学路径有着很大的影响,在他之后的很多学者也对此十分强调。曾经从学于张载、后来学于二程的吕大临也表述过变化气质的思想,朱熹在《四书章句集注》中引用了吕氏的话:"君子所以学者,为能变化气质而已。德胜气质,则愚者可进于明,柔者可进于强。不能胜之,则虽有志于学,亦愚不能明,柔不能立而已矣。盖均善而无恶者,性也,人所同也;昏明强弱之禀不齐者,才也,人所异也。诚之者所以反其同而变其异也。夫以不美之质,求变而美,非百倍其功,不足以致之。今以卤莽灭裂之学,或作或辍,以变其不美之质,及不能变,则曰天质不美,非学所能变。是果于自弃,其为不仁甚矣!"②吕大临也是将变化气质看作为学之要务,但不同于张载,吕氏主要是从消极意义上讨论变化气质的,他所说的变化气质不是如张载所理解的那样,指通过内在的心性修养及外在的动容周旋皆中礼而形成一种好的气质,而是指通过德性修养来降低不良气质对人的影响,从而实现德胜于气。吕大临继承了程颐的思想,认为人之性是无不善的,不善是才所导致的,而才出于气,因此人之为学应做到变化气质、回归本性,可见他的变化气质思想是在人性论范围内进行的,这与张载那种从气象的角度来讨论变化气质的做法是不同的。

　　朱熹也十分强调变化气质,认为这是为学之要务,"学者气质上病最难

---

①　张载:《经学理窟·学大原上》,《张载集》,第280—281页。
②　朱熹:《中庸章句》,《四书章句集注》,第49页。

救"，①，"大抵学问以变化气质为功"②。由于朱熹认为人性是至善无恶的，只是由于不良气质的蒙蔽因而本性无法完全显现出来，因此他主张通过改变自身气质来实现对本性的回归，他说："惟能学以胜气，则知此性浑然，初未尝坏，所谓元初水也，虽浊而清者存，故非将清来换浊。"③和张载一样，朱熹也十分看重古代的小学之教，在他看来，小学通过洒扫应对进退、礼乐射御书数这些涵养的功夫，对孩童的身心起到收敛的作用，使其首先从气质上变得谦虚顺服，这就为个人成德做了准备。他说："古人设教，自洒扫、应对、进退之节，礼、乐、射、御、书、数、之文，必皆使之抑心下首以从事于其间而不敢忽，然后可以消磨其飞扬倔强之气，而为入德之阶。"④这种小学的涵养功夫是大学之教的基础，"不习之于小学，则无以收其放心，养其德性，而为大学之基本"⑤，这指出了变化气质对于为学与成德的重要性。

第三节　礼制思想

一、井田制

张载不仅仅从义理的角度讨论了礼与理、礼与性的关系，还提出了一系列具体的礼制主张。他的礼制思想是以实用为目的、以古礼为根基的，不论是与统治者谈论治国之道，还是在讲学中教导学者，他都是以渐复三代之礼为宏愿。《行状》载："上问治道，皆以渐复三代为对。"⑥《司马光论谥书》亦载："窃惟子厚平生用心，欲率今世之人，复三代之礼者也，汉魏以下盖不足法。"⑦

---

① 黎靖德编：《朱子语类》卷一百一，《朱子全书》第十七册，第3360页。
② 朱熹：《答滕德粹六》，《晦庵先生朱文公文集》卷四十九，《朱子全书》第十五册，第2275页。
③ 朱熹：《明道论性说》，《晦庵先生朱文公文集》卷六十七，《朱子全书》第十六册，第3276页。
④ 朱熹：《答孙仁甫二》，《晦庵先生朱文公文集》卷六十三，《朱子全书》第十六册，第3069页。
⑤ 朱熹：《大学或问上》，《四书或问》，《朱子全书》第六册，第505页。
⑥ 吕大临：《横渠先生行状》，《张载集附录》，第382页。
⑦ 《司马光论谥书》，《张载集附录》，第387页。

张载主张恢复古礼,最主要体现在他提倡恢复《周礼》当中所记载的井田制。对于《周礼》一书,张载并不认为它完全是出自周公之手,而认为有后世之人添入,他说:"周礼是的当之书,然其间必有末世添入者,如盟诅之属,必非周公之意。"①但是对于井田制,张载却认为是十分正确并有必要在当时社会推行的。他说:"治天下不由井地,终无由得平。周道止是均平。"②井田制不仅是恢复古礼所需要首先考虑的,也是治理天下所必须考虑的。治理国家如果不从井田制开始,就不能达到良好的效果,因为井田制保证了人均占有资源的公正和平等。

在张载看来,贫富均等是治国的根本,贫富不等会在社会上滋生一系列不稳定因素,而井田制保证了贫富均等,因此是国家政治所要考虑的重点。他说:"仁政必自经界始。贫富不均,教养无法,虽欲言治,皆苟而已。世之病难行者,未始不以骤夺富人之田为辞,然兹法之行,悦之者众,苟处之有术,期以数年,不刑一人而可复,所病者特上未之行尔。"③如果不推行井田制,从而在根本上解决贫富不均的问题,那么一切治国之道都不过是苟且行之,难以起到真正维护社会安定的作用。相反,如果推行井田制,则大多数百姓就得以安居乐业,假以时日就会回归三代的繁荣景象。

对于井田制的实施,张载认为只要中央自上而下直接推行就可以。他说:"井田至易行,但朝廷出一令,可以不答一人而定。……治天下之术,必自此始。"④具体说来,井田制就是将天下之地按照棋盘的格局平均划分,再分配给个人:"井田亦无他术,但先以天下之地棋布画定,使人受一方,则自是均。"⑤此外,他还认为井田制须与封建制相联系,以封建制为基础,"井田卒归于封建乃定。封建必有大功德者然后可以封建,当未封建前,天下井邑当如何为治?必立田大夫治之。今既未可议封建,只使守令终身,亦可为也。所以必要封建者,天下之事,分得简则治之精,不简则不精,故圣人必以天下分之于人,

---

① 张载:《经学理窟·周礼》,《张载集》,第248页。
② 张载:《经学理窟·周礼》,《张载集》,第248页。
③ 吕大临:《横渠先生行状》,《张载集附录》,第384页。
④ 张载:《经学理窟·周礼》,《张载集》,第249页。
⑤ 张载:《经学理窟·周礼》,《张载集》,第250页。

则事无不治者"①。在理想的状态下,国家应当实行古代的封建制,使德行兼备的人管辖封建领地。但是在当时想要回到封建制已经卒难实现,所以张载提出应当设立田大夫而治,这实际上也是模仿封建制的做法。

张载十分想要在现实中试行这种井田制,他说:"学得《周礼》,他日有为却做得些实事。以某且求必复田制,只得一邑用法。若许试其所学,则周礼田中之制皆可举行,使民相趋如骨肉,上之人保之如赤子,谋人如己,谋众如家,则民自信。"②可见,张载钻研《周礼》是为了在现实中能够践行其中的礼制,他相信如果能够在当时的社会上推行井田制,一定会产生很好的效果。《行状》记载张载曾经与学者讨论亲自买田,在其中实行井田制:"乃言曰:'纵不能行之天下,犹可验之一乡。'方与学者议古之法,共买田一方,画为数井,上不失公家之赋役,退以其私正经界,分宅里,立敛法,广储蓄,兴学校,成礼俗,救菑恤患,敦本抑末,足以推先王之遗法,明当今之可行。此皆有志未就。"③张载想要仿照《周礼》,在井田的基础上设立宅里、敛法、储蓄、学校、礼俗等各项内容,以此恢复古风。只是很遗憾,他的这个想法未能付诸实践。

二、宗法制

张载还主张恢复古代的宗法制。宗法制是以嫡长子继承制为核心的宗族组织与政治组织合二为一的制度。张载认为,宗法制能够增强宗族的凝聚力,使人各知其所从来,使血缘之亲能够彼此相爱。他说:"管摄天下人心,收宗族,厚风俗,使人不忘本,须是明谱系世族与立宗子法。宗法不立,则人不知统系来处。古人亦鲜有不知来处者,宗子法废,后世尚谱牒,犹有遗风。谱牒又废,人家不知来处,无百年之家,骨肉无统,虽至亲,恩亦薄。"④在他看来,后世正是由于宗法制的废除,所以民众缺乏家族观念,即使是有血缘关系之人,也是彼此薄情寡义,这是不利于社会的稳定与发展的。

张载还阐释了宗法制对于维系国家治理的积极作用。他说:"宗子之法

---

① 张载:《经学理窟·周礼》,《张载集》,第250页。
② 张载:《经学理窟·学大原上》,《张载集》,第282页。
③ 吕大临:《横渠先生行状》,《张载集附录》,第384页。
④ 张载:《经学理窟·宗法》,《张载集》,第258—259页。

不立,则朝廷无世臣。且如公卿一日崛起于贫贱之中以至公相,宗法不立,既死遂族散,其家不传。宗法若立,则人人各知来处,朝廷大有所益。或问:'朝廷何所益?'公卿各保其家,忠义岂有不立? 忠义既立,朝廷之本岂有不固? 今骤得富贵者,止能为三四十年之计,造宅一区及其所有,既死则众子分裂,未几荡尽,则家遂不存,如此则家且不能保,又安能保国家!"①张载认为,如果实行宗法制,就会增强民众的家族观念,提升其家族荣誉感,这样一来,为了保障家族的利益和荣誉,人人都会争相效忠朝廷,以此求得整个家族的长足发展,因此说,宗法制是十分有利于国家治理的。相反,如今宗法制不行,朝廷之人往往只从自身的短期利益出发,而没有为家族谋远虑的意识,这就势必不能尽心尽力效忠朝廷,因此是不利于国家治理的。

宗法制还涉及宗族祭祀的问题。张载强调,当时祭祀大多不正,就是因为缺乏宗法的基础,因为古代宗法制规定宗子主祭祀,支子不祭。他说:"今既宗法不正,则无缘得祭祀正,故且须参酌古今,顺人情而为之。"②而恢复正统祭祀则需要通过宗法制的建立,以宗法制为基础的祭祀系统保证了宗子祭祀祖祢而支子不得别祭的制度,"宗子既庙其祖祢,支子不得别祭,所以严宗庙,合族属,故曰'庶子不祭祖祢,明其宗也'"③。张载还详细说明,支子虽然不祭,但是可以通过斋戒、参与或资助等方式表达自己的诚敬,"古所谓'支子不祭'也者,惟使宗子立庙主之而已。支子虽不得祭,至于斋戒致其诚意,则与祭者不异;与则以身执事,不可与则以物助之,但不别立庙,为位行事而已。后世如欲立宗子,当从此义,虽不与祭,情亦可安"④,也就是说,支子与宗子的区别在于是否立庙,立庙是宗子才有的权力,而支子除了不可以立庙,参与祭祀是允许的。

张载指出,当时较大的家族完全可以按照宗法制来祭祀,他说:"今日大臣之家,且可方宗子法。譬如一人数子,且以适长为大宗,须据所有家计厚给以养宗子,宗子势重,即愿得之,供宗子外乃将所有均给族人。宗子须专立教

---

① 张载:《经学理窟·宗法》,《张载集》,第 259 页。
② 张载:《经学理窟·祭祀》,《张载集》,第 292 页。
③ 张载:《经学理窟·宗法》,《张载集》,第 261 页。
④ 张载:《经学理窟·宗法》,《张载集》,第 260 页。

授,宗子之得失,责在教授,其他族人,别立教授。仍乞朝廷立条,族人须管遵依祖先立法,仍许族人将已合转官恩泽乞回授宗子,不理选限官,及许将奏荐子弟恩泽与宗子,且要主张门户。宗子不善,则别择其次贤者立之。"①张载的建议是,宗子主持祭祀,支子则以财物资助,这样一来,宗子势重,可以对整个家族产生凝聚力。对于宗子应当专门有人负责教育,因为宗子是承继祖先法规的关键成员。若宗子不贤,则可以另立贤者取代之。

张载还特别说明,如果支子的政治地位高于宗子,也应当遵从宗子主祭、支子不祭的原则。他说:"宗子为士,立二庙;支子为大夫,当立三庙;是曾祖之庙为大夫立,不为宗子立。然不可二宗别统,故其庙亦立于宗子之家。"②"言宗子者,谓宗主祭祀。宗子为士,庶子为大夫,以上牲祭于宗子之家。非独宗子之为士,为庶人亦然。"③如果宗子为士,支子为大夫,则祖庙的规格应当依从大夫之制,设为三庙,但是仍是要立于宗子之家,支子祭祀应到宗子家中尽性。即使宗子是庶人,也要依照这种规定。但是,在这个问题上,张载的看法并不是前后一致的,他有时又主张,如果支子昌大,可以代替宗子做宗主,如说:"'天子建国,诸侯建宗',亦天理也。譬之于木,其上下挺立者本也,若是旁枝大段茂盛,则本自是须低摧;又譬之于河,其正流者河身,若是泾流泛滥,则自然后河身转而随泾流也。宗之相承固理也,及旁支昌大,则须是却为宗主。至如伯邑考又不闻有罪,只为武王之圣,顾伯邑考不足以承太王之绪,故须立武王。所以然者,与其使祖先享卿大夫之祭,不若享人君之礼。至如人有数子,长者至微贱不立,其间一子仕宦,则更不问长少,须是士人承祭祀。"④他以武王代替伯邑考继承王位为例,认为如果支子高于宗子,则理应使祖先享用更高级别之礼,这也是人之常情。可见在这个问题上,张载是比较通融的。

① 张载:《经学理窟·宗法》,《张载集》,第260页。
② 张载:《经学理窟·宗法》,《张载集》,第261页。
③ 张载:《经学理窟·宗法》,《张载集》,第259页。
④ 张载:《经学理窟·宗法》,《张载集》,第259—260页。

第七章　二程的礼者理也思想

程颢(1032—1085),字伯淳,又称明道先生;程颐(1033—1107),字正叔,又称伊川先生。世人将程颢、程颐合称"二程",他们都是北宋时期著名的思想家、教育家。二程是宋明理学的创始人,他们以理为最高范畴,发展出理学的本体论和工夫论。同时,他们对于传统礼教也多有继承和发展,将传统礼教与理学融合起来进行讨论,为礼学注入浓重的理学色彩,从而使传统礼教的面貌焕然一新。二程的礼学思想不仅带有明显的时代思潮的烙印,而且为北宋之后的礼学发展奠定了基础,尤其是深刻影响了南宋朱熹的礼学思想。并且,深入了解二程的礼学思想,也为研究宋明理学奠定了基础。

第一节　礼与理

一、礼者理也

二程将礼置于理学的背景下进行讨论,认为礼即是理。以理言礼的传统在先秦已经有之,《荀子·乐论》中说:"礼也者,理之不可易者也。"《礼记·乐记》沿用了这个说法。《礼记·仲尼燕居》说:"礼也者,理也。"孔颖达在《礼记正义》中说:"夫礼者,经天地,理人伦,本其所起,在天地未分之前。故《礼运》云:'夫礼必本于大一。'是天地未分之前已有礼也。礼者,理也。"①这是继承了《礼记》以理言礼的传统。

---

① 孔颖达:《礼记正义序》,郑玄注,孔颖达疏:《礼记正义》,第4页。

宋代很多学者继承了以理言礼的思想,但他们对理的诠释又各不相同。周敦颐说:"礼,理也;乐,和也。阴阳理而后和,君君、臣臣、父父、子子、兄兄、弟弟、夫夫、妇妇,万物各得其理然后和,故理先而乐后。"①在这里,周敦颐主要以理为秩序,他认为只有事物的秩序得到了安顿,才能达到和,他所说的礼侧重社会秩序义。张载说:"盖礼者理也,须是学穷理,礼则所以行其义,知理则能制礼,然则礼出于理之后。"②张载所说的理指的是道理、准则,他认为礼就是将事物之理行出来,理在礼之先,因此首先要穷理,然后才能制礼和行礼。可见他所说的礼指的是具体的礼仪条文。

二程也分别提出了礼者理也的思想。明道曰:"礼者,理也,文也。理者,实也,本也。文者,华也,末也。理是一物,文是一物。文过则奢,实过则俭。奢自文所生,俭自实所出。故林放问礼之本,子曰:'礼,与其奢也宁俭。'言俭近本也。"③在这里,明道将理看作礼之实、礼之本,将文看作礼之华、礼之末,这仍是基于将礼看作具体可见的礼仪规范的角度所作的诠释,只不过他将礼之实、礼之本用更抽象概括的范畴"理"来定义,以此来分辨礼之本末,这显示出他用理学框架来诠释礼的努力。

伊川也提出了礼即理的命题,他说:"视听言动,非理不为,即是礼,礼即是理也。不是天理,便是私欲。人虽有意于为善,亦是非礼。无人欲即皆天理。"④在此处,伊川所说的理是指与私欲相对的天理,即客观的道理,他认为视听言动都能够顺应客观的道理,而不是顺应自己的欲望,这就是礼。从此处还可以看出,伊川十分强调行礼的动机,他认为真正的礼是完全客观地顺应天理的行为,而不应掺杂人的任何主观欲望在里面,如果其中有人的主观欲望,那么即使这种主观欲望是要行善,也是非礼的表现。可见伊川是主张完全摒除私欲的。这里伊川所说的礼主要不是指具体的仪节度数,而是指人在不掺杂私欲的状态下,顺应客观之理所具有的行为,他侧重的是动机和意念的客观性、公正性,主要是从心理层面来讨论礼,因此有时他直接把礼与意联系起来,

---

① 朱熹:《通书注·礼乐第十三》,《朱子全书》第十三册,第110页。
② 张载:《语录下》,《张载集》,第326—327页。
③ 程颢、程颐:《程氏遗书》卷十一,《二程集》,第125页。
④ 程颢、程颐:《程氏遗书》卷十五,《二程集》,第144页。

如说："非礼处便是私意。"①这突出了礼的内在性,而不是将礼看作具体的仪节规范。

伊川用礼即理的思想来解释经典中关于礼的论述,如解释"克己复礼"时说:"'克'者,胜也。难胜莫如'己',胜己之私则能有诸己,是反身而诚者也。凡言仁者,能有诸己也。必诚之在己,然后为'克己'。'礼'亦理也,有诸己则无不中于理。"②伊川认为,克己就是去除自己的私欲,这便是有诸己、反身而诚的过程。克己首先要诚,能够做到诚之在己,即是克己,克己便是有诸己,这也就是仁。值得注意的是,伊川并没有将礼解释为具体的典礼规范、仪节度数,他所认为的复礼并不是指从行为上达到礼仪规范的要求,他说"礼亦理也",这便完全淡化了礼作为具体可见的礼仪规范的色彩;并且,在这里复礼并不是达到仁的一个手段,相反,复礼与仁一样,是克己之后所带来的自然结果,他认为有诸己即是复礼,而礼便是理,这就将礼内化为心理意念的层面来进行理解。除了对克己复礼的解释,伊川在解释《乾卦·象传》中"嘉会足以合礼"一句时,也用到了礼即理的命题。他说:"得会通之嘉,乃合于礼也。不合礼则非理,岂得为嘉? 非理安有亨乎?"③在这里,伊川认为不合礼即是非理,这说明一方面他用与人欲相对的天理来说明何谓礼;另一方面,又将是否合于礼看作理的表现。可见,在他的思想中,礼与理是可以相互印证的。

二、礼是自然底道理

伊川十分强调礼的自然性,他说:"今学者敬而不见得,又不安者,只是心生,亦是太以敬来做事得重,此'恭而无礼则劳'也。恭者私为恭之恭也,礼者非礼之礼,是自然底道理也。只恭而不为自然底道理,故不自在也。须是恭而安。今容貌必端,言语必正者,非是道独善其身,要人道如何,只是天理合如此,本无私意,只是个循理而已。"④在这里伊川明确指出,"恭而无礼则劳"中的礼,并不是传统意义上作为仪节条文的礼,而是指"自然底道理",即天理。

---

① 程颢、程颐:《程氏遗书》卷二十二,《二程集》,第286页。
② 程颢、程颐:《程氏外书》卷三,《二程集》,第367页。
③ 程颐:《周易程氏传》卷一,《二程集》,第699页。
④ 程颢、程颐:《程氏遗书》卷二上,《二程集》,第34页。

很多学者之所以恭敬却无所得,是因为他们有私意在其中,心心念念地刻意去恭敬,而不是按照自然底道理去做,因此无所得。伊川认为,言行举止不是要刻意寻求恭敬,而是因为天理如此,因此应循理而行,这才是行礼的实质。

然而,对于常人而言,即使是自然底道理,在最初循理而行的时候也难免有勉强的成分。常人只是"知循理",君子则是"乐循理",若是能达到不勉而中、不思而得的境界,那只有圣人才可以做到。伊川说:"为常人言才知得非礼不可为,须用勉强,至于知穿窬不可为,则不待勉强,是知亦有深浅也。古人言乐循理之谓君子,若勉强,只是知循理,非是乐也。才到乐时,便是循理为乐,不循理为不乐,何苦而不循理,自不须勉强也。若夫圣人不勉而中,不思而得,此又上一等事。"①可见伊川是十分强调循理时不须勉强、自然而然的境界的。

三、下学即是上达

虽然在大多数情况下,伊川强调礼即理时,其中的礼并不是指具体的典礼规范,但是在他看来,具体的典礼规范也是天理,而非人为造作的结果。他说:"万物皆只是一个天理,己何与焉?至如言'天讨有罪,五刑五用哉!天命有德,五服五章哉!'此都只是天理自然当如此。人几时与?与则便是私意。"②其中,"天讨有罪,五刑五用哉!天命有德,五服五章哉"出自《尚书·皋陶谟》,五刑五用、五服五章是圣人所制作的,代表了当时社会的典章制度,在伊川看来,这些都是天理的体现,而不掺杂个人的私欲在里面。

不仅这些国家层面的典章制度是天理的体现,就连古代小学所倡导的洒扫应对之节,伊川也认为是天理的体现。他说:"洒扫应对便是形而上者,理无大小故也。"③在这里他把洒扫应对这样的具体仪节也定义为形而上者,并认为这也是理,理是不分形而上和形而下的。伊川强调,下学和上达是一回事,都是天理:"凡下学人事,便是上达天理。"④下学人事,便是上述所提到的

---

① 程颢、程颐:《程氏遗书》卷十八,《二程集》,第186页。
② 程颢、程颐:《程氏遗书》卷二上,《二程集》,第30页。
③ 程颢、程颐:《程氏遗书》卷十三,《二程集》,第139页。
④ 程颢、程颐:《程氏外书》卷二,《二程集》,第360页。

洒扫应对一类的具体事宜,在伊川看来,这些都是天理的体现,天理并不是空洞无物、超然神秘的,而是存在于日常生活中的,是人事本身。可见,伊川十分反对将下学与上达割裂的思想,而强调下学和上达是统一的。

伊川之所以认为洒扫应对便是形而上者、下学人事便是上达天理,是因为当时的学者在佛老的影响下,普遍有着追慕高远的风气,认为道是一种超越神秘、玄妙高远之物,因此伊川主张道就在人事当中,下学便是上达,洒扫应对便是天理,这是希望学者能够从日用常行之中体认道之所在。在这个意义上,伊川又认为洒扫应对等小学之道与尽性至命等大学之理都是一样的。伊川说:"至如洒扫应对与尽性至命,亦是一统底事,无有本末,无有精粗,却被后来言性命者别作一般高远说。"①这说明伊川是反对将性命看作高远之物的,他旨在通过强调下学与上达的统一来抵制当时追慕玄妙高远之风,可见,伊川"礼即理"命题的提出是有着现实的社会根源的,即为了纠正当时的高远学风。

四、克己复礼之为道

在二程的语境中,理又是道,如《程氏遗书》卷二十二载:"问:天道如何?曰:只是理,理便是天道也。"②二程认为,礼即是道的体现,克己复礼即是道,道不是一种超越的实体,而是存在于平常的言行当中。《程氏遗书》卷一载明道语:

> 先生常论克己复礼。韩持国曰:"道上更有甚克,莫错否?"曰:"如公之言,只是说道也。克己复礼,乃所以为道也,更无别处。克己复礼之为道,亦何伤乎公之所谓道也! 如公之言,即是一人自指其前一物,曰此道也。他本无可克者。若知道与己未尝相离,则若不克己复礼,何以体道? 道在己,不是与己各为一物,可跳身而入者也。克己复礼,非道而何? 至如公言,克不是道,亦是道也。实未尝离得,故曰'可离非道也',理甚分明。"③

---

① 程颢、程颐:《程氏遗书》卷十八,《二程集》,第225页。
② 程颢、程颐:《程氏遗书》卷二十二,《二程集》,第290页。
③ 程颢、程颐:《程氏遗书》卷一,《二程集》,第3页。

　　韩持国显然代表了当时比较流行的以道为超越实体的观点,在他看来,道是天然完具的,不需要在上面再做"克"的工夫。明道一针见血地指出,韩持国之所以有这种疑惑,是因为他将道看作外在于己、待己去克之物,将道与己看作完全分离的,而不明白道与己未尝离、可离非道的道理。明道强调,克己复礼本身就是道,道是不离于己的,如果在己之外寻找道,那本来就是不正确的。

　　由于当时的一些学者将道看作超越玄妙的实体,因此他们在修养方式上往往主张寂灭湛静、槁木死灰的方式,企图以此来体验和寻找道。二程对这种修养方式提出了批评:"今语道,则须待要寂灭湛静,形便如槁木,心便如死灰。岂有直做墙壁木石而谓之道? 所贵乎'智周天地万物而不遗',又几时要如死灰? 所贵乎'动容周旋中礼',又几时要如槁木? 论心术,无如孟子,也只谓'必有事焉'。一本有而勿正心字。今既如槁木死灰,则却于何处有事?"①二程引用古代典籍中的话来反驳企图用寂灭湛静、槁木死灰等方式来体验道的做法,二程强调,圣贤语道都是结合日常生活而言的,即所谓"必有事焉",而"智周天地万物而不遗""动容周旋中礼"这些本身就是道,道不是通过特定的神秘体验才能获得的。

　　当时的学者之所以追慕高远的学风,将道看作超越玄妙的实体,是因为受到了佛老思想的影响。二程说:"古亦有释氏,盛时尚只是崇设像教,其害至小。今日之风,便先言性命道德,先驱了知者,才愈高明,则陷溺愈深。"②二程认为,在古代佛教以崇设像教为主要的发展方式,这种方式对社会的危害很小;而如今在佛教的影响下,学界言必称性命道德,立论唯恐不高,这种潜移默化的方式对社会的危害甚大。因此,二程的言论中多有对佛老的批评。在二程看来,礼是圣门之学区别于异端的重要标志,如说:"禅学只到止处,无用处,无礼义。"③"庄子有大底意思,无礼无本。"④圣门之学是以礼为教,认为道不离日常生活,而佛老在这一点上与之大相径庭,因此,是否循礼是鉴别异端之学的一个试金石。

---

① 程颢、程颐:《程氏遗书》卷二上,《二程集》,第27页。
② 程颢、程颐:《程氏遗书》卷二上,《二程集》,第23页。
③ 程颢、程颐:《程氏遗书》卷七,《二程集》,第96页。
④ 程颢、程颐:《程氏遗书》卷七,《二程集》,第97页。

第二节　礼与性情

一、性情观

二程还将礼与性情结合起来讨论。在二程的思想中,性情是与理联系起来的,此处二程的侧重点有所不同。明道认为善恶皆是天理,他说:"天下善恶皆天理,谓之恶者非本恶,但或过或不及便如此,如杨、墨之类。"①在他看来,所谓的恶只是过或不及,而没有本质上的恶的属性,从这个角度讲,善恶皆是天理。明道还说:"事有善有恶,皆天理也。天理中物,须有美恶,盖物之不齐,物之情也。"②如果说前面他只是认为恶是过与不及导致的,恶仍然是一种不完善状态,那么在这一句中,明道显然已经认为恶有着存在的合理性和必要性了,认为善恶皆是天理所应当有的。

明道的人性观也是与天理思想相联系的,他认为人性也是有善有恶的,如说:"'生之谓性',性即气,气即性,生之谓也。人生气禀,理有善恶,然不是性中元有此两物相对而生也。有自幼而善,有自幼而恶,是气禀有然也。善固性也,然恶亦不可不谓之性也。盖'生之谓性','人生而静'以上不容说,才说性时,便已不是性也。"③明道强调善恶皆是性,这里他所说的性是具于形气中的性。二程皆认为性分为两层,一层是本然之性,即性的本来状态,这是尚未具于形气中的性;另一层是气质之性,即已经落入形气、受到气质熏染的性。明道所强调的显然是后者,他认为性即是指气质之性,也即是"生之谓性",这种性是善恶兼具的;而本然之性,即"人生而静"以上的性,严格来说并不能称作性。

与明道不同,伊川关注的是本然之性,即性的原初状态。伊川认为,理无不善,性即是理,因此性也是无不善的。他说:"性即理也,所谓理,性是也。天下之理,原其所自,未有不善。喜怒哀乐未发,何尝不善? 发而中节,则无往

---

① 程颢、程颐:《程氏遗书》卷二上,《二程集》,第 14 页。
② 程颢、程颐:《程氏遗书》卷二上,《二程集》,第 17 页。
③ 程颢、程颐:《程氏遗书》卷一,《二程集》,第 10 页。

而不善。"①这即是从根本上说明了性是至善,喜怒哀乐若是能发而中节,也是皆善的。但是,伊川这里说的是本然之性,也就是在理想状态下的性。而事实上,喜怒哀乐之所发常常并不能中节,人性也是体现出善恶兼具的特点,这又如何解释呢?伊川认为,这是才所导致,是才造成了不善,而才则是气所决定的。他说:"性无不善,而有不善者才也。性即是理,理则自尧、舜至于涂人,一也。才禀于气,气有清浊。禀其清者为贤,禀其浊者为愚。"②"性出于天,才出于气,气清则才清,气浊则才浊。……才则有善与不善,性则无不善。"③在这里,他没有像明道那样,用性来指代具于形气中的真实人性,而是用性来指代本然之性,即没有受到气质污染的至善人性;对于不善,他则是用才来解释的。这说明二程在论及性时,所涵盖的内容并不完全相同。

二、礼顺人性

尽管二程在讨论性时的侧重点不同,但他们皆认为,礼是顺应人性的,是人性当中本来就有的内容,性即是仁、义、礼、智、信。明道曰:"仁者公也,人此者也;义者宜也,权量轻重之极;礼者别也,知者知也,信者有此者也。万物皆有性,此五常性也。"④即是说,五常是性中固有的,万物皆有五常之性。伊川亦曰:"自性而行,皆善也。圣人因其善也,则为仁义礼智信以名之;以其施之不同也,故为五者以别之。合而言之皆道,别而言之亦皆道也。舍此而行,是悖其性也,是悖其道也。而世人皆言性也,道也,与五者异,其亦弗学欤!其亦未体其性也欤!其亦不知道之所存欤!"⑤伊川强调,仁、义、礼、智、信即是性,即是道,世人往往离开仁、义、礼、智、信而言性与道,将性与道看作超然玄妙之物,这是未认识性与道的表现。可见,二程皆认为性是仁、义、礼、智、信五常,这里的性是指本然之性,即没有受到气质熏染的人性。因此,在二程的观念中,礼是出自人性的,且符合人性。

---

① 程颢、程颐:《程氏遗书》卷二十二,《二程集》,第291页。
② 程颢、程颐:《程氏遗书》卷十八,《二程集》,第204页。
③ 程颢、程颐:《程氏遗书》卷十九,《二程集》,第252页。
④ 程颢、程颐:《程氏遗书》卷九,《二程集》,第105页。
⑤ 程颢、程颐:《程氏遗书》卷二十五,《二程集》,第318页。

伊川因此反驳了荀子的礼论。荀子的礼论是建立在性恶论的基础上,他认为人性本恶,因此礼是与人性相悖,而非出自人性的。如《荀子·性恶》中说:"凡礼义者,是生于圣人之伪,非故生于人之性也。"伊川认为,荀子以人性为恶,这从根本上就错了,"荀子极偏驳,只一句'性恶',大本已失"①。由于荀子的立论基础不对,因此他对于礼的论述也是有偏颇的,伊川说:"荀子虽能如此说,却以礼义为伪,性为不善,他自情性尚理会不得,怎生到得圣人?"②荀子认为礼是人为矫揉造作出来的,而非来自人性,在伊川看来,这是与圣人思想相悖的,是荀子不了解性情的表现。伊川主张,人性当中即有对礼的诉求,礼存在于五常之中,圣人制礼作乐皆是顺应人性,而非逆人性的结果。他说:

> 礼经三百,威仪三千,皆出于性,非伪貌饰情也。鄙夫野人卒然加敬,逡巡逊却而不敢受;三尺童子拱而趋市,暴夫悍卒莫敢狎焉。彼非素有于教与邀誉于人而然也,盖其所有于性,物感而出者如此。故天尊地卑,礼固立矣;类聚群分,礼固行矣。③

这即是说,古代圣王所制作的礼仪,皆是自人性中而来,而非外在的纹饰。未受过许多教育的人,也会在某些场合体现恭敬、谦让,这说明礼是所有人都具有的一种本性。因此,有人类社会即有礼的存在,这是自然而然的,并不是人为造作的结果。正因礼是符合自然人性的,所以从个人修身到齐家治国,皆是"礼治则治,礼乱则乱,礼存则存,礼亡则亡"④,礼是维系人性和谐的重要因素,也是齐家治国平天下的根基,由此可以看出伊川对礼治的重视。

三、缘情制礼

在礼仪的具体制作上,二程认为圣人是缘人情而制礼。在二程是思想中,

① 程颢、程颐:《程氏遗书》卷十九,《二程集》,第262页。
② 程颢、程颐:《程氏遗书》卷十八,《二程集》,第191页。
③ 程颐:《礼序》,《二程集》,第668页。
④ 程颐:《礼序》,《二程集》,第668页。

性与情是一致的,不可分的。《程氏遗书》卷十八载:"问:'喜怒出于性否?'曰:'固是。才有生识,便有性,有性便有情。无性安得情?'"①在这里伊川强调性情皆是与生俱来的,喜怒哀乐之情出于性,有性即有情。又如《程氏粹言》卷二载:"或问:'性善而情不善乎?'子曰:'情者性之动也,要归之正而已,亦何得以不善名之?'"②这即是说,性情不仅是不可分的,而且还是一致的,性善所以情善,当然,这是说在本然之性发而中节的理想状况下。

性是不可见的,情是性外在的表现,虽然人性中已有礼,但是圣人在具体制作礼仪规范时,是根据可见的人情而定夺的。如明道曰:"礼者因人情者也,人情之所宜则义也。三年之服,礼之至,义之尽也。"③伊川曰:"物有自得天理者,如蜂蚁知卫其君,豺獭知祭。礼亦出于人情而已。"④二程认为,礼的制作是根据人情之所宜,礼不是违背人情而设置的,而是顺应人情的产物。伊川还特别列举了蜂蚁知卫其君、豺獭知祭的例子,以说明礼是先天存在于一切生物之性情当中的,因此必然会随情而发。圣人只是根据人情的特点而将礼仪规范整理下来,礼并不是人为造作的结果,而是符合人之自然的性情。

礼虽是出于人情,但这里的人情是指发而中节的人情,对大多数人而言,性之所发常常并不能中节,此时,礼便起到矫正不正之情的作用。《程氏遗书》卷十八载:

> 曾子执亲之丧,水浆不入口者七日,不合礼,何也? 曰:"曾子者,过于厚者也。圣人大中之道,贤者必俯而就,不肖者必跂而及。若曾子之过,过于厚者也。若众人,必当就礼法。自大贤以上,则看他如何,不可以礼法拘也。且守社稷者,国君之职也,太王则委而去之。守宗庙者,天子之职也,尧舜则以天下与人。如三圣贤则无害,他人便不可。然圣人所以教人之道,大抵使之循礼法而已。"⑤

---

① 程颢、程颐:《程氏遗书》卷十八,《二程集》,第 204 页。
② 程颢、程颐:《程氏粹言》卷二,《二程集》,第 1257 页。
③ 程颢、程颐:《程氏遗书》卷十一,《二程集》,第 127 页。
④ 程颢、程颐:《程氏遗书》卷十七,《二程集》,第 180 页。
⑤ 程颢、程颐:《程氏遗书》卷十八,《二程集》,第 211 页。

伊川强调性即理,理无不善,因此性无不善。但是,万物是由理与气构成的,由于气质的熏染,万物之性常常并不能保持原先至善的状态,这就导致性发为情时也不能合于中道,或者无法企及,或者过犹不及。圣人制礼,正是旨在通过礼仪规范的约束,使人合乎大中之道,回归性情之正。当然,在伊川看来,礼法只是对普通人设立的,对于大贤以上,则不可拘泥于礼法。

四、礼时为大

由于情是性感于物而动的结果,是与外界环境相联系的,因此礼必然也要与外在的环境相适应,礼是应当随着社会环境的变化而随时损益的。伊川曰:"礼之本,出于民之情,圣人因而道之耳。礼之器,出于民之俗,圣人因而节文之耳。圣人复出,必因今之衣服器用而为之节文。其所为贵本而亲用者,亦在时王斟酌损益之耳。"①伊川认为,礼之器,如衣服、器用等,应当随着时代的变化而加以损益,而不应固守古制,学礼的目的是洞悉圣人制礼之意,如果明晓圣人之意,则具体的礼文度数可以随时变革:"学礼者考文,必求先王之意,得意乃可以沿革。"②以人的容貌为例,古人与今人的容貌并不相同,如果在衣服器物上全仿效古人,则难以相称。因此,伊川十分强调"礼时为大"的思想,他说:

"礼,孰为大?时为大",亦须随时。当随则随,当治则治。当其时作其事,便是能随时。"随时之义大矣哉!"寻常人言随时,为且和同,只是流狗耳,不可谓和,和则已是和于义。故学者患在不能识时,时出之,亦须有溥博渊泉,方能出之。今之人自是与古之人别,其风气使之,至如寿考形貌皆异。古人皆不减百余岁,今岂有此人?观古人形象被冠冕之类,今人岂有此等人?故笾豆簠簋,自是不可施于今人,自时不相称,时不同也。时上尽穷得理,孟子言:"五百年必有王者兴其,间必有名世者,以其时考之则可矣。"他嘿识得此体用,大约是如此。岂可催促得他?尧之于民,

---

① 程颢、程颐:《程氏遗书》卷二十五,《二程集》,第327页。
② 程颢、程颐:《程氏遗书》卷二上,《二程集》,第23页。

匡直辅翼,圣贤于此间,见些功用。举此数端可以常久者,示人。殷因于夏,周因于殷,损益可知。嘿观得者,须知三王之礼与物不必同。自画卦垂衣裳,至周文方备,只为时也。若不是随时,则一圣人出,百事皆做了,后来者没事。又非圣人智虑所不及,只是时不可也。①

在这里,伊川赋予了"时"这个范畴以重要的意义。他以三代为例,说明从夏到殷、从殷到周,礼的具体仪节和器物都是不同的,伏羲之时只是画卦,到尧舜之时垂衣裳,及至周代才礼文大备,这说明圣人之礼都是随着"时"而不断发展完备的,圣人并不是不可以一步到位地做到完备,只是圣人是因"时"而制礼,为了适应当时的社会环境,所以不得不用权宜之计。由此伊川得出结论,后世之人理应在圣人制作的基础上进行损益,这是发展圣人之礼的表现,圣人制礼是依据当时的社会状况和风俗人情,及至后世社会环境变迁,礼制理应随之改变,如果拘泥于古制,不但不合时宜,圣人之礼也难以得到发展完备。对于学者来说,通晓"时"的道理是十分重要的,意识到"礼时为大",这是继承圣王之礼的重要条件。

从礼时为大的观点出发,伊川对经典中的一些礼制问题重新进行了讨论。如在讨论孔子的学生颜、闵应当给孔子服何等丧服时,伊川说:"师不立服,不可立也,当以情之厚薄,事之大小处之。如颜闵于孔子,虽斩衰三年可也,其成己之功,与君父并。其次各有浅深,称其情而已。下至曲艺,莫不有师,岂可一概制服?"②《礼经》中并没有说明学生为老师应当服几等的丧服,但是伊川根据人情进行推测,认为孔子之于颜、闵有君父之恩,颜、闵即使为之服最高级别的丧服,即斩衰三年,也是合情合理的。但是,并不是所有的师生关系都如同孔子与颜、闵这样,所以在应当为老师服何种丧服的问题上,很难有统一的规定,这样就是为什么《礼经》当中没有规定学生给老师应服何等丧服的原因。在这种情况下,不同人只能根据"情之厚薄"来选择丧服。

除了这种《礼经》当中没有提及的礼制,对于《礼记》当中明确提出的礼制

① 程颢、程颐:《程氏遗书》卷十五,《二程集》,第 171—172 页。
② 程颢、程颐:《程氏遗书》卷二上,《二程集》,第 23 页。

原则,伊川也认为可以重新思考。《礼记·檀弓上》里面说"嫂叔之无服也",但是伊川说:"嫂叔无服,先王之权。后圣有作,虽复制服可矣。"①在他看来,嫂叔无服是先王在当时状况下的权宜之计,时至今日,社会情况已经发生变化,此时嫂叔有服也未尝不可。这体现出伊川在礼制方面的改革精神。他说:"自古太平日久,则礼乐纯备,盖讲求损益而渐至尔。虽祖宗故事,固有不可改者,有当随事损益者。若以为皆不可改,则是昔所未遑,今不得复作;前所未安,后不得复正。"②在这里伊川复又强调,古代的礼乐之所以能够臻于完备,是通过长期不断损益而逐渐达到的,传统上的礼制虽然有不可更改之处,但有些也是必须随时损益的,只有这样,才能使从前未暇顾及之处重新得到修整。

伊川不仅从理论上主张礼应随时变易,在生活中具体的礼仪规范上,他也亲自实践礼时为大的思想。如他在制定婚礼时,在妇见舅姑之礼后面加了一个"翌日,壻拜于妇氏之门"的仪节,这个仪节在《礼经》当中是没有的。《程氏遗书》卷十五记载了伊川与门人就这一问题所进行的讨论:

> 或曰:"正叔所定婚仪,复有壻往谢之礼,何谓也?"曰:"如此乃是与时称。今将一古鼎古敦用之,自是人情不称,兼亦与天地风气不宜。礼,时为大,须当损益。夏、商、周所因损益可知,则能继周者亦必有所损益。如云'行夏之时,乘殷之辂,服周之冕,乐则《韶》舞,是夏时之类可从则从之。'盖古人今人,自是年之寿夭、形之大小不同。古之被衣冠者,魁伟质厚,气象自别。若使今人衣古冠冕,情性自不相称。……举礼文,却只是一时事。要所补大,可以风后世,却只是明道。"③

由于伊川所定的婚礼与《礼经》中所记载的婚礼有着明显的出入,如有壻往谢之礼,因此门人不解伊川为何不按照《礼经》的仪节来进行。伊川用"时"来解释他的做法,他主张礼时为大,即是说礼应符合当下的社会状况,这是行礼的首要条件,因为壻往谢之礼是与当时的风俗相称的,所以伊川制定婚礼时

① 程颢、程颐:《程氏遗书》卷二上,《二程集》,第23页。
② 程颐:《论开乐御宴奏状》,《二程集》,第552页。
③ 程颢、程颐:《程氏遗书》卷十五,《二程集》,第146页。

采纳了这个仪节。在这里他再次举出三代的例子，以此说明夏、商、周三代之礼的承继并不是一成不变的。伊川强调，礼文只是"一时事"，是终究要随着时代的改变而变化的，能够传至后世的只有"道"，这里的道即是指礼文背后的圣人制作之旨。

又如在冠礼一事上，伊川认为不必拘泥于《礼经》中的服制，他说："今行冠礼，若制古服而冠，冠了又不常著，却是伪也，必须用时之服。"①他出于现实的考虑，认为古今服制不同，如果冠礼用古代的服制，那么其服制在行完冠礼之后就只能束之高阁，而派不上实际用场，这是不合时宜的，因此应当用时下之服。再如伊川主张士大夫应建家庙，这是为了恢复《礼经》中的宗庙制度，但是在具体的仪节上，伊川并没有完全按照《礼经》中的制度来进行，如在祭祀的饮食问题上，伊川认为"祭之饮食，则称家有无"②，这完全是从现实实施的角度来思考的，盖因当时的士大夫家族普遍难以有《礼经》中所记载的规模，因此伊川主张要根据自家的经济基础来安排具体的礼制。伊川的这种治礼理念为后世的家礼制作奠定了基础，相对于传统上烦琐的贵族之礼，宋代及以后的家礼往往去繁就简、大幅删削，其实用性极大地方便了庶民阶层，使古礼在后世能够重新获得生命力。

第三节　礼与敬

一、礼即是敬

在二程的时代，古礼已近于荡然，明道论及古代礼乐文化时说："古之人，耳之于乐，目之于礼，左右起居，盘盂几杖，有铭有戒，动息皆有所养。今皆废此，独有理义之养心耳。但存此涵养意，久则自熟矣。敬以直内是涵养意。言不庄不敬，则鄙诈之心生矣；貌不庄不敬，则怠慢之心生矣。"③明道认为，古代礼乐对人来说主要是起到涵养的作用，古人长期悠游其中，身心自然能够远离

---

① 程颢、程颐：《程氏遗书》卷十七，《二程集》，第 180 页。
② 程颢、程颐：《程氏外书》卷一，《二程集》，第 352 页。
③ 程颢、程颐：《程氏遗书》卷一，《二程集》，第 7 页。

放僻邪侈。但是时至宋代,古代礼乐已经无存,人们无法在生活中得到礼乐的涵养,只有留存的礼乐之理能够涵养内心。在这种情况下,明道主张要用"敬"来涵养身心,"敬以直内"则能避免鄙诈怠慢,使人回归仁义礼智之性。可见在明道那里,敬是在礼乐荡然的状况下所采取的一种新的涵养方式。

伊川也将礼的精神归结为敬。在伊川的言论中,他在很多情况下都不是从具体仪节规范的角度来定义礼的,在解释"克己复礼为仁"时,他将克己复礼理解为去除一己之私欲、顺应客观的道理,这是从理论上诠释什么是克己复礼。在具体的工夫上,伊川克己复礼即是敬,他说:"敬即便是礼,无己可克。"①"敬则无己可克,始则须绝四。"②"纯于敬,则己与理一,无可克者,无可复者。"③在伊川看来,敬是十分重要的涵养方式,"涵养须用敬,进学则在致知"④,他甚至认为,敬是唯一的涵养方式,除了敬,任何其他的涵养方式都是画蛇添足,如《程氏遗书》卷二上记伊川语:"有言养气可以为养心之助。曰:'敬则只是敬,敬字上更添不得。'"⑤可以说,敬是伊川思想中最主要的工夫。

二、主敬工夫

伊川所说的敬首先是指主一的工夫。他说:"敬只是主一也。主一,则既不之东,又不之西,如是则只是中。既不之此,又不之彼,如是则只是内。存此,则自然天理明。学者须是将—本无此字。敬以直内,涵养此意,直内是本。"⑥在这里,伊川将敬解释为主一,而主一又是中,即心思意念专注于内,不为四周任何事物而分散,这即是敬以直内的含义。在这个意义上,主一就是主心、专心的意思,《程氏粹言》中又记载:"主心者,主敬也;主敬者,主一也。不一,则二三矣。苟系心于一事,则他事无自入,况于主敬乎?"⑦"一心之谓

---

① 程颢、程颐:《程氏遗书》卷十五,《二程集》,第143页。
② 程颢、程颐:《程氏遗书》卷十五,《二程集》,第157页。
③ 程颢、程颐:《程氏粹言》卷一,《二程集》,第1171页。
④ 程颢、程颐:《程氏遗书》卷十八,《二程集》,第188页。
⑤ 程颢、程颐:《程氏遗书》卷二上,《二程集》,第27页。
⑥ 程颢、程颐:《程氏遗书》卷十五,《二程集》,第149页。
⑦ 程颢、程颐:《程氏粹言》卷一,《二程集》,第1192页。

敬。"①这即是说，敬便是心无旁骛、专注一事的含义，如果能专心于一事，则邪心杂念自然就不能进入。伊川强调，常存敬以直内的意思，便能够洞见天理。

但是，仅仅用主一来解释敬，难免令人费解，因为这缺乏具体的操作规范。所以伊川又说："有以一为难见，不可下工夫。如何一者，无他，只是整齐严肃，则心便一，一则自是无非僻之奸。此意但涵养久之，则天理自然明。"②伊川明确地说，主一其实就是整齐严肃，做到了整齐严肃，就能避免内心和外在行为上的放辟邪侈，常常用这种方式涵养己身，则便能洞见天理。在另一处，伊川更详细地解释了主一、主敬的具体方式，他说："如何为主？ 敬而已矣。……至于不敢欺、不敢慢、尚不愧于屋漏，皆是敬之事也。但存此涵养，久之自然天理明。"③在这里，伊川引用经典中的文字，更为具体地解释了何为敬。不敢欺、不敢慢、尚不愧于屋漏这些具体的行为，都是敬的表现，如果在日常行为中能够坚持这些原则，便能洞见天理。又如《程氏外书》卷十二载：

> 先生曰："初见伊川时，教某看敬字，某请益。伊川曰：'主一则是敬。'当时虽领此语，然不若近时看得更亲切。"宽问："如何是主一，愿先生善喻。"先生曰："敬有甚形影？ 只收敛身心便是主一。且如人到神祠中致敬时，其心收敛，更着不得毫发事，非主一而何？"又曰："昔有赵承议从伊川学，其人性不甚利，伊川亦令看敬字。赵请益，伊川整衣冠、齐容貌而已。赵举示先生，先生于赵言下有个省觉处。"④

从这一段记述中可以看出，伊川教导门人时，重点即是从主敬入手。伊川并没有只是给出一个空泛的概念，而是用具体的例子说明什么是主敬，如收敛身心、整衣冠、齐容貌这些都是主敬的具体表现，学者以敬修身，便是要在日常行为中实践这些具体的规则。可以看出，伊川其实是将传统上记载的修身方式，如戒慎恐惧、严威严恪、整齐严肃等，都纳入了敬的范围，从而形成了主敬

---

① 程颢、程颐：《程氏粹言》卷二，《二程集》，第 1256 页。
② 程颢、程颐：《程氏遗书》卷十五，《二程集》，第 150 页。
③ 程颢、程颐：《程氏遗书》卷十五，《二程集》，第 169 页。
④ 程颢、程颐：《程氏外书》卷十二，《二程集》，第 433 页。

的修身方式。

主敬所带来的结果,就是避免了邪僻之心的产生。明道曰:"敬胜百邪。"①伊川亦曰:"'敬以直内',有主于内则虚,自然无非僻之心。如是,则安得不虚?"②即是说,主敬则有主于内,邪僻之心无暇进入,否则心无所主,内在虚空,自然会产生淫邪之念。这种邪僻之心,便是私欲,主敬则会去除私欲,不敬则私欲丛生,伊川曰:"'出门如见大宾,使民如承大祭',只是敬也。敬则是不私之说也。才不敬,便私欲万端害于仁。"③"一不敬,则私欲万端生焉。害仁,此为大。"④可见,敬是达到仁的途径,不敬则难免有私欲,有私欲即非仁,也即非理,因此,伊川一再强调只有主敬才能摒除私欲,而私欲摒除则"天理自然明"。

需要注意的是,虽然伊川强调主敬,但是他认为主敬不应拘迫,而应涵泳其间,乐在其中。他说:"学者须恭敬,但不可令拘迫,拘迫则难久矣。"⑤又说:"入德必自敬始,故容貌必恭也,言语必谨也。虽然,优游涵泳而养之可也,拘迫则不能入矣。"⑥这说明,伊川十分看重主敬时的自然性,认为真正的主敬应当安于敬、乐于敬,如果只是强迫自己主敬,那也难以达到涵养的效果。《程氏遗书》卷一载:"有人劳正叔先生曰:'先生谨于礼四五十年,应其劳苦。'先生曰:'吾日履安地,何劳何苦? 他人日践危地,此乃劳苦也。'"⑦在外人看来,伊川一生谨于礼,应当是十分劳苦之事,但伊川却说他是"日履安地",这表明伊川在行礼时是安然自得的,而非勉强拘迫,可见伊川正是从亲自行礼的实践中体会出主敬的要义。

三、反对两种工夫倾向

从主敬的思想出发,二程批评了两种工夫倾向,一种是主静的工夫。当时

---

① 程颢、程颐:《程氏遗书》卷十一,《二程集》,第119页。
② 程颢、程颐:《程氏遗书》卷十五,《二程集》,第149页。
③ 程颢、程颐:《程氏遗书》卷十五,《二程集》,第153页。
④ 程颢、程颐:《程氏粹言》卷一,《二程集》,第1179页。
⑤ 程颢、程颐:《程氏遗书》卷十八,《二程集》,第191页。
⑥ 程颢、程颐:《程氏粹言》卷一,《二程集》,第1194页。
⑦ 程颢、程颐:《程氏遗书》卷一,《二程集》,第8页。

的学界受佛老的影响很深,往往以主静为主要的工夫。《程氏遗书》卷十八载:

> 问:"敬莫是静否?"曰:"才说静,便入于释氏之说也。不用静字,只用敬字。才说着静字,便是忘也。孟子曰:'必有事焉而勿正,心勿忘,勿助长也。'必有事焉,便是心勿忘,勿正,便是勿助长。"①

很多学者不理解伊川所说的敬究竟是什么含义,误以为敬便是静。伊川解释说,如果提倡主静,这便落入了佛教的窠臼,可见伊川是很明确地将自己的工夫论与佛教的工夫论区别开来的。他认为佛教所说的静,便是孟子所反对的忘,即刻意摒除一切思绪的状态,他强调真正的工夫一定是"必有事焉",即心有所主,而不是要排除一切思绪。敬与静并不相同,敬是必有事焉的状态,与静有着本质的区别。

又有的学者以为,在喜怒哀乐未发之前,应当主静。伊川却主张,即使是喜怒哀乐未发之前,也应当是主敬而不是主静。《程氏遗书》卷十八载:"或曰:'先生于喜怒哀乐未发之前下动字,下静字?'曰:'谓之静则可,然静中须有物始得,这里便一作最。是难处。学者莫若且先理会得敬,能敬则自知此矣。'"②喜怒哀乐未发之前,是指性未动、情未发之时,在这个阶段,伊川也不认为主静是合适的修养工夫,如果说以静为工夫,那这种静应是内有所主的静,而非佛教所说的空寂无物的静。所以,伊川主张不如主敬,主敬自然能够达到静,且敬时心有所主,又能避免佛教的空寂的静。

二程的学生谢良佐受佛老影响颇深,每有习忘的思想,一次他跟明道说"吾尝习忘以养生",明道答曰:"施之养生则可,于道则有害。习忘可以养生者,以其不留情也。学道则异于是。必有事焉而勿正,何谓乎?且出入起居,宁无事者?正心待之,则先事而迎。忘则涉乎去念,助则近于留情。故圣人心如鉴,孟子所以异于释氏,此也。"③明道和伊川的思想如出一辙,认为圣门之

---

① 程颢、程颐:《程氏遗书》卷十八,《二程集》,第189页。
② 程颢、程颐:《程氏遗书》卷十八,《二程集》,第201—202页。
③ 程颢、程颐:《程氏外书》卷十二,《二程集》,第426页。

教是必有事焉的修身工夫,不论是应事还是独处,都应该保持必有事焉的心态,随时正心待之以准备应事,这即是孟子所说的勿忘,是圣门之学区别于佛教的关键所在。明道认为,习忘对于一己之养生或许有作用,但是对于学道则无益处,这反映出在他的思想中,佛教所追求的只是一己之私利,与圣门之学的求道精神相去甚远。

二程所反对的另一种工夫倾向,是以博闻强识为先务的求道路径。明道曰:"学者不必远求,近取诸身,只明人理,敬而已矣,便是约处。"①明道反对一心外求的为学方式,他主张学者应当从近处、从自身做起,具体的方式是主敬。《论语》中孔子以博文约礼教导颜渊,明道认为,敬便是约,"操约者,敬而已矣"②,约便是首要的为学方式,即从自身做起,而非心驰外求。在这里,明道所说的"远求",指的是一味主张博闻强识的学风。当时很多学者以博观泛览为为学之鹄的和先务,而忽视自身的修养,明道不赞同这种学风,《程氏外书》卷十二载:"学者先学文,鲜有能至道。至如博观泛览,亦自为害。故明道先生教余尝曰:'贤读书,慎不要寻行数墨。'"③明道反对这种只在文字上下工夫,而不关注自身涵养的做法,他认为对于求道而言,这是有害的,以此为途径很难至道。

谢良佐博闻强识,但是却受到了明道的批评。《程氏外书》卷十二载:"明道见谢子记问甚博,曰:'贤却记得许多。'谢子不觉身汗面赤。先生曰:'只此便是恻隐之心。'"④明道不仅教导上蔡不要以博闻强识为求道之先务,对于当时一些著名学者,如王安石等,明道也是以能否守约来评价的。《程氏遗书》卷二上载明道论王安石说:"王安石博学多闻斯有之,守约则未也。"⑤这说明在明道看来,王安石虽然博学多才,但是因为缺乏守约的工夫,因此并没有真正做到为学和求道。总而言之,明道认为为学之道重在守约,即主敬,"所守不约,则泛然而无功。约莫如敬"⑥,如果不通过主敬进行涵养,那

① 程颢、程颐:《程氏遗书》卷二上,《二程集》,第 20 页。
② 程颢、程颐:《程氏遗书》卷十一,《二程集》,第 126 页。
③ 程颢、程颐:《程氏外书》卷十二,《二程集》,第 427 页。
④ 程颢、程颐:《程氏外书》卷十二,《二程集》,第 427 页。
⑤ 程颢、程颐:《程氏遗书》卷二上,《二程集》,第 17 页。
⑥ 程颢、程颐:《程氏粹言》卷二,《二程集》,第 1255 页。

么即使所知甚多,也没有益处。和明道一样,伊川也用敬来解释约,如:"约。敬是。"①并且,伊川也认为约礼的重要性大于博文,如说:"子夏之学虽博,然不若曾子之守礼为约,故以黝为似子夏,舍似曾子也。"②在这里,伊川将曾子之约礼看作比子夏之博文更重要的事,反映了他以主敬守约为先务的为学理念。

四、敬之果效

二程认为,主敬是修己安民之道。二程皆主张,在位者首先自身要做到主敬,然后才能达到安民的效果。明道曰:"敬则自然'俨若思,安定辞',其德可以安民。"③伊川曰:"君子之遇事,无巨细,一于敬而已。简细故以自崇,非敬也;饰私智以为奇,非敬也。要之,无敢慢而已。《语》曰:'居处恭,执事敬,虽之夷狄,不可弃也。'然则'执事敬'者,固为仁之端也。推是心而成之,则'笃恭而天下平'矣。"④二程强调了在位者自身做到修己以敬的重要性,这里所说的敬即是经典中所说的俨若思、安定辞、居处恭、执事敬这些具体的礼仪准则,在二程看来,在位者自身应当做到这些,然后就会带来安民平天下的效果。之所以能带来这样的效果,是因为在位者笃行恭敬,民众便会受其感化,上行下效,最终就能达到上下一于敬的结果。伊川曰:"圣人修己以敬,以安百姓,笃恭而天下平。惟上下一于恭敬,则天地自位,万物自育,气无不和,四灵何有不至?此体信达顺之道,聪明睿智皆由是出。以此事天飨帝,故《中庸》言鬼神之德盛,而终之以微之显,诚之不可掩如此。"⑤可见,在伊川的思想中,敬是治国安民平天下的基础,只要上下皆能安于敬,则就能实现《中庸》所说的"天地位焉,万物育焉"的境界,这充分体现了他主张礼治的政治思想。

---

① 程颢、程颐:《程氏遗书》卷十五,《二程集》,第171页。
② 程颢、程颐:《程氏遗书》卷二十二上,《二程集》,第282页。
③ 程颢、程颐:《程氏外书》卷二,《二程集》,第365页。
④ 程颢、程颐:《程氏遗书》卷四,《二程集》,第73页。
⑤ 程颢、程颐:《程氏遗书》卷六,《二程集》,第81页。

第四节 礼与乐

一、论古代礼乐

《论语·泰伯》中说:"兴于《诗》,立于礼,成于乐。"其中体现了孔子的教育思想。二程对这种思想大加赞赏,认为这是通向圣贤之路的途径。《程氏外书》卷七载二程语:

> 古之学者,必先学《诗》。学《诗》则诵读,其善恶是非劝戒,有以起发其意,故曰兴。人无礼以为规矩,则身无所处,故曰立。此礼之文也。中心斯须不和不乐,则鄙诈之心入之。不和乐则无所自得,故曰成。此乐之本也。古者玉不去身,无故不彻琴瑟。自成童入学,四十而出仕,所以教养之者备矣。理义以养其心,礼乐以养其血气,故其才高者为圣贤,下者亦为吉士,由养之至也。①

二程认为,古代对童蒙的教育是以《诗》、礼、乐之教为主的,《诗》可以启发学子,使其知晓善恶是非;礼可以立下规矩,使其行为动作有所准则,二程特别强调,这里的礼是指礼之文,因为在二程的语境中,礼在大多数情况下是指礼之实而非礼之文;乐可以使内心和乐,避免鄙诈之心的产生,这里所说的乐是指乐之本而非乐之文,二程十分看重和乐,认为这是内心有所自得的表现,如果只是勉于礼乐而心中不和乐,仍不是为学的最高境界。古代自童蒙入学到四十出仕,皆涵泳在《诗》、礼、乐之教当中,因此才高者为圣贤,低者亦为吉士,这皆是教化的结果。

在这里,二程认为礼乐对人的作用主要体现为"养其血气",即通过长期的涵养和熏陶来达到化其心性的效果。外在的礼乐行为能够塑造性情,"礼

---

① 程颢、程颐:《程氏外书》卷七,《二程集》,第396页。

乐只在进反之间,便得性情之正"①,这种教育方式不同于知识性的教育,其目的不是为了丰富知识、便于应举,而是为了修养身心、变化气质,因此不是一蹴而就的,而是在潜移默化中逐步达到的。明道在上奏皇帝的《请修学校尊师儒取士劄子》中阐释了他的教育理念,他说:"其道必本于人伦,明乎物理;其教自小学洒扫应对以往,修其孝悌忠信,周旋礼乐;其所以诱掖激励渐摩成就之道,皆有节序,其要在于择善修身,至于化成天下,自乡人而可至于圣人之道。其学行皆中于是者为成德。"②明道主张用古代礼乐之教来教育学者,他认为古代小学的洒扫应对、周旋礼乐之节能够对学者起到诱掖激励、渐摩成就的作用,并通过这种循序渐进的方式化其身心,以至于圣人之道。明道强调,这种礼乐之教是需要一个长期的培养过程的,他在解释《论语·子路》里面所说"苟有用我者,三年有成"这句话时说:"夫民之情,不可暴而使也,不可猝而化也,三年而成,大法定矣。渐之仁,摩之义,浃于肌肤,沦于骨髓,然后礼乐可得而兴也。"③连圣人治世仍需三年而后才能有所成,这说明礼乐教化是要在长期的切于身体的涵养之后才能蔚为大观的。

二程将乐解释为和乐,这有着一种境界论的色彩。乐本来是指钟鼓之乐,即使经过孔子"乐云乐云,钟鼓云乎哉"的辨析,乐有着实与文的区别,乐之实也主要指在奏乐时内心的平和,强调乐应当自内心之和而发。而在二程的解释中,乐已经具有了境界的内涵。明道在解释"兴于《诗》,立于礼,成于乐"这句时说:"'兴于《诗》,立于礼',自然见有著力处;至'成于乐',自然见无所用力。"④他将乐看成与礼乐教化合而为一、无须勉强的自然和乐的精神境界,也就是说,在这里乐不是指外在的钟鼓之乐,也不是指奏乐时内心的平和,而是指对于礼仪规范完全自愿的遵守和践行,并能从中体会到一种自然和乐的感觉。伊川也十分强调在行礼时从容与勉强的区分,他在《颜子所好何学论》这篇文章中说:"视听言动皆礼矣,所异于圣人者,盖圣人则不思而得,不勉而

---

① 程颢、程颐:《程氏遗书》卷三,《二程集》,第68页。
② 程颢:《请修学校尊师儒取士劄子》,《程氏文集》卷一,《二程集》,第448页。
③ 程颢:《南庙试策五道》,《程氏文集》卷二,《二程集》,第471页。
④ 程颢、程颐:《程氏遗书》卷一,《二程集》,第5页。

中,从容中道,颜子则必思而后得,必勉而后中。"①颜渊是圣门高徒,其视听言动无不合于礼,但是他之所以不是圣人,是因为他必须经过勉力才能合于礼,而圣人则是从心所欲便能达于礼。从容与勉强的区别就在于在精神境界上能否达到从容和乐,伊川将这种精神境界上的从容和乐看作圣人与贤人的区别,这便将乐纳入了境界论的解释范围。

在二程的时代,古代《诗》、礼、乐之教已近于荡然。二程认为,正是这种社会现状导致如今的学者大多难以成材。《程氏遗书》卷十八载伊川语:"天下有多少才,只为道不明于天下,故不得有所成就。且古者'兴于《诗》,立于礼,成于乐',如今人怎生会得? 古人于《诗》,如今人歌曲一般,虽闾里童稚,皆习闻其说而晓其义,故能兴起于《诗》。后世,老师、宿儒尚不能晓其义,怎生责得学者? 是不得兴于《诗》也。古礼既废,人伦不明,以至治家皆无法度,是不得立于礼也。古人有歌咏以养其性情,声音以养其耳,舞蹈以养其血脉。今皆无之,是不得成于乐也。古之成材也易,今之成材也难。"②在古代,《诗》、礼、乐皆是每天渗透到人们日常生活中的东西,如今三者皆已不行于世,老师、宿儒尚不能通晓其义,后生学子更无法借之以修身,这种《诗》、礼、乐之教荡然的状况直接导致的就是人伦不明、家无法度,诸多学子缺乏一个良好的教育环境,因此难以成材。可见,伊川是非常推崇古代的《诗》、礼、乐之教的,希望能在当时的社会上重新施行这种教化。当时社会普遍对礼乐缺乏重视,伊川为这种状况感到忧心,他曾亲自撰修礼书,其中涉及冠、昏、丧、祭、乡、相见等礼仪,以期重整风化,移风易俗,《程氏遗书》卷十八载伊川语:"冠昏丧祭,礼之大者,今人都不以为事。某旧曾修六礼,冠、昏、丧、祭、乡、相见。将就后,被召遂罢,今更一二年可成。"其中提及了他曾经欲修六礼但因被召入朝而搁浅的经历,这体现了他恢复古代礼乐之教的努力。

二、序与和

在诠释"兴于《诗》,立于礼,成于乐"这句话时,二程将礼解作礼之文,指

---

① 程颐:《颜子所好何学论》,《程氏文集》卷八,《二程集》,第578页。
② 程颢、程颐:《程氏遗书》卷十八,《二程集》,第201页。

的是礼之外在器物与节文。但在二程的时代，礼乐之文已经丧失殆尽，因此他们在讨论礼乐的时候往往指的是礼乐的实质。伊川曾将礼乐分别解释为序与和，《程氏遗书》卷十八载：

> "礼云礼云，玉帛云乎哉？乐云乐云，钟鼓云乎哉？""此固有礼乐，不在玉帛钟鼓。先儒解者，多引'安上治下莫善于礼，移风易俗莫善于乐'。此固是礼乐之大用也，然推本而言，礼只是一个序，乐只是一个和。只此两字，含畜多少义理。"又问："礼莫是天地之序，乐莫是天地之和？"曰："固是。天下无一物无礼乐。且置两只椅子，才不正便是无序，无序便乖，乖便不和。"①

伊川的学生向他请教《论语·阳货》中"礼云礼云，玉帛云乎哉？乐云乐云，钟鼓云乎哉"这句话。《论语》的原意盖指礼乐的实质并不在于外在的玉帛、钟鼓，而在于行礼乐时内心所具有的庄敬、平和的态度，其中涉及礼乐之质与文区别，在后世引起了广泛的讨论。很多学者发挥了自己的见解，如郑玄即引用《孝经》当中所说的"移风易俗莫善于乐，安上治民莫善于礼"来解释这句话，他说："玉，珪璋之属也；帛，束帛之属也。言礼非但崇此玉帛而已，所贵者乃贵其安上治民也。"②其中强调礼乐的宗旨是安上治民、移风易俗，而不是珪璋、束帛之属。伊川则认为，这些固然很重要，但只是用，而不是本，礼乐之本在于序与和，这两个字可以囊括礼乐之用。伊川的学生并没有完全领会他所说的序与和的意思，以为二者指的是天地之序与和，即礼乐教化对于人类社会所起到的有序与和谐的作用，这仍是从礼乐之社会功用的角度来理解礼乐。伊川强调，不仅天地，每一个个体身上也都有礼乐，礼乐的本质是序与和，这在任何一个事物上都能体现，比如两把椅子，摆放不正便是无序，无序便不和。显然，伊川所说的序与和是指礼乐的根本特质，而非礼乐的外在功用。他之所以如此强调，是旨在说明礼乐之行不待于外在的玉帛钟鼓就可以，只要把握住

---

① 程颢、程颐：《程氏遗书》卷十八，《二程集》，第 225 页。
② 何晏集解，皇侃义疏：《论语集解义疏》卷九，第 246 页。

礼乐的本质,每个个体都可以自然做到有序与和谐。

但是这种解释,似乎淡化了乐的独立存在的意义,而把乐解释为礼所带来的结果。伊川的学生就这一问题又进行了询问:

> 又问:"如此,则礼乐却只是一事。"曰:"不然。如天地阴阳,其势高下甚相背,然必相须而为用也。有阴便有阳,有阳便有阴。有一便有二,才有一二,便有一二之间,便是三,已往更无穷。老子亦言:'三生万物。'此是生生之谓易,理自然如此。'维天之命,于穆不已',自是理自相续不已,非是人为之。如使可为,虽使百万般安排,也须有息时。只为无为,故不息。《中庸》言:'不见而彰,不动而变,无为而成,天地之道可一言而尽也。'"①

伊川的学生认为将礼乐解释成序与和,这便将礼乐看成了一个事物。伊川指出,礼乐就如同阴阳一样,是相须而为用的,二者不能分开,而是相互依存的。这即是说,不仅乐是依赖礼而存在,礼也是依赖乐而存在,礼乐的关系正如同阴阳一样,是循环不已、生生不息的。本来伊川的学生仍是从传统礼乐的角度来询问礼乐的关系,而在伊川的诠释中,礼乐已经变成了一种抽象的存在,礼乐被赋予了阴阳、生生的属性,这体现了伊川的学术倾向和旨趣。

在伊川的影响下,程门弟子也多从体用的角度来理解礼乐,如范祖禹在解释《论语·学而》中"礼之用,和为贵"一句时,便直接将和解释为乐,从而将乐解释为礼之用。他说:"凡礼之体,主于敬;及其用,则以和为贵。……敬者,礼之所以立也;和者,乐之所由生也。"②谢良佐曰:"礼乐之道,异用而同体,相反以相成。阴阳也,刚柔也,动静也,仁义也,文武也,莫不如是,何独礼乐不然乎?"③谢良佐也认为礼乐是同体而异用,但与范祖禹不同的是,他并没有只认为乐为礼之用。朱熹的学生曾质疑程门这种以体用来解释礼乐的思想,朱熹则认为这种思想可以从《礼记·乐记》当中找到佐证,《论语或问》卷一载:

---

① 程颢、程颐:《程氏遗书》卷十八,《二程集》,第225—226页。
② 朱熹:《论语精义》,《朱子全书》第七册,第52页。
③ 朱熹:《论语精义》,《朱子全书》第七册,第52页。

"曰：若如范氏之说，则遂以乐为礼之用，可乎？曰：《乐记》有之：'天高地下，万物散殊，而礼制行矣。流而不息，合同而化，而乐兴焉。'则其相为体用也，古有是言矣。"①这说明朱熹是认同以体用来解释礼乐的。

事实上，朱熹对于伊川以序与和解释礼乐的做法是非常赞赏的，认为这充分解释了礼乐之本。《论语或问》卷十七载："或问礼乐之说。曰：程子之言至矣。……详味而深体之，则于礼乐之本，其庶几乎？"②在《论语集注》中，朱熹即单独用伊川的这段话来解释"礼云礼云，玉帛云乎哉？乐云乐云，钟鼓云乎哉"这句话。程朱之所以主张用序与和诠释礼乐，主要是为了将礼乐落实到个体身上来。程朱的时代，礼乐荡然，学子不仅幼年无法得到礼乐的熏陶，及至成年，也无现成的礼乐可以践行，若是待礼乐之具成形而后学习之，则为时已晚。因此，必须将礼乐拉回到个体身上来，将礼乐诠释成完全由个体发出、不依赖于任何外在之物即可以体现的东西。朱熹强调，礼乐之用是不分大小的，所及之处随时都有礼乐，他说："礼乐之用，通乎上下，无小大之殊，一身有一身之礼乐，一家有一家之礼乐，一邑有一邑之礼乐，以至推之天下，则有天下之礼乐，亦随其大小而致其用焉耳，不必其功大名显而后施之也。"③这说明礼乐之用随时都可以体现，人若想践习礼乐，无须等到礼乐之文全备，只要遵循序与和的原则去做，就自然能够达于礼乐。

---

① 朱熹：《论语或问》，《朱子全书》第六册，第 628 页。
② 朱熹：《论语或问》，《朱子全书》第六册，第 881 页。
③ 朱熹：《论语或问》，《朱子全书》第六册，第 877 页。

第八章　吕大临

　　吕大临(1040—1092),字与叔,时称芸阁先生,京兆蓝田(今陕西蓝田)人,北宋时期哲学家、金石学家。先从学于张载,潜心研究六经,尤深于三礼的精研与实践,是关学代表性人物。张载逝世后,转师二程,与谢良佐、游酢、杨时三人一起被时人称为"程门四先生"。二程赞其为学"深潜缜密""涵养深醇,妙达义理"。南宋朱熹认为吕大临的学术成就高于当时与他并称的诸家,"于程子门人中最取吕大临",并把他与程颐相比而论。吕大临的著作有《易章句》《芸阁礼记解》《论语解》《中庸解》《老子注》《玉溪集》《玉溪别集》《西铭集解》《编礼》《考古图》《考古图释文》等,又与其兄吕大防合著《家祭仪》,其中大多失散,只留下《考古图》十卷传世,其他则散见于后世学者的论著当中。

第一节　礼与理

一、礼源于理义

　　受到二程的影响,吕大临认为天道即是理义,他说:"天道无私,莫非理义,君所以代天而治者,推天之理义,以治斯人而已。故曰:'天叙有典,天秩有礼,天命有德,天讨有罪',莫非天也。臣之受命于君者,命合乎理义,为顺天命,不合则逆天命。君之命出于理义,则为臣者将不令而从;君之命不出于理义,则为臣者虽令不从矣。此所以有逆命顺命之异,然后知其不可使为乱也。"①天道即是理义，所以君王顺应天道治理百姓，其实也就是顺应理义治理百姓，因此，天叙、天秩、天命、天讨都是天道和理义的表现，君王发号施令应当遵循理义，这样才能使臣下顺命而行，否则，如果不符合理义，则臣下虽令不从，这便会导致社会的动乱。

吕大临认为，理义不仅是天道的体现，还是人心之所同然，是存在于每个人心中，能被每个人所理解的，"理义者，人心之所同然，唯大人为先得之，德之不明也，以民之未知乎此也；德之不行也，以民之未得乎此也"②，理义本来存在于每个人的心性当中，但是只有圣贤才能认识到自身所有的理义，普通人则往往不能认识到自身本来即有理义，更无法将之践行出来。"理义，人心之所同然，虽小人岂无是心哉？惟其为形体所梏，区区自处于一物之中，与万物以争胜负，故丧其良心，不与天地相似，所以以人为可欺，而闲居为不善也③。"吕大临明确说到，即使是小人也具备理义，只不过因为形体的桎梏，小人眼界狭隘，无法认识到自身所有的理义，所以无法与天地为一。

吕大临强调，圣人制礼，正是根据人心所有的理义而来，理义是礼的根源，礼是由理义所出，理义与礼是人类社会特有的标志，是人异于禽兽的特征。他说："人之血气、嗜欲、视听、食息，与禽兽异者几希，……是则所以贵乎万物者，盖有理义存焉，圣人因理义之同然，而制为之礼，然后父子有亲，君臣有义，男女有别，人道所立，而与天地参也。"④人与动物的区别就在于人知晓、具备理义，圣人制礼也是遵从理义、按照理义的要求而来，父子、君臣、夫妇之礼无不是理义本身所有，是符合天道自然的，因此说，人道是从天道而来，与天地参的。

圣人制礼，不仅是在逻辑上遵循理义，而且在表现形式上效法了天地之象。吕大临曰："先王制礼之意，象法天地，以达天下之情而已。《书》曰'天叙有典'，体也，人伦之谓也；'天秩有礼'，用也，冠、昏、丧、祭、射、乡、朝、聘之类也；二者皆本于天，此礼之所由生也。礼之有吉凶，犹天之有阴阳，可异而不可

---

① 吕大临：《礼记解》，《蓝田吕氏遗著辑校》，第 333 页。
② 吕大临：《礼记解》，《蓝田吕氏遗著辑校》，第 376 页。
③ 吕大临：《礼记解》，《蓝田吕氏遗著辑校》，第 374 页。
④ 吕大临：《礼记解》，《蓝田吕氏遗著辑校》，第 192 页。

相干也;礼有恩、有理、有节、有权,犹天之有四时,可变而不可执一也。仁义礼知,人道具矣,人道具则天道具,其实一也。"①人伦纲常是礼之体,而不同时间场合所举行的礼仪如冠、昏、丧、祭、射、乡、朝、聘之类是礼之用,礼之体用皆是出自于天道。礼分为吉凶,这是法效天之阴阳;礼有恩、有理、有节、有权,这是法效天之四时。概言之,礼在外在仪节上皆是参照天地自然的特性而作。

吕大临不仅说明了礼源自于理义,而且认为使人回归理义的方式即是通过礼。他说:"理义者,人心之所同然,屈而不信,私意害之也;理义者,天下之所共由,畔而去之,无法以闲之也。私意害之,不钦莫大焉;无法以闲之,未有不流于不义也。直则信之而已,方则匡之而已,非有加损于其间,使知不丧其所有,不失其所行而已。二者,克己复礼者也。克己复礼,则天下莫非吾体,此其所以大也。心诚求之,虽不中,不远矣,此所以'不习无不利'也。六二居《坤》下体,柔顺而中,君子存心治身,莫宜于此。"②他认为,理义本来是人心之所同然,但是大多数人之所以不能知晓和实践理义,一是由于私意,二是由于无法,因此,若要使人回归理义,就必须从去除私意、制定法则这内、外两方面着手,而这可统一于"克己复礼"当中。通过克己复礼,人可以体会到天地莫非吾体,可以在内心和行为上与理义合而为一,因此说,礼将人自身与天道连接了起来。

二、礼本于中

吕大临认为,天道、理义、性都是中的体现,都可以用中来表示,如说:"所谓中者,性与天道也。"③"吾性命之理受乎天地之中。"④"人莫不知理义,当无过不及之谓中,未及乎所以中也。"⑤他十分重视中这个概念,曾与程颐通过书信往来专门讨论中的问题。

在《论中书》里面,吕大临首先强调了中和道的关系,他说:"中者道之所

①　吕大临:《礼记解》,《蓝田吕氏遗著辑校》,第419页。
②　吕大临:《易章句》,《蓝田吕氏遗著辑校》,第66页。
③　吕大临:《礼记解》,《蓝田吕氏遗著辑校》,第273页。
④　吕大临:《礼记解》,《蓝田吕氏遗著辑校》,第272页。
⑤　吕大临:《礼记解》,《蓝田吕氏遗著辑校》,第273页。

由出。"程颐认为"此语有病"。对此,吕大临进一步解释说:"但论其所同,不容更有二名;别而言之,亦不可泥为一事。如所谓'天命之谓性,率性之谓道',又曰'中者天下之大本,和者天下之达道',则性与道,大本与达道,岂有二乎?"他认为中与道本非二物,所以说是"中者道之所由出",但二者又不可看作一物,因此分别言之。针对吕大临的说法,程颐回答说:"中即道也。若谓道出于中,则道在中外,别为一物矣。所谓'论其所同,不容更有二名,别而言之,亦不可混为一事',此语固无病。若谓性与道,大本与达道,可混而为一,即未安。在天曰命,在人曰性,循性曰道。性也,命也,道也,各有所当。大本言其体,达道言其用,体用自殊,安得不为二乎?"①程颐认为,中即是道,不应当说道出于中,因为这样便有将道与中看作二物的嫌疑。此外,性、命、道这些范畴虽然本质相同,但是各有所指,因此不应混淆。尽管程颐表述了自己的意见,吕大临似乎仍是坚持道出于中的观点。

在《论中书》里面,吕大临又论述了中与性的关系,他说:"既云'率性之谓道',则循性而行莫非道。此非性中别有道也,中即性也。在天为命,在人为性,由中而出者莫非道,所以言道之所由出也,与'率性之谓道'之义同,亦非道中别有中也。"他强调,中即是性,由性所发即是道,这便是"率性之谓道",所以说,道也是由中而出的。程颐不赞同他这种"中即性"的说法。程颐曰:"'中即性也',此语极未安。中也者,所以状性之体段。如称天圆地方,遂谓方圆而天地可乎?方圆既不可谓之天地,则万物决非方圆之所出。如中既不可谓之性,则道何从称出于中?盖中之为义,自过不及而立名。若只以中为性,则中与性不合,与'率性之谓道'其义自异。性道不可合一而言。中止可言体,而不可与性同德。"②程颐认为,中只是性所具有的特质,正如同方圆是天地的特质一样,但不可说中即是性,正如不可说方圆即是天地一样。

但是,不论是在道还是性的问题上,吕大临都坚持了自己以中为出发点的说法。在他看来,中是圣门之学的核心,是圣贤代代相传的宗旨,他说:"圣人之学,以中为大本。虽尧舜相授以天下,亦云'允执其中'。中者,无过不及之

---

① 吕大临:《论中书》,《蓝田吕氏遗著辑校》,第495页。
② 吕大临:《论中书》,《蓝田吕氏遗著辑校》,第495—496页。

谓也。"①《尚书·大禹谟》中有"人心惟危,道心惟微,惟精惟一,允执厥中"的说法,吕大临认为,中是尧舜等圣王治理天下、以天下相传授所凭借的准则,治理天下即是要无过不及。在他看来,先王制礼也是以中为准绳,教民不偏不倚、无过不及。他说:"先王制礼,教民之中而已,教不本于礼,则设之不当,设之不当,则所以教者不备矣。"②礼也是本于中而来,先王制礼以教民,即是教民以中,否则即是教之不备。可见,在吕大临的思想中,天道、理义、性与礼都是中的体现,都是通过中而贯穿在一起的。

第二节　礼与性

一、性即理

在人性论的问题上,吕大临体现出典型的理学家的思想特色。他认为性是天道降而在人所形成的,因此,性与天道本来为一,由性所发自然合于天道。他说:"性与天道一也,天道降而在人,故谓之性。性者,生生之所固有也。循是而言之,莫非道也。道之在人,有时与位之不同,必欲为法于后世,不可不修。"③性是与生俱来的,是天道的自然体现,但是天道由于时与位的不同,有着不同的表现形式,因此圣人垂法设教也需要考虑时与位的影响。

由于吕大临认为天道即是理义,因此他强调性即理。他说:"至于实理之极,则吾生之所固有者,不越乎是。吾生所有,既一于理,则理之所有,皆吾性也。人受天地之中,其生也,具有天地之德,柔强昏明之质虽异,其心之所然者皆同。特蔽有浅深,故别而为昏明;禀有多寡,故分而为强柔;至于理之所同然,虽圣愚有所不异。尽己之性,则天下之性皆然,故能尽人之性。蔽有浅深,故为昏明;蔽有开塞,故为人物。禀有多寡,故为强柔;禀有偏正,故为人物。"④理是每个人生来便具有的,理之所有即是人之性,不论贤愚,其所具有

---

① 吕大临:《论中书》,《蓝田吕氏遗著辑校》,第497页。
② 吕大临:《礼记解》,《蓝田吕氏遗著辑校》,第191页。
③ 吕大临:《礼记解》,《蓝田吕氏遗著辑校》,第271页。
④ 吕大临:《礼记解》,《蓝田吕氏遗著辑校》,第298页。

的理是相同的,所以说理是人心之所同然。但是,由于气质的蒙蔽,每个人所禀受的理,其显露程度有所不同,这就造成了昏明、强柔的不同,形成了人与物等不同的存在。可见,吕大临这种关于性的看法是继承了张载气质之性、程颐性即理的观点。

吕大临坚持了他关于中的观点,强调道由中所出,性即是中。他说:"'天命之谓性',即所谓中;'修道之谓教',即所谓庸。中者,道之所自出;庸者,由道而后立。盖中者,天道也、天德也,降而在人,人禀而受之,是之谓性。《书》曰:'惟皇上帝,降衷于下民。'《传》曰:'民受天地之中以生。'此人性所以必善,故曰'天命之谓性'。"①他引用经典中的论述来说明,中即是天道、天德,性即是秉承天道、天德而来,因此性即是中。正因性与天道、天德本为一,所以人性皆善,而之所以有不中节的现象,是因为"梏于蕞然之形体,常有私意小知,挠乎其间"②,是无法保存其从天所禀受的理义的结果。

从性善论的立场出发,吕大临反驳了当时学术界所存在的一些认为性无善、性可以为善也可以为不善,及性有善有不善的观点。他说:"世之言性,以似是之惑而反乱其真,或以善恶不出于性,则曰'性无善';或以习成为性,则曰'性可以为善,可以为不善';或以气禀厚薄为性,则曰'有性善,有性不善',三者皆自其流而观之,盖世人未尝知性也。天之道虚而诚,所以命于人者,亦虚而诚。故谓之性虚而不诚,则荒唐而无征;诚而不虚,则多蔽于物而流于恶。性者虽若未可以善恶名,犹循其本以求之,皆可以为善,而不可以为不善,是则虚而诚者,善之所由出,此孟子所以言性善也。"③吕大临认为,以性无善、性可以为善也可以为不善,以及性有善有不善的观点皆是不知性的表现。性者,追本溯源,皆可以为善,而不可以为不善,不善只是蔽于物的缘故,而不是性本身所具有的。因此,他支持孟子的性善论。

关于性,吕大临还有一个观点,就是认为性是合内外之道。他说:"性者,合内外之道,以天地万物为一体者也。人伦、物理,皆吾分之所固有;居仁、由

---

① 吕大临:《礼记解》,《蓝田吕氏遗著辑校》,第271页。
② 吕大临:《礼记解》,《蓝田吕氏遗著辑校》,第271页。
③ 吕大临:《论语解》,《蓝田吕氏遗著辑校》,第477页。

义,皆吾事之所必然。"①性是以天地万物为一体,能够将外在的人伦与物理当作自身的本分,并自然而然地行出自身的仁义道德。在他看来,从自己的本性出发,便能够实践出恻隐、羞恶、辞让、是非,而这种对仁义道德的践行会直接体现为君臣、父子、夫妇、昆弟、朋友的相交之道,"故良心所发,莫非道也。在我者,恻隐、羞恶、辞让、是非,皆道也;在彼者,君臣、父子、夫妇、昆弟、朋友之交,亦道也。在物之分,则有彼我之殊;在性之分,则合乎内外,一体而已;是皆人心所同然,乃吾性之所固有"②。正因为由本性所发可以达于人伦物理,所以说性是合内外之道,是使自身与天道合而为一的途径。

二、礼与仁

吕大临强调,性即是仁义,仁义是性中本来就具有的,"仁义者,人性之所固有,贤不肖之所同也,然私欲胜之,能勿丧者寡矣"③,不论是贤人还是不肖之人,其本性当中所具有的仁义是相同的,只不过不肖之人其私欲胜过了仁义。他还强调,仁义是人的天性,正如同好色恶臭是人的天性一样,不论人自身是否意识到这一点,这都是客观的实在,而人只要正心诚意,就会发现仁义是人性所固有,他说:"仁义本出于人之诚心,如好色恶臭之比,则君子之慎其独者,见仁义之本,皆吾性分之所当然,不为人之知不知也。"④

对于什么是仁,吕大临继承了程颢仁者以万物为一体的思想。程颢曰"仁者以天地万物为一体","仁者浑然与物同体"。吕大临关于仁的理解与此类似,他说:"仁者之于天下,无一物非吾体,则无一物忘吾爱。"⑤"仁者,以天下为度者也。"⑥仁者即是大其心,以天下万物为吾体,博爱天下万物。如果不能兼容博爱,则不是仁,"仁者兼容遍体,不与物共则不达"⑦。不仁者的最直接体现就是不能与天下万物为一体,而是有着一己之私,将自我与外物截然二

---

① 吕大临:《礼记解》,《蓝田吕氏遗著辑校》,第371页。
② 吕大临:《礼记解》,《蓝田吕氏遗著辑校》,第271页。
③ 吕大临:《礼记解》,《蓝田吕氏遗著辑校》,第314页。
④ 吕大临:《礼记解》,《蓝田吕氏遗著辑校》,第374页。
⑤ 吕大临:《礼记解》,《蓝田吕氏遗著辑校》,第342页。
⑥ 吕大临:《礼记解》,《蓝田吕氏遗著辑校》,第381页。
⑦ 吕大临:《论语解》,《蓝田吕氏遗著辑校》,第460页。

分。吕大临曰:"仁者以天下为一体,天秩天叙,莫不具存。人之所以不仁,己自己,物自物,不以为同体,胜一己之私,以反乎天秩天叙,则物我兼体,虽天下之大,皆归于吾仁术之中。一日有是心,则一日有是德。"①由于私意小智的隔蔽,人不能与物同体,此时则应努力胜过一己之私,使自身回归仁术,与天下万物为一。

这种回归仁术的方法,吕大临认为即是克己复礼,"有己,则丧其为仁,天下非吾体;忘己,则反得吾仁,天下为一人。故克己复礼,昔之所丧,今复得之,非天下归仁者与? 安仁者,以天下为一人而已"②,若想回归仁术,则需要忘己,而忘己的有效方式即是克己复礼。通过克己复礼,人可以克服私意小智的搅扰,使自身复得本性中所有的仁,博爱万物,视万物为一体,以天下为一人。从这个角度来讲,吕大临认为礼与仁是分不开的,皆需要有与天下万物为一的情怀,"礼乐之情,皆出于仁,不用礼乐则已,如用之,则不仁之人何所措手足乎"③? 这是他对于论语当中仁礼乐之关系所做的一个新的诠释。

三、礼为节文

吕大临强调,礼是仁义之节文,他说:"兼天下而体之之谓'仁',理之所当然之谓'义',由仁义而之焉之谓'道',有仁义于己之谓'德',节文乎仁义之谓'礼'。仁、义、道、德,皆其性之所固有,本于是而行之,虽不中不远矣。然无节无文,则过与不及害之,以至于道之不明且不行,此所以'非礼不成'也。"④仁义道德皆是人性本来所具有的,但是由于形气的遮蔽,人并不能完全实践自身的仁义道德,如果没有礼仪规范作为节文,人只能或过或不及。因此,圣人制礼作为节文,教民以中,使之能够完全践行自身的仁义道德。

礼不仅是仁义的节文,也是一切理义的节文。一切理义,如果没有恰当的仪节作为规范,则无法合于中道。吕大临曰:"礼,所以节文也。恭无节文,则

---

① 吕大临:《论语解》,《蓝田吕氏遗著辑校》,第454页。
② 吕大临:《论语解》,《蓝田吕氏遗著辑校》,第454页。
③ 吕大临:《论语解》,《蓝田吕氏遗著辑校》,第430页。
④ 吕大临:《礼记解》,《蓝田吕氏遗著辑校》,第191页。

罢于接物;慎无节文,则畏而失我;勇无节文,则暴而上人;直无节文,则切而贼恩。"①恭、慎、勇、直皆是理义的内容,是人性当中本来就具备的,但是如果只是由此任意发出,则或过或不及,总是难以达到真正恭、慎、勇、直的标准,只有通过礼仪节文,才能真正合于中道。因此,如果没有礼仪节文,人实际上是无法实践理义的,"礼者,节文而已。节文不明,慢渎所由生也"②。

吕大临认为,不断地践行具体的仪节条文,可以反过来培养人之德性,"若夫学者,将学于礼,必先从事于节文之间,安于是而不惮烦,则其德为庶几矣,兹礼文之所以不可简也"③,这其实是张载所强调的知礼成性、变化气质的道路,即通过长期的礼仪规范的涵养,使自身的气质与内心不断变化,最终达到理义的要求。"夫先王制礼,岂苟为繁文末节,使人难行哉? 亦曰'以善养人而已'。盖君子之于天下,必无所不中节,然后成德,必力行而后有功。其四肢欲安佚也,苟恭敬之心不胜,则怠惰傲慢之气生;怠惰傲慢之气生,则动容周旋不能中乎节,体虽佚而心亦为之不安;于其所不安,则手足不知其所措,故放辟邪侈,蹦分犯上,将无所不至,天下之乱自此始矣。圣人忧之,故常谨于繁文末节,以养人于无所事之时,使其习之而不惮烦,则不逊之行,亦无自而作,至于久而安之,则非法不行,无所往而非义矣。"④正是通过繁文末节的不断涵养,人可以消磨怠惰傲慢之气、放辟邪侈之举,使自身气质渐渐趋于恭敬、合于理义,这是一个长期的涵养过程。

吕大临还特别指出,相对于理与情,礼更有助于止讼决疑,"理有可否则争,情有曲直则讼,惟礼为能决之。盖分争者,合于礼则可,不合于礼则不可;辩讼者,有礼则直,无礼则不直,故曰'非礼不决'"⑤,理会引起可否之争,情会引起曲直之辩,只有礼能够定是非、决悬疑,因此礼是更有益于维护社会和谐稳定的。清代学者在批评宋明理学时,往往认为理学家所强调的理容易引起争竞、是非,如焦循曾说:"礼论辞让,理辨是非。知有礼者,虽仇隙之地,不

---

① 吕大临:《论语解》,《蓝田吕氏遗著辑校》,第445页。
② 吕大临:《礼记解》,《蓝田吕氏遗著辑校》,第312页。
③ 吕大临:《礼记解》,《蓝田吕氏遗著辑校》,第210页。
④ 吕大临:《礼记解》,《蓝田吕氏遗著辑校》,第400页。
⑤ 吕大临:《礼记解》,《蓝田吕氏遗著辑校》,第191页。

难以揖让处之；若曰虽伸于理，不可屈于礼也。知有理者，虽父兄之前，不难以口舌争之；若曰虽失于礼，而有以伸于理也。今之讼者，彼告之，此诉之，各持一理譊譊不已；为之解者，若直论其是非，彼此必皆不服，说以名分，劝以孙让，置酒相揖，往往和解。可知理足以启争，而礼足以止争也。"①在焦循看来，仅强调理不利于社会稳定，只有通过强调礼才能使人人和睦相处。但实际上，宋明理学家并非没有意识到礼之止讼的作用，如吕大临即明确说过"惟礼为能决之"。只不过由于时代背景的不同，古礼在宋代已经近于荡然，因此宋代学者在思考礼制重建时，必然要先探索和把握礼之精神，如吕大临说："礼之所尊，尊其义也。其文，则摈相习之；其义，则君子知之；修其文，达其义，然后可以化民成俗也。"②探求礼之义，就必然会追溯到理，这就要求学者必须重视理，但这并不意味着要淡化、漠视礼的作用。

第三节　礼与敬

一、礼为敬

吕大临继承了程颐的思想，以敬释礼，强调礼的核心即是敬。以敬训礼的观念，虽然在先秦典籍中就已出现，但是历来礼学家在训礼之时，大多未曾把敬作为礼之核心来突出强调，更多的是强调礼之别异、维系人伦与社会稳定等外在功能。程颐则把敬看作礼的核心，甚至忽略了礼作为外在仪节条文的一面，如他在解释"克己复礼为仁"时，便是以敬训礼："敬即便是礼，无己可克。"③"敬则无己可克，始则须绝四。"④"纯于敬，则己与理一，无可克者，无可复者。"⑤这实际上是淡化了实践层面的具体工夫，而将内心的诚敬看作礼的全部内容。

---

① 焦循：《释礼》，《论语通释》，第15页。
② 吕大临：《礼记解》，《蓝田吕氏遗著辑校》，第396页。
③ 程颢、程颐：《程氏遗书》卷十五，《二程集》，第143页。
④ 程颢、程颐：《程氏遗书》卷十五，《二程集》，第157页。
⑤ 程颢、程颐：《程氏粹言》卷一，《二程集》，第1171页。

吕大临也认为礼即是敬,他说:"礼者,敬而已矣,敬者,礼之常也。"①他把敬看作礼之实,而把外在的仪节条文看作礼之文、礼之用,"礼者,敬而已矣,君子恭敬,所以明礼之实也;礼,节文乎仁义者也,君子撙节,所以明礼之文也;辞逊之心,礼之端也,君子退逊,所以明礼之用也"②,内在的诚敬是外在谦让辞逊的基础,如果内心缺乏诚敬,则外在行为便难以中节,"君子敬以直内,义以方外,敬义立而德不孤,则不疑其所行矣。故发而不中节者,常生乎不敬,所存乎内者敬,则所以形乎外者庄矣,内外交修,则发乎事者中矣"③,从内心的诚敬出发,则自然会达于行为上的庄重,因此,个人修养不仅要从践行繁文末节开始,还要同时培养内心的敬意,这是"内外交修"之道。

吕大临强调,如果内心能够做到敬,则由于财力的原因,在礼器、礼物、礼服上有所欠缺,是无伤大雅的,"礼者,敬而已矣。心苟在敬,财力之不足,非礼之訾也"④,只要有敬之意,礼就是隆重而有意义的,礼重则人道就因此而立,国家社会因此得到有效治理,"敬至则礼重,礼重则人道立,此国之所以为国也,故曰'所以为国本也'"⑤。他把礼的重心转为对内心敬意的培养,认为国家的长治久安有赖于个体内心的恭敬,而不是将礼的作用限制在约束人之行为,使之不愈规矩这一层面,这是他对以礼治国所做的一个重新诠释。

二、礼乐之原在心

相对于之前关于礼乐的探讨,吕大临更重视礼乐与人之内心的关系。在他看来,礼乐根植于人的内心,礼仪三百、威仪三千这些外在的表现形式,无不是内心之用的结果。他说:"礼乐之原,在于一心,致五至,行三无,以横于天下,乃一心之用也。"⑥这里面的"五至"和"三无"出自《礼记·孔子闲居》:"子曰:志之所至,诗亦至焉;诗之所至,礼亦至焉;礼之所至,乐亦至焉;乐之所至,

① 吕大临:《礼记解》,《蓝田吕氏遗著辑校》,第189页。
② 吕大临:《礼记解》,《蓝田吕氏遗著辑校》,第192页。
③ 吕大临:《礼记解》,《蓝田吕氏遗著辑校》,第400页。
④ 吕大临:《礼记解》,《蓝田吕氏遗著辑校》,第206页。
⑤ 吕大临:《礼记解》,《蓝田吕氏遗著辑校》,第384页。
⑥ 吕大临:《礼记解》,《蓝田吕氏遗著辑校》,第265页。

哀亦至焉。……无声之乐，无体之礼，无服之丧，此之谓三无。"吕大临认为，五至和三无都说明了礼乐是根源于人心的，只有内心有着这样的志向，才能够在外在行为上达于礼乐，因此，礼乐其实都是"一心之用"。

吕大临进一步解释到，三无其实是直指礼乐之本，而非指礼乐之文。他说："先儒谓此三者，皆行之在心，外无形状，故称'无'也。盖乐必有声，其无声者，非乐之器，乃乐之道也；礼必有体，其无体者，非礼之文，乃礼之本也；丧必有服，其无服者，非丧之事，乃丧之理也，则此三者，行之在心，外无形状可知也。无声之乐，和之至者也；无体之礼，敬之至者也；无服之丧，哀之至者也。"①因为非指礼乐之文，所以称"无"，但三无所说的"无声之乐，无体之礼，无服之丧"无不是指礼乐最深层的本质而言，礼乐最深层的本质是依赖于人之内心的，虽然尚未有外在的仪节条文，但仍不失为礼乐。

从内外的角度出发，吕大临还讨论了《论语》中所说的德、礼、政、刑的问题。他认为德、礼、政、刑正是按照本末先后的顺序来排列的，德、礼是治内，政、刑是治外，因此，德、礼是本，政、刑是末，如果不从德、礼进行教化，而只任政、刑，则无法从根本上使民趋善避恶。他说："知本末先后，然后可以言治矣。德礼者，所以治内；刑政者，所以治外。治内者，先格人之非心，使之可以为君子，则政足以不烦，刑足以不用也。乃若一切任治外之法，则民将失其本心，不知有德礼之美，冒犯不义，无所不作，虽有格者，畏罪而已。"②德、礼是格人之非心，从内在来改变人之德性，这是治民的根本，如果德、礼之治能够盛行，则几可以达到政、刑不用的效果。反过来，如果无德、礼之治，而只是任用政、刑，则虽然短期内可以使民畏罪，但却无法改变民众的内心，最终还是会导致祸乱。

---

① 吕大临：《礼记解》，《蓝田吕氏遗著辑校》，第266页。
② 吕大临：《论语解》，《蓝田吕氏遗著辑校》，第427—428页。

结　语

北宋是中国学术史上一个十分活跃的时期,也是中国学术史上一个大转折的时期,其间百花齐放、百家争鸣,各种流派的思想交相呼应。就礼治思想来看,北宋各大思想家都强调以礼治国的重要性,然而各家又对礼治的诠释和理解有所不同。从整体上看,北宋礼治思想呈现出以下几个共性与趋势。

第一,注重阐释义理。北宋礼治思想的特点首先是基于宋学整体特点而来的。宋学区别于汉唐学术的一个很大特点是对义理的阐释和发挥,在注释经典的时候更侧重于发明微言大义,而不是如汉唐经学那样以名物制度、训诂考证为主。王应麟在《困学纪闻》所说:"自汉儒至庆历间,谈经者守故训而不凿;《七经小传》出而稍尚新奇矣;至《三经新义》行,视汉儒之学若土梗。"由此可见,庆历之后的宋学是以思想的自由和创新为主要标志的。在礼治思想这一层面,也大抵呈现出这一特点。

胡瑗倡导"明体达用之学",他认为,人伦纲常、仁义礼乐是万世不变的"体",承载这些道理的经史子集是垂法后世的"文",而把这些道理和准则应用到实践中、在现实中影响民众则是"用"。并且,他将乐、礼、刑、政与《乾》卦的元、亨、利、贞结合起来,认为这四者是治国之大本。胡瑗的明体达用之学虽然不是严格意义上的道学,但是它所指明的精神方向已经与汉学那种以名物考证为主的路径有很大差别。

李觏则认为"郑康成、蔡伯喈辈泥文太过,遂成派分",他不满足于郑玄、蔡邕等对于经典的注释,认为汉学的这种名物考证的研究方式太过拘泥,因此他"尝挟而正之,决而通之,不以文害辞,不以辞害意"①,也就是疏通经文脉

---

① 李觏:《上苏祠部书》,《李觏集》卷二十七,第314页。

络,发挥大义,而不是局限于章句注释。在礼治方面,李觏认为仁、义、礼、智、信与礼、乐、刑、政都可以囊括到礼的范围之内,仁、义、礼、智、信和礼、乐、刑、政皆是本于礼,是礼的体现。礼之支是乐、政、刑,礼之别名是仁、义、智、信,总而言之,这七者都是以礼为中心的。

王安石将异端之学的盛行归结为自汉代以来的章句传注传统,他说:"章句之文胜质,传注之博溺心,此淫辞诐行之所由昌,而妙道至言之所为隐。"①正是因为汉学沉溺于章句传注而忽略阐释精义,所以导致圣门之学的要义不能发扬光大,这是异端兴起的根本原因。他的这种思想深刻地影响了宋学的发展方向,"至《三经义》行,视汉儒之学若土梗"。在礼学方面,王安石强调"知礼者,贵乎知礼之意"②。汉唐时期对于《周礼》的注释皆以训诂考证为主,而王安石则着重阐释文句大义,《四库全书总目》卷十九载:"《周礼》一书,得郑注而训诂明,得贾疏而名物制度考究大备。……其传于今者,王安石、王昭禹始推寻于文句之间,王与之始脱略旧文多辑新说。其于经义,更在离合之间。于是考证之学,渐变为论辩之学,而郑、贾几乎从祧矣。"这清楚地说明王安石之学在汉宋转变之间所发挥的作用。

理学兴起之后,以理言礼更是一种主流的趋势。张载认为,礼即是理,礼是以理为基础和前提的,理是抽象的道理、准则,而礼则是将这些抽象的道理、准则用可见的形式表现出来,因此,若想制礼,必先穷理。二程也认为礼者理也,明道认为礼分为理与文两个方面,"礼者,理也,文也"③,理是礼之本,文是礼之末。伊川则将礼看作与私欲相对的顺应天理的行为:"视听言动,非理不为,即是礼,礼即是理也。不是天理,便是私欲。"④二程的学生吕大临认为圣人制礼是根据人心所有的理义而来:"圣人因理义之同然,而制为之礼,然后父子有亲,君臣有义,男女有别,人道所以立,而与天地参也。"⑤父子、君臣、夫妇之礼无不是理义本身所有,是符合天道自然的,因此说,人道是从天道而来。

---

① 王安石:《谢除左仆射表》,《王文公文集》卷十八,第 207 页。
② 王安石:《礼论》,《王文公文集》卷二十九,第 337 页。
③ 程颢、程颐:《程氏遗书》卷十一,《二程集》,第 125 页。
④ 程颢、程颐:《程氏遗书》卷十五,《二程集》,第 144 页。
⑤ 吕大临:《礼记解》,《蓝田吕氏遗著辑校》,第 192 页。

当然,北宋时期,并不是所有的思想家的思想都体现了宋学的色彩。礼学大家司马光即是秉承了传统礼学的路子,对于名物制度等传统礼学的核心内容给予了格外的重视。他在上奏英宗皇帝的《王广渊第三劄子》里面阐述了名器的重要性:"孔子称:'唯器与名不可以假人。'今之章服,所谓器也,职名,所谓名也。二者皆无用之物,然而天下贵之者,为其非贤材则不能得之故也。"①名器是赏赐给贤才之物,是贤才身份的象征,所以天下贵之。正因如此,名器是不可随意赏赐人的。南宋朱熹曾明确说明名器不关涉义理,因此并非大本:"名器事物之间,非以为义理之本原。"②而司马光确认为名器作为治国之具是十分重要的。二者的不同体现出传统礼学与理学影响下的礼学之间的不同。通过对比司马光与新学、理学关于礼的不同思想,可以窥见汉学向宋学转变时期的文化印记。

第二,注重结合心性。宋学的另一特质是建构起了精致的心性论,北宋思想家在阐释礼治思想的时候,也通常结合心性来探讨。当然,这并不是说所有北宋思想家都从心性的角度来讨论礼治,尽管自北宋初期以来,对于心性的讨论已经蔚然成风,但是有些学者仍是主张心性问题不是孔孟之学所重点关注的。

如欧阳修便强调"性非学者之所急,而圣人之所罕言"③,即性不是学者所应当关注的内容,在他看来,礼的主要作用在于使君臣父子各明其责,从而各司其职、各安其分,这样便能够达到社会的有效治理。与此相似,司马光也认为性命之学不是圣门所提倡的,沉溺于性命之学的最终结果就是流入老庄,他说:"且性者,子贡之所不及;命者,孔子之所罕言。今之举人,发言秉笔,先论性命,乃至流荡忘返,遂入老庄。"④因此,司马光也不侧重言及礼与心性的关系。李觏则指出礼不是性,但是,他认为礼是顺应人之性欲而来的,对人性起到节制的作用:"夫礼之初,顺人之性欲而为之节文者也。"⑤他更为关注的是

---

① 司马光:《王广渊第三劄子》,《司马光集》卷三七,第843页。
② 朱熹:《四书或问》卷二,《朱子全书》第六册,第640页。
③ 欧阳修:《答李诩第二书》,《欧阳修全集》卷四十七,第669页。
④ 司马光:《论风俗劄子》,《司马光集》卷四五,第974页。
⑤ 李觏:《礼论第一》,《李觏集》卷二,第6页。

礼教对于塑造人性的作用,而不是把礼纳入人性论的范围来讨论,这与后来宋明理学认为礼本身即是人性论之一部分的观点是不同的。

而北宋时期居于主流地位的新学、理学则十分重视将礼与心性相结合。王安石认为只从名物制度的角度来理解礼,这使得人们在思索个人心性相关的问题时,无法从传统礼教中找到资源,因而只能诉诸佛老,这是导致圣学不传、异端迭起的直接原因。因此,他在很多层面将礼与性联系起来。他认为"礼始于天而成于人",批评了荀子"化性而起伪"说,主张圣人制礼是"顺其性之欲"。① 不仅如此,他还认为礼可以养人之性,从而起到养生的作用:"礼乐者,先王所以养人之神,正人气而归正性也。……世俗之言曰'养生非君子之事',是未知先王建礼乐之意也。"②这即是说,先王制礼作乐的最终目的就是使人通过践行礼乐来养生,世人只是不知礼乐的这种作用,所以才诉诸佛老来养生。实际上,礼乐与个人的身心是直接相关的。

张载认为性分为两种:天地之性和气质之性。天地之性即是仁、义、礼、智,人皆有仁、义、礼、智,但是由于气质的蒙蔽,人往往容易丧失天地之性。若想重塑仁、义、礼、智,则需要通过知、礼的工夫,这叫作"知礼成性"。他说:"知则务崇,礼则惟欲乎卑,成性须是知礼,存存则是长存。"③知礼即是《系辞上》里面所说的"知崇礼卑",一个是指对道德的认知,一个是指对道德的实践,如果只有认知而没有实践,并不能说是真正达到了道义,"知及之而不以礼性之,非己有也,故知礼成性而道义出,如天地设位而易行"④,只有知识上的高妙和超绝,并不能真正成性,只有通过不断践行礼仪规范,涵养身心、变化气质,才能回归自身至善的本性。

二程也将性分为两种:本然之性和气质之性。本然之性是仁、义、礼、智、信五常,即没有受到气质熏染的人性。因此,在二程的观念中,礼是出自人性的,且符合人性。伊川主张,人性当中即有对礼的诉求,礼是存在于五常之中,圣人制礼作乐皆是顺应人性,而非逆人性的结果,"礼经三百,威仪三千,皆出

① 王安石:《礼论》,《王文公文集》卷二十九,第 337 页。
② 王安石:《礼乐论》,《王文公文集》卷二十九,第 333—334 页。
③ 张载:《横渠易说·系辞上》,《张载集》,第 191 页。
④ 张载:《横渠易说·系辞上》,《张载集》,第 191 页。

于性,非伪貌饰情也",自天地创始便有礼,有人类社会的地方便有礼,"故天尊地卑,礼固立矣;类聚群分,礼固行矣"①。正因如此,"礼治则治,礼乱则乱,礼存则存,礼亡则亡"②,礼的作用从个人到社会都是不容忽视的。

　　第三,注重疑古创新。北宋学者在对待礼经方面体现出显著的疑古创新精神。这首先反映在他们对待《周礼》的态度上。传统上认为《周礼》是周公所作,唐贾公彦《序周礼废兴》中记载这种说法起于刘歆:"唯歆独识,……末年,乃知其周公致太平之迹,迹具在斯。"③郑玄在《周礼注疏》中也采用了这种说法:"周公居摄而作六典之职,谓之《周礼》。"④历史上也曾有人怀疑《周礼》为周公所作,如"林孝存以为武帝知《周官》末世渎乱不验之书,故作《十论》、《七难》以排弃之。何休亦以为六国阴谋之书"⑤,但这种观点长期以来并非主流。

　　北宋时期,部分学者仍然坚持《周礼》为周公所作的观点。李觏《周礼致太平论五十一篇并序》中说:"窃观六典之文,其用心至悉,如天焉有象者在,如地焉有形者载,非古聪明睿智,谁能及之? 其曰周公致太平者,信矣。"⑥王安石《周礼义序》中说:"其人足以任官,其官足以行法,莫盛乎成周之时;其法可施于后世,其文有见于载籍,莫具乎《周官》之书。"⑦司马光《河间献王赞》中说:"《周礼》者,周公之大典。"⑧

　　但是,在北宋时期,最有影响力的思潮是对《周礼》作为周公之大典的怀疑。很多学者认为《周礼》并非全为周公所作,其中虽然包含了周公之法,但是也有很多后人添进的内容。欧阳修不相信《周礼》如实地记载了周代的典制,他说:"夫为治者,故若是之烦乎? 此其一可疑者也。秦既诽古,尽去古制。自汉以后,……大抵皆秦制也。未尝有意于《周礼》者,岂其体大而难行

---

① 程颐:《礼序》,《二程集》,第 668 页。
② 程颐:《礼序》,《二程集》,第 668 页。
③ 郑玄注,贾公彦疏:《周礼注疏》,第 8 页。
④ 郑玄注,贾公彦疏:《周礼注疏》卷一,第 1 页。
⑤ 郑玄注,贾公彦疏:《周礼注疏》,第 9 页。
⑥ 李觏:《周礼致太平论五十一篇并序》,《李觏集》卷第五,第 70 页。
⑦ 王安石:《周礼义序》,《临川先生文集》卷八十四,第 878 页。
⑧ 司马光:《河间献王赞》,《司马光集》卷七十三,第 1473—1474 页。

乎,其果不可行乎?"①张载在《经学理窟·周礼》中说:"《周礼》是的当之书,然其间必有末世添入者,如盟诅之属,必非周公之意。"②《程氏外书》卷十记程颢语:"《周礼》不全是周公之礼法,亦有后世随时添入者,亦有汉儒撰入者。如《吕刑》、《文侯之命》,通谓之《周书》。"③《程氏遗书》卷十八记程颐答问:"'《周礼》之书有讹缺否?'曰:'甚多。周公致治之大法,亦在其中,须知道者观之,可决是非也。'"④苏轼《天子六军之制》中说:"周礼之言田赋夫家车徒之数,圣王之制也。其言五等之君,封国之大小,非圣人之制也,战国所增之文也。"⑤苏辙《栾城后集》卷七说:"言周公之所以治周者,莫详于《周礼》。然以吾观之,秦汉诸儒以意损益之者众矣,非周公之完书也。"⑥这些学者关于《周礼》的观点深刻地影响了后世,奠定了后世《周礼》思想的主要基调。

除了对于礼典的看法,北宋学者在制作礼书时也体现出很大的创新特征。如司马光《书仪》是在大幅删减《仪礼》的基础上作成的,其中还采纳了许多当时社会上的俗礼,《书仪》中很多处标明"今从俗"。相对于其他礼书,《书仪》对古礼有较大的变革,这种创作形式深刻地影响了后世的家礼制作。程颐也主张在把握古礼大意的基础上因时损益,他认为学礼的目的是洞悉圣人制礼之意,如果明晓圣人之意,则具体的礼文度数可以随时变革:"学礼者考文,必求先王之意,得意乃可以沿革。"⑦他在一些具体的礼制主张上都遵循了这种礼时为大的精神。这种勇于变革、开拓创新的精神是宋代礼治特征很好的反映。

①　欧阳修:《问进士策三首》,《欧阳修全集》卷四十八,第 673—674 页。
②　张载:《经学理窟·周礼》,《张载集》,第 248 页。
③　《程氏外书》卷十,《二程集》,第 404 页。
④　《程氏遗书》卷十八,《二程集》,第 230 页。
⑤　苏轼:《天子六军之制》,《东坡续集》卷九,《苏文忠公全集》,第 1232 页。
⑥　苏辙:《栾城后集》卷七,第 512 页。
⑦　程颢、程颐:《程氏遗书》卷二上,《二程集》,第 23 页。

参考文献

一、古籍

(汉)郑玄:《周易郑注》,中华书局 1985 年版。

(汉)郑玄注,(唐)贾公彦疏:《周礼注疏》,北京大学出版社 1999 年版。

(汉)郑玄注,(唐)贾公彦疏:《仪礼注疏》,北京大学出版社 1999 年版。

(汉)郑玄注,(唐)孔颖达等正义:《礼记正义》,北京大学出版社 1999 年版。

(汉)孔安国传,(唐)孔颖达正义:《尚书正义》,上海古籍出版社 2007 年版。

(汉)司马迁:《史记》,中华书局 1982 年版。

(汉)许慎:《说文解字》,中华书局 1963 年版。

(魏)王弼,(晋)韩康伯注,(唐)孔颖达疏:《周易注疏》,中华书局 1989 年版。

(魏)何晏集解,(吴)皇侃义疏:《论语集解义疏》,中华书局 1985 年版。

(晋)杜预注,(唐)孔颖达正义:《春秋左传正义》,北京大学出版社 1999 年版。

(唐)中敕撰:《唐开元礼》,北京民族出版社 2000 年版。

(唐)杜佑撰:《通典》,新兴书局 1966 年版。

(唐)魏征撰:《隋书》,中国基本古籍库电子版。

(唐)李鼎祚:《周易集解》,上海古籍出版社 1989 年版。

(唐)韩愈著,马其昶校注:《韩昌黎文集校注》,上海古籍出版社 1986 年版。

(唐)李翱:《李翱集》,甘肃人民出版社 1992 年版。

(后晋)刘昫等撰:《旧唐书》,中华书局 1975 年版。

(宋)郑剧中等撰:《五礼新仪》,台湾商务印书馆 1969 年版。

(宋)胡瑗撰,倪天隐述:《周易口义》,台湾商务印书馆影印文渊阁四库全书本 2008 年版。

(宋)胡瑗:《洪范口义》,中国基本古籍库电子版。

(宋)石介:《徂徕石先生文集》,中华书局 1984 年版。

(宋)欧阳修:《欧阳修全集》,中华书局 2001 年版。

(宋)欧阳修:《新五代史》,中华书局 1974 年版。

(宋)欧阳修、宋祁撰:《新唐书》,中华书局 1975 年版。

（宋）李觏：《李觏集》，中华书局 1981 年版。

（宋）王安石：《临川先生文集》，中华书局 1959 年版。

（宋）王安石：《王文公文集》，上海人民出版社 1974 年版。

（宋）王安石著，程元敏整理：《三经新义辑考汇评（一）——尚书》，华东师范大学出版社 2011 年版。

（宋）王安石著，程元敏整理：《三经新义辑考汇评（二）——诗经》，华东师范大学出版社 2011 年版。

（宋）王安石著，程元敏整理：《三经新义辑考汇评（三）——周礼》，华东师范大学出版社 2011 年版。

（宋）司马光：《资治通鉴》，岳麓书社 1990 年版。

（宋）司马光：《司马光集》，四川大学出版社 2010 年版。

（宋）司马光：《易说》，台湾商务印书馆影印文渊阁四库全书本 2008 年版。

（宋）司马光：《古文孝经指解》，中国基本古籍库电子版。

（宋）司马光：《法言集注》，中国基本古籍库电子版。

（宋）司马光：《司马氏书仪》，台湾商务印书馆影印文渊阁四库全书本 2008 年版。

（宋）司马光：《家范》，上海古籍出版社 1992 年版。

（宋）司马光集注：《太玄集注》，中华书局 1998 年版。

（宋）张载：《张载集》，中华书局 1978 年版。

（宋）程颢、程颐：《二程集》，中华书局 1981 年版。

（宋）蓝田吕氏著，陈俊民辑校：《蓝田吕氏遗著辑校》，中华书局 1993 年版。

（宋）苏轼：《苏文忠公全集》，中国基本古籍库电子版。

（宋）苏辙：《栾城集》，中国基本古籍库电子版。

（宋）郑樵：《通志》，中国基本古籍库电子版。

（宋）晁公武著，孙猛校证：《郡斋读书志校证》，上海古籍出版社 1990 年版。

（宋）刘一止撰：《苕溪集》，中国基本古籍库电子版。

（宋）李焘撰：《续资治通鉴长编》，中国基本古籍库电子版。

（宋）朱熹著，朱杰人、严佐之、刘永翔主编：《朱子全书》，上海古籍出版社、安徽教育出版社 2000 年版。

（宋）朱熹：《资治通鉴纲目》，中国基本古籍库电子版。

（宋）洪迈：《容斋随笔》，中国基本古籍库电子版。

（宋）陈振孙：《直斋书录解题》，商务印书馆 1939 年版。

（宋）洪迈：《容斋随笔》，中国基本古籍库电子版。

（宋）王应麟：《困学纪闻》，上海古籍出版社 2008 年版。

（元）脱脱等撰：《宋史》，中华书局 2004 年版。

（元）马端临撰：《文献通考》，中国基本古籍库电子版。

（明）杨士奇、黄淮编：《历代名臣奏议》，中国基本古籍库电子版。

(明)朱鉴撰:《朱文公易说》,中国基本古籍库电子版。

(明)李道平:《周易集解纂疏》,中华书局 1994 年版。

(明)黄宗羲撰,(清)全祖望补修:《宋元学案》,中华书局 1986 年版。

(清)朱彝尊:《经籍考》,中国基本古籍库电子版。

(清)顾栋高编:《司马温公年谱》,中州古籍出版社 1987 年版。

(清)蔡上翔:《王荆公年谱考略》,上海人民出版社 1974 年版。

(清)秦蕙田:《五礼通考》,中国基本古籍库电子版。

(清)江永:《礼书纲目》,中国基本古籍库电子版。

(清)焦循:《论语通释》,中国基本古籍库电子版。

(清)凌廷堪:《凌廷堪全集》,黄山书社 2009 年版。

(清)邵懿辰:《礼经通论》,中国基本古籍库电子版。

(清)皮锡瑞:《经学通论》,中华书局 1954 年版。

(清)皮锡瑞:《经学历史》,中华书局 2004 年版。

二、专著

梁启超:《中国近三百年学术史》,东方出版社 1996 年版。

钱穆:《宋明理学概述》,九州出版社 2011 年版。

钱穆:《中国近三百年学术史》,九州出版社 2011 年版。

钱玄:《三礼通论》,南京师范大学出版社 1996 年版。

高明:《礼学新探》,台湾学生书局 1978 年版。

唐君毅:《唐君毅先生全集》,台湾学生书局 1984 年版。

余英时:《宋明理学与政治文化》,吉林出版集团有限责任公司 2008 年版。

彭林:《中华传统礼仪概要》,高等教育出版社 2006 年版。

陈来:《宋明理学》,华东师范大学出版社 2004 年版。

陈来:《中国近世思想史研究》,生活·读书·新知三联书店 2010 年版。

方立天:《中国佛教与传统文化》,中国人民大学出版社 2010 年版。

杨志刚:《中国礼仪制度研究》,华东师范大学出版社 2001 年版。

章权才:《宋明经学史》,广东人民出版社 1999 年版。

姚瀛艇:《宋代文化史》,云龙出版社 1983 年版。

朱瑞熙:《宋代社会研究》,中州书画社 1983 年版。

邓广铭主编:《宋史研究论文集》,上海古籍出版社 1982 年版。

王启发:《礼学思想体系探源》,中州古籍出版社 2005 年版。

蔡尚思:《中国礼教思想史》,中华书局有限公司 1991 年版。

陈戍国:《中国礼制史(宋辽金夏卷)》,湖南教育出版社 2001 年版。

邹昌林:《中国礼文化》,社会科学文献出版社 2000 年版。

顾希佳:《礼仪与中国文化》,人民出版社 2001 年版。

冯达文:《宋明新儒学略论》,广东人民出版社 1998 年版。

杨新勋:《宋代疑经研究》,中华书局 2007 年版。

朱权民、章启辉:《中国学术史·宋元卷》,江西教育出版社 2000 年版。

林瑞翰:《宋代政治史》,正中书局 1989 年版。

叶国良:《宋人疑经改经考》,台湾大学文史丛刊之 55,1980 年版。

熊琬:《宋代理学与佛学之探讨》,文津出版社 1985 年版。

蒋义斌:《宋代儒释调和论及排佛论之演进:王安石之融通儒释及程朱学派之排佛反王》,台湾商务印书馆 1988 年版。

王晓锋:《礼与中国传统政治体制制度》,陕西人民出版社 2003 年版。

宋大琦:《程朱礼法学研究》,山东人民出版社 2009 年版。

张寿安:《以礼代理:凌廷堪与清中叶儒学思想之转变》,河北教育出版社 2001 年版。

张寿安:《十八世纪礼学考证的思想活力:礼教论证与礼秩重省》,北京大学出版社 2005 年版。

吴万居:《宋代三礼学研究》,"国立"编译馆 1999 年版。

张义生:《宋初三先生研究》,山东人民出版社 2012 年版。

惠吉兴:《宋代礼学研究》,河北大学出版社 2011 年版。

刘丰:《北宋礼学研究》,中国社会科学出版社 2016 年版。

余敏辉:《欧阳修文献学研究》,人民出版社 2010 年版。

刘越峰:《庆历学术与欧阳修散文》,商务印书馆 2013 年版。

朱刚、刘宁主编:《欧阳修与宋代士大夫》,上海人民出版社 2007 年版。

蔡世明:《欧阳修的生平与学术》,文史出版社 1980 年版。

何泽恒:《欧阳修之经史学》,台湾大学出版委员会 1980 年版。

夏长朴:《李觏与王安石研究》,大安出版社 1989 年版。

方树成主编:《李觏研究论文集》,大众文艺出版社 2011 年版。

姜国柱:《李觏评传》,南京大学出版社 2011 年版。

姜国柱:《李觏思想研究》,中国社会科学出版社 1984 年版。

金霞:《依礼求利:李觏经世思想研究》,人民出版社 2013 年版。

邓广铭:《北宋政治改革家王安石》,生活·读书·新知三联书店 2007 年版。

刘成国:《荆公新学研究》,上海古籍出版社 2006 年版。

李祥俊:《王安石学术思想研究》,北京师范大学出版社 2000 年版。

漆侠:《王安石变法》,上海人民出版社 1979 年版。

李之鉴:《王安石哲学思想初论》,中国文联出版社 1999 年版。

董根洪:《司马光哲学思想述评》,山西人民出版社 1993 年版。

冯惠民:《司马光和〈资治通鉴〉》,中华书局 1981 年版。

赵冬梅:《司马光和他的时代》,生活书店出版有限公司 2014 年版。

葛荣晋、赵馥洁、赵吉惠主编:《张载关学与实学》,地图出版社 2000 年版。

陈俊民:《张载哲学思想及关学学派》,人民出版社 1986 年版。

姜国柱:《张载关学》,陕西人民出版社 2001 年版。

李蕉:《张载政治思想述论》,中华书局 2011 年版。

张永儁:《二程学管见》,东大图书公司 1988 年版。

陈义初主编:《二程与宋学:首届宋学暨程颢程颐国际学术研讨会论文集》,华东师范大学出版社 2013 年版。

温伟耀:《成圣之道:北宋二程修养工夫论之研究》,河南大学出版社 2004 年版。

[英]葛瑞汉:《中国的两位哲学家:二程兄弟的新儒学》,程德祥等译,大象出版社 2000 年版。

[日]市川安司:《程伊川哲学研究》,东京大学出版社 1964 年版。

姜海军:《程颐〈易〉学思想研究:思想史视野下的经学诠释》,北京师范大学出版社 2010 年版。

陈海红:《吕大临理学思想研究:兼论浙东学派的学术进程》,浙江工商大学出版社 2013 年版。

李如冰:《宋代蓝田四吕及其著述研究》,人民出版社 2012 年版。

宋史座谈会编:《宋史研究集》第七辑,台湾书局 1974 年版。

三、论文

蔡方鹿:《胡宏对王安石经说及〈周礼〉的批评》,《中国社会科学院研究生院学报》2008 年第 4 期。

晁福林:《春秋时期礼的发展与社会观念的变迁》,《北京师范大学学报》(社会科学版) 1994 年第 5 期。

戴建国:《试论宋〈天圣令〉的学术价值》,载张伯元主编:《法律文献整理与研究》,北京大学出版社 2005 年版。

焦秀萍:《李觏的"礼顺人情"论——兼与胡瑗反人情论的比较》,《兰州学刊》2008 年第 5 期。

李克武:《王安石与司马光法律思想比较分析》,《华中师范大学学报》(人文社会科学版) 1989 年第 5 期。

李卫东:《欧阳修礼治观述论》,《长春理工大学学报》2012 年第 6 期。

林乐昌:《张载礼学论纲》,《哲学研究》2007 年第 12 期。

刘丰:《宋代礼学的新发展——以二程的礼学思想为中心》,《中国哲学史》2013 年第 4 期。

刘平中:《张载礼学体系结构探论》,《江西社会科学》2010 年第 1 期。

刘欣:《宋代"家礼"——文化整合的一个范氏》,《河南理工大学学报》(社会科学版) 2006 年第 4 期。

马增强:《〈仪礼〉与礼学研究》,《西北大学学报》(哲学社会科学版) 2003 年第 2 期。

潘斌:《宋代〈礼记〉学文献综述》,《古籍整理研究学刊》2008 年第 11 期。

邱汉生:《宋明理学与宗法思想》,《历史研究》1979 年第 11 期。

任超平:《礼乐之道——欧阳修早期音乐美学思想研究》,《南京艺术学院学报》(音乐与表演版)2010 年第 1 期。

舒大刚、潘斌:《张载〈礼记〉学述论》,《中国宝鸡张载关学与东亚文明学术研讨会论文集》,2007 年。

涂耀威:《从〈四书〉之学到〈礼记〉之学》,《中国哲学史》2009 年第 4 期。

王锷:《〈三礼〉研究文献概述》,《图书与情报》1997 年第 3 期。

王立军:《宋代的民间家礼建设》,《河南社会科学》2002 年第 2 期。

王立军:《试论司马光礼学思想的基本特征》,《唐都学刊》2001 年第 3 期。

王启发:《在经典与政治之间——王安石变法对〈周礼〉的具体实践》,《湖南大学学报》(社会科学版)2007 年第 2 期。

王书华:《荆公新学的创立与发展》,《社会科学论坛》2001 年第 4 期。

王文娟:《吕大临的"礼"论》,《兰州学刊》2010 年第 6 期。

吴业国:《欧阳修〈新五代史〉与北宋忠节礼义的重建》,《河南大学学报》(社会科学版)2010 年第 3 期。

夏微:《李觏〈周礼〉学述论》,《史学月刊》2008 年第 5 期。

熊开发:《论儒家礼教思想中的天人观》,《新东方》2001 年第 3 期。

杨建宏:《略论司马光的礼学思想与实践》,《长沙大学学报》2005 年第 1 期。

杨建宏:《论张载的礼学思想及其实践》,《湖南大学学报》(社会科学版)2006 年第 2 期。

杨志刚:《〈司马氏书仪〉和〈朱子家礼〉研究》,《浙江学刊》1993 年第 1 期。

杨志刚:《中国礼学史发凡》,《复旦学报》(社会科学版)1995 年第 6 期。

杨柱才:《李觏的礼论及其现实意义——兼论对王安石的影响》,《中国哲学史》2002 年第 1 期。

姚瀛艇:《宋儒关于〈周礼〉的争议》,《史学月刊》1982 年第 3 期。

叶惠宏:《从变化气质而知礼成性——从张载修养工夫论看其成性观》,《西安社会科学》2009 年第 1 期。

殷慧、肖永明:《北宋礼学思想发展的二重路径》,《中国宝鸡张载关学与东亚文明学术研讨会论文集》,2007 年。

游彪:《礼俗之际——宋代丧葬礼俗及其特征》,《云南社会科学》2005 年第 1 期。

乐文华:《李觏和王安石的礼学思想比较》,《江西社会科学》2007 年第 11 期。

张再林:《论礼的精神》,《西北大学学报》(哲学社会科学版)1998 年第 3 期。

詹子庆:《对礼学的历史考察》,《东北师大学报》1996 年第 5 期。

朱人求:《李觏的礼法观》,《孔子研究》2007 年第 6 期。

四、学位论文

白华:《儒家礼学价值观研究》,博士学位论文,郑州大学,2004 年。

毕明良:《王安石政治哲学研究》,博士学位论文,陕西师范大学,2012 年。

敦鹏:《二程政治哲学研究》,博士学位论文,河北大学,2013 年。

王洪霞:《胡瑗易学思想研究》,博士学位论文,山东大学,2011 年。

王美华:《唐宋礼制研究》,博士学位论文,东北师范大学,2004 年。

王启发:《礼义新探》,博士学位论文,中国社会科学院,2001 年。

杨建宏:《宋代礼制与基层社会控制研究》,博士学位论文,四川大学,2006 年。

杨天保:《王安石学术史研究》,博士学位论文,浙江大学,2005 年。

曾建林:《欧阳修经学思想研究》,博士学位论文,浙江大学,2007 年。

张春贵:《李觏政治思想研究》,博士学位论文,清华大学,2011 年。

黄曦:《胡瑗〈周易口义〉研究》,硕士学位论文,福建师范大学,2010 年。

李国平:《李觏礼论研究》,硕士学位论文,湖南师范大学,2010 年。

石磊:《吕大临学术思想研究》,硕士学位论文,南昌大学,2007 年。

魏涛:《张载"以礼为教"思想探析》,硕士学位论文,陕西师范大学,2007 年。

翟瑞芳:《宋代家礼的立制与实践》,硕士学位论文,上海师范大学,2008 年。

郑艳:《蓝田吕氏礼学思想及乡村实践研究》,硕士学位论文,陕西师范大学,2007 年。

周方高:《论〈资治通鉴〉史论中司马光的治国思想》,硕士学位论文,湘潭大学,2002 年。

责任编辑：段海宝

图书在版编目(CIP)数据

北宋礼治思想研究/张凯作 著. —北京:人民出版社,2021.9
ISBN 978－7－01－023778－7

Ⅰ.①北… Ⅱ.①张… Ⅲ.①礼治-研究-中国-北宋 Ⅳ.①B222.05

中国版本图书馆 CIP 数据核字(2021)第 190030 号

北宋礼治思想研究
BEISONG LIZHI SIXIANG YANJIU

张凯作 著

人民出版社 出版发行
(100706 北京市东城区隆福寺街 99 号)

北京汇林印务有限公司印刷 新华书店经销

2021 年 9 月第 1 版 2021 年 9 月北京第 1 次印刷
开本:710 毫米×1000 毫米 1/16 印张:17
字数:261 千字

ISBN 978－7－01－023778－7 定价:59.00 元

邮购地址 100706 北京市东城区隆福寺街 99 号
人民东方图书销售中心 电话 (010)65250042 65289539